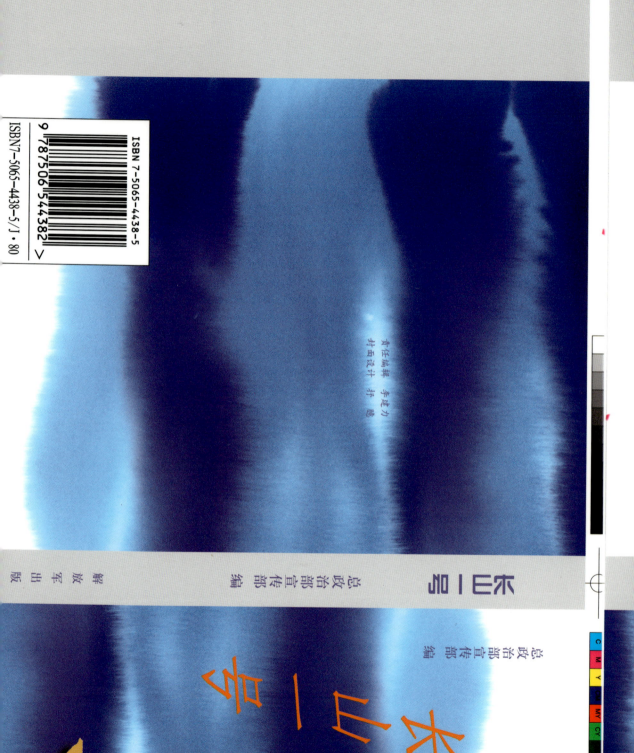

长号

总政部音传部编

责任编辑　李建力
封面设计　朴　愍

总政部音传部编
解放军出版社出版

ISBN 7-5065-4438-5
ISBN7-5065-4438-5/J·80
9 787506 544382

全军业余

海南丘濬故居修繕工程報告

海南省文物保護管理辦公室
海南省瓊山市文化體育局
山西省古建築保護研究所

吳鋭　王亦平　黃培平　編著

文　物　出　版　社

2003年　北京

封面設計　張　弓
責任印製　王少華
責任編輯　周　成

圖書在版編目（CIP）數據

海南丘濬故居修繕工程報告/吳銳，王亦平，黃培平
編著：－北京：文物出版社，2003.10
ISBN 7-5010-1473-6

Ⅰ．海…　Ⅱ.①吳…　②王…③黃…　Ⅲ．丘浚-
故居-文物修整-技術報告　Ⅳ.①TU-87②K878.21

中國版本圖書館 CIP 數據核字（2003）第 031452 號

海南丘濬故居修繕工程報告

海南省文物保護管理辦公室
海南省瓊山市文化體育局
山西省古建築保護研究所

吳　銳　王亦平　黃培平　編著

*

文 物 出 版 社 出 版 發 行
（北京五四大街 29 號）

http://www.wenwu.com
E-mail：web@wenwu.com

北京美通印刷有限公司印刷
新 華 書 店 經 銷
787×1092　1/16　印張：21
2003 年 10 月第一版　2003 年 10 月第一次印刷
ISBN 7-5010-1473-6/K·713　定價：180圓

目　　録

插圖目錄

實測與設計圖目錄

黑白圖版目録

彩色圖版目錄

序 篇

一 保護祖國歷史遺産 弘揚民族文化精神

國家文物局副局長 張 柏

海南建省後百業俱興，文物保護工作既要面對奔涌向前的經濟建設大潮，又要極力保存人們在匆匆行進中容易忽略的歷史文化財富，這是我們的歷史使命。然而，文物保護工作水平的提高，在很大程度上取決於基礎研究工作的扎實與否。基於此，要做好這項工作，往往需要幾代人默默耕耘，需要文物工作者扎實嚴謹的治學精神。經過十餘年的厲兵秣馬、艱苦奮鬥，海南文物建築的科學保護工作開始有了自己的研究成果，取得了一定的成績。《海南丘濬故居修繕工程報告》一書即將付梓，是一件令人高興的事，在此表示衷心的祝賀！

丘濬故居的價值是多元疊加和豐富深厚的。之所以這樣講，絕不僅僅因爲它是歷史名賢丘濬居住過的地方。一方面應該看到，被盛讚爲"有明一代文臣之宗"的著名理學家、史學家、政治家、經濟學家丘濬所追求的"爲民造福濟家鄉，報效國家濟天下"的崇高理想和遠大抱負，從一個側面集中反映了當地特定歷史時期的宗族文化精神，而這種精神文化財富，正是蘊含在丘濬故居物質文化遺存之中的；另一方面不可忽視的是，積澱於丘濬故居文物建築中的從宋《營造法式》到清工部《工程做法》兩大官式建築規範頒行發展過程中曾經長期流行於民間的一些建築設計規制，這是非常可貴的學術信息。丘濬故居坐落在海南却具有濃郁的大陸北方早期建築特徵，是古代社會南北歷史文化相互交融的結晶，不愧爲瓊崖古代木結構建築的瑰寶。

文物建築的修繕保護應遵循"不改變文物原狀"的原則。這是從我國長期文物保護工作實踐中總結形成的一條科學經驗。但是，要堅持這個原則，却并非輕而易舉。在丘濬故居修繕保護工作中，工程建設者做了很多實踐與探索。例如，這次維修工程的構件更換率很低，最大限度地保存了建築結構原狀。這種努力和實踐對今後的文物保護工作有較好的示範意義。此項目執行當中，就如何保存積澱於古代建築這個載體中的各種真實歷史信息和保護丘濬故居的建築歷史環境風貌等問題，主持修繕工程的同志們採取的是尊重歷史，施行最低干預的審慎原則。此外，他們以實事求是的科學態度，把這項工程所取得的各類成果全盤告訴了廣大讀者，對工作中的不足之處也作了忠實記錄。書中確定的丘濬故居保護管理目標，符合"保護爲主，搶救第一，合理利用，加强管理"的新時期文物工作方針，應予認真落實。據此而言，我以爲此書是有獨特學術價值和借鑒參考意義的。

從公元 1995 年此工程竣工至今已經七年多了。經過數年的努力，此書纔得以正式出版，從中可以看出他們曾經克服了許多困難，付出了心血和汗水。我衷心希望全國各地文博機構都能百尺竿頭，更進一步，樹立良好的科研學風，發揚衹爭朝夕的工作精神，努力將我國文物保護工作不斷提高到新水平，以實際行動爲保護祖國歷史文化遺產，弘揚中華民族文化精神做出更大貢獻。

2003 年 3 月於北京

二 注重工程科學實踐 構建中國特色理論

中國古代建築，以其嚴整而又靈活的布局，人與自然相結合而巧妙營構的生態環境，因地制宜、就地取材、因材施建的營造方式等，再加上悠久而豐富的歷史文化傳統，從而形成了獨具一格、特色突出的東方建築體系。這一體系中最爲突出的特點和最高的成就，就是以木結構爲主的結構法式。我國歷代哲匠先賢根據木材的物質性能，創造了井幹、穿鬥、擡梁等不同的構架形式，産生了布置靈活的房屋空間和造型優美的門窗屋頂以及斗栱昂枋、檐檩椽望等構件，再以榫卯結合，巧安排，妙組織，造就了如翬斯飛、玲瓏壯麗的建築形象和適合各種不同需要的建築類型。其中有宮殿、壇廟、寺觀、陵墓、園林、宅第民居、樓臺亭閣、齋堂軒榭和橋梁堰壩等，類型豐富，變化多樣。

這一以木結構爲主的建築體系，以其幾千年上萬年傳承不斷而形成的特色，在世界建築史上獨樹一幟，爲世界所罕有，具有重要的歷史、藝術和科學價值。在以上所列舉的衆多的古建築類型中，尤以宅第民居歷史最爲悠久，數量最爲衆多，形式最爲多樣，與廣大人民群衆的生活最爲密切，在文物建築保護中越來越受到重視。山西的丁村民居、喬家大院、王家大院、常家大院，北京的川底下，浙江的東陽盧宅、諸葛鎮，福建的土樓，安徽的西遞、宏村……都成了研究歷史文化、民俗風情、建築藝術等領域的實物例證和旅游熱點。它們之中不少已被列爲國家和省市各級文物保護單位，有的還被列入了世界文化遺産名録。

丘濬故居位於我國海南省國家歷史文化名城瓊山市，創建於元末明初。它不僅是明代"理學名臣"丘濬的故居，有着很高的歷史文化價值，而且在民居建築布局、法式結構和藝術特點方面都有着承前啓後的劃時代意義，堪稱海南島的文物建築明珠，已被列爲全國重點文物保護單位。

由於歷史的滄桑和時代的更替，這處有重要價值的名人故居，多處受到了人爲侵襲和自然損壞。在國家、省市有關部門的關懷下，由具有雄厚的古建保護維修技術力量的山西省古建築保護研究所承擔了勘察、研究和設計的任務。他們和海南省文物保護管理辦公室、瓊山市文化體育局的同志們一起共同完成了這一具有重大意義的文物古建築修繕保護工程。這一工程自公元 1993 年開始，從勘察研究、方案擬定、具體設計到組織施工，歷時三載。在這一工程開始之初，山西省古建築保護研究所和海南省、瓊山市的文物主管部門就對這一重點工程給予了高度的重視，嚴格遵守國家文物保護法的規定和古建築保護維修的原則，借鑑國內外的經驗，採用傳統的古建築保護維修技術手段與現代科學技術相結合的方法，使這一雖然規模不大、工程量也較小的保護維修工程取得了重大的綜合成果，爲建立有中國特色的文物建築保護維修的科學體系做出了實踐性的貢獻。

丘濬故居對我來說，雖然未曾做過深入的研究，但也并不生疏。記得還在上世紀80年代海南仍屬廣東的時候，我就進行過走馬觀花式的參觀訪問。當時就給了我極爲深刻的印象，深感這一名人故居在廣東和全國都是難得的，因而在討論第四批全國文物保護單位時曾極力予以推薦。山西省古建所和海南文管辦、瓊山市主管部門在這一工程即將開始之時，又盛情邀請我對故居進行了專門考察，并參加了方案設計的研討。雖然談不上甚麼過多的工作，但也算結下了深厚的情緣。現在工程早已完工，設計施工與文物主管部門的實踐參加者們，費了多年的心力，克服諸多困難，終於將修繕保護工程報告編寫出來了，并將由文物出版社出版。應編著者之囑，要我以"構建文保理論體系"爲内容，寫一點意見。因爲我是推動建立有中國特色文保理論體系的鼓吹者，又遇上這樣一個有特色的實例，於是便欣然應命了。下面談幾點意見：

一　構建有中國特色文物保護理論體系的物質與精神文化的依據。

由於地球上各個部位自然條件的差別，由於人們生活環境與生活狀況的差異等，產生了各種不同的差異。這是客觀存在的事實。地球上的南極、北極、溫帶、寒帶、熱帶，不同的氣候、不同的地理條件，出現了不同的生物。這是最基本的客觀存在，無法改變。由此而產生了人類社會各種不同的差異。例如，語言文字、風俗習慣、生活方式、宗教信仰、衣冠服飾以及不同的膚色人種等。這就是人類豐富多彩的精神文化的表現，也是客觀的存在。世界上的建築就是在不同的自然物質條件和精神文化環境中產生的，因而在材料、結構、形式、藝術表現等方面都有不同的風格。這也是客觀的存在。

中國古建築就是在中國這塊土地上的自然條件和中國這個文明古國的歷史文化環境中產生的。這也是客觀存在不可能加以改變的歷史事實。古建築文物既然是歷史的遺存，要保護它和維修它也就必須要按照它所產生和建築當時的物質與精神文化兩個方面的情況來進行。據此，纔能達到文物保護法不改變原狀的要求和確保歷史"原真性"的目的。這就是構建有中國特色的文物保護理論體系的理論依據。

二　丘濬故居的維修保護工程完全遵守了文物保護法不改變文物原狀的規定，并實踐和豐富了有中國特色的文物保護理論。

這一工程在開始之初，規劃設計和文物主管部門就提出了採用傳統與現代保護方法相結合的施工原則。以木結構爲主的中國古建築的保護維修方法，已有幾百年、上千年甚至幾千年的傳統。這是有中國特色文物保護理論的重要部分，也是古建築保護維修的物質基礎所決定的。維修部門在這一工程中牢牢抓住了這一點。例如，此項工程所採用的"截朽墩接"、"剔朽嵌補"、"榫卯接補"、"繳背拼合"、"補殘修復"、"鑲嵌補縫"和"鐵件加固"等，都是千百年來中國木結構建築保護維修的傳統特色，一些技法還載入了宋《營造法式》這樣的官式專書之內。

最值得注意的是，這一修繕工程還實施了"研究鑑別，理清原構件後人修配構件的保存情況"的正確措施。"對於那種有充分依據證明是後人添配，而又確屬不當添配或可能影響結構安全和可靠性的構件"，在研究鑑別後"便可據以作出更加恰當的科學決策"。他們在工程施工中十分注意這一問題，把故居重要建築可繼堂明廊柱頭斗栱和敞廊恢復了該建築原來的面貌，更加展現了這一建築的歷史價值，達到了"不改變文物原狀"的要求，確保了修舊如舊和文物的原真性。又如可繼堂山面梁架中的柱子，經後人添配，規格細小，既破壞了原狀，又不安全，在找出科學依據之後予以恢復。這不僅保證了安全又恢復了它的原狀的價值和原真性。

三 借鑑國際經驗，應用新材料、新技術，是構建有中國特色文保理論體系的重要組成部分。

"他山之石，可以攻玉"。這是我國歷史上對待外來和本國各民族各地區文化藝術和科學技術的優良傳統。兩千多年來，不知有多少文化藝術和科學技術的成果都是在不斷引進、吸收的基礎上創造出來的。就以文物來說，特別是在古建築領域，我們如果注意一下，就會發現我國一千多處的全國重點文物保護單位中有很大數量是外來的。例如，佛寺、佛塔、石窟寺、伊斯蘭教建築、基督（天主）教建築和一些遺址、墓葬以及近現代建築等。但是，這裡有一個很大的特點，就是它們都是在中國傳統文化的基礎上逐步中國化了。我認爲最爲突出的例子之一就是塔，完全中國化了，成了古建築中的一種重要類型。在近現代文物保護和考古學研究領域，也都學習、引進和吸收了外國的理論、經驗與科技成果。新中國第一部文物保護法規（即國務院頒布的《文物保護管理暫行辦法》），就是在吸收了前蘇聯和其他許多國家法律、法規和經驗的基礎上制定的。

丘濬故居維修保護工程從開始就提出了"在國內外現行文物保護法規和當代文物保護理論指導下"的要求和運用"現代文物保護技術措施的……文物建築修繕工程"的目標。在工程實際中，爲了更多更好地保存原材料、原結構，特別重視新材料的運用。如修繕工程做法主要技術措施中的"填充補強法"，就採用了以環氧樹脂粘結灌縫，予以加固補強，從而使許多還可繼續使用的構件保存了下來，更多地保存了原物。在"剔朽嵌補法"中不僅採用了現代材料環氧樹脂粘結的措施，而且採用了傳統的暗設榫卯與構件主體結爲一體的辦法，使傳統技法與現代材料相得益彰，修補技法更臻完善。隨著時代的發展，隨着建築功能要求的不同，隨着建築新材料的出現，建築結構、修造技術都在不斷地進行改革。與時俱進、不斷創新，正是中國古建築的重要特色。它的保護與維修也同樣是與時俱進的。丘濬故居修繕保護工程正是古爲今用、傳統與現代相結合來構建有中國特色文物保護理論體系的一個生動的例子。

四 把對丘濬故居文化內涵的發掘整理，對其文物價值的評估與保護管理和維修目標相結合，是實踐與充實有中國特色文物保護理論體系的重要一環。

中國古建築文物保護的特色，一是依據或來源於物質方面，二是依據或來源於精神文化方面。上面談到的主要是屬於物質材料結構和科學技術方面的特色,而精神文化方面對中國古建築來說,較之其他外國建築體系尤爲突出。因爲世界文明古國之中,中國是獨有的歷史文化未曾中斷的國家。相承不息的歷史文化是構建有中國特色文物保護理論體系最重要的組成部分之一。

丘濬故居的規劃設計十分重視這一點。在工程開始之前就進行了很多的科研工作,把丘濬故居產生的歷史文化背景和海南的政治、經濟、文化發展以及各種類型的古建築都做了充分的調查研究。結合丘濬本人的歷史地位和生平事跡,特別是故居建築的歷史文化內涵,對故居文物建築進行評估。我認爲這是非常重要的一項工作。因爲它對維修保護工程的方案設計和技術措施都將起重要的作用。不但是維修保護工程而且對將來的"保護管理措施和發展利用的目標,都具有重要的現實意義和深遠的歷史意義"。

五 在對維修後整個文化風貌、藝術處理上突出了古建築保護維修的中國特色。此項工程是一處體現中國特色文物保護理論體系的鮮明例證。

丘濬故居這一維修保護工程,在對修繕後的整個文化風貌及藝術處理上,非常突出物質和精神文化兩個方面的特色。物質方面,它是木結構;精神文化方面,它體現了中國傳統的文化理念和審美觀點。據我所知,維修人員十分重視西方一些古建築修繕後的文化風貌、藝術處理和外觀感覺上的理論與方法。但經過認真考慮之後,仍然遵循了中國特色的辦法。突出地表現在"新配構件的防腐處理及斷白做舊要求"上。又如像柱子的墩接,沒有採用意大利羅馬那樣用紅磚來墩接殘柱。因爲繳接拼合祇能用木材,這是木材的物質性能所決定的。花崗石、大理石也難以像木材這樣使用繳接拼合、開暗榫的辦法。因而在維修中祇好不予採用了。

在對修繕工程完工之後的外觀處理,本來也可以採用兩種辦法:一種是按照西方的觀念,"留白"或加強對比的辦法,把新配的構件保留木質本色甚至用其他方法強調其可識別性;一種是採用中國傳統的"斷白"、隨色做舊的辦法,即將新換的構件或拼合、墩接的木材"斷白",隨色做舊。所謂"斷白"即把新添木材的白色(并非純白)除去,隨着原來的油飾過的顏色加以油飾,使新舊木材的外觀和諧協調。此報告在技術措施與施工程序的相關內容中專門提到:添配構件均須進行斷白、隨色做舊處理,實施時應遵循添配件總體上與鄰近舊構件色調相仿、質感相近的原則進行。技術措施可採取表面做舊(如適度的劃痕、打磨等表面處理)、着色處理(如調配顏料、着色并予以退光等)、化學封護(如用膠礬水或有機硅溶劑噴涂表面封護)等技術手段。

這種斷白、隨色做舊的辦法是我國古代木構建築修繕的優良傳統,也是近現代古建維修時一直採用的辦法。山西省爲古代木結構最多的省份,經驗尤爲豐富。從上世紀50年代的大同善化寺普賢閣到以後的永樂宮、南禪寺、佛光寺以及近期的朔州崇福寺都是如此。其他省市如河北的正定隆興寺、曲陽北嶽廟,浙江寧波保國寺、金華天寧寺,上海真如寺,福建福州華林寺等早期木構建築,在彩畫無從查考和沒有可靠依據來復原的時候,都採用了這種"斷白"、隨色做舊的辦法。全國各地明、清時期的木構建築在油飾彩畫暫不重做時，也都採用"斷白"、隨色做舊的辦法。這一方法，不僅是外觀協調的文化理念和審美觀點問題，而且它對木材也起到保護作用。我認爲這正是構建有中國特色文物保護理論體系中的一個重要的組成部分。

六　從丘濬故居整個維修保護工程來看，自勘察研究開始，就十分重視對維修實踐的理論總結，并且較好地將有中國特色的文物保護理論運用到具體的維修過程中。

在這本經過多年整理和總結研究出來的修繕工程報告中，充分反映了有中國特色的文物保護理論與實踐的内容。國内外文物古建築保護的理論一百多年來都在不斷地發展着，但還没有形成一個完整的理論體系，尤其是在特色方面還研究得不多。自新中國成立以來，已經完成了許多重大的工程，已經有了許多重大的科研成果，已經出版了不少修繕工程報告。在此基礎上，構建一個有中國特色的文物保護的科學體系已經成熟。這方面實踐的例子很多。丘濬故居修繕工程就是一個理論與實踐相結合的例子，堪稱典範之一。

編著者命題，囑寫序言，借此談了一點對這項工程和這本報告的意見，并再次提出構建一個有中國特色的文物保護理論體系的呼籲！敬請方家指正。

2003 年 5 月 8 日於北京

三　海南古代建築保護與研究的新成果

中國文物保護協會副理事長　柴澤俊

　　中華民族是世界上歷史最爲悠久、文化最早發展的偉大民族之一。長久以來，保存於祖國大地上的衆多文物古迹，凝結和記載着不同歷史時期的文化，是先民們智慧的結晶，堪稱寶貴的民族文化財富。與時俱進，開拓創新，科學保護并繼承弘揚這份優秀文化遺産，正是新時期文物工作者所肩負的神聖使命。切實做好這項工作，對於促進我國社會主義物質文明建設和精神文明建設有着廣泛而深遠的意義。

　　我國保護文物古迹、保護傳統建築的歷史源遠流長，可以上溯數千年時間。在漫長的歷史進程中，歷代建築先哲和工程匠師曾經獨樹一幟地總結和創造了適合我國傳統建築體系及構造特徵的維修方法和特殊技藝（如“偷梁換柱”法、“繳貼嵌補”法、“局部拆修”法、“落架大修”法等）。它們在工程實踐中長期運用，卓有成效。隨着現代文物建築保護科學的不斷發展，隨着國家一系列文物保護法規的出臺和頒布，隨着各類新興文物建築勘察、測繪、測試及保護方法的不斷涌現，傳統的古建築維修方法如何與新興的文物保護方法相互借鑑，取長補短，相輔相成，從而使現代文物建築維修保護理論和保護事業快速發展，這無疑是擺在我們面前的一個需要不斷探索的學術課題。

　　文物建築修繕保護理論，來源於文物建築保護工程實踐，又具有指導保護工程實踐的意義。隨着實踐經驗的不斷積累，現有理論將不斷得到發展和完善。因此，從學科建設的角度看，對每項重要文物建築維修保護工程所取得的工程實踐經驗進行系統而認真的理論總結，是至關重要的；從文化傳播的角度看，對每項重要文物建築維修保護工程所取得的勘測研究成果進行全面而準確的歸納整理，實際上是另一種形式的文物保護與文化傳播。中青年古建築研究專家吳銳、王亦平和地方史研究專家黃培平三位同志主持完成了海南丘濬故居的勘察、測繪與修繕保護工程，并做了大量扎實而細致的研究工作。他們編著的《海南丘濬故居修繕工程報告》兼顧上述兩個方面，且博採傳統與新興文物保護技法，內容全面系統，文筆清新流暢，體系力求完備。此書的問世顯然是在繼承祖國文化遺産、弘揚中華民族精神、促進文物保護學科發展方面做出了新的貢獻。

　　文物出版社從公元 1993 年起推出的“中國古代建築修繕工程報告”系列叢書，迄今已有十年時間。這套叢書的第一部著作《朔州崇福寺彌陀殿修繕工程報告》是我和李正雲同志編著的。十年來，該社已先後編輯出版五部有關專著。欣聞《海南丘濬故居修繕工程報告》將作爲第六部著作出版發行，内心非常高興。細讀書稿，我以爲此書表現出如下幾個特點：其一，對丘濬故居建築營造年代的考證，既稽考史籍文獻，又引證口碑資料，溯源疏流，持之有據。其二，對前堂、可繼堂明代建築特徵及其建築設計方法的分析研究，數據確鑿，論述翔實，結論可靠，頗有見地。其三，丘濬故居是一處歷史名人住宅，作者對其文物價值和維修管理目標作了科學評估和系統分析，使其成爲當地文物機構進行保護管理與宣傳利用的重要資料。其四，作者對"理學名臣"丘濬的生平事跡、趣聞逸事和生卒時間等作了全面考訂，不僅注重分析其人文歷史精神，而且注意增補了一些史籍記載的空白，至爲可貴。其五，此書對這項文物修繕保護工程中所採取的各項修繕技術措施（特別是白蟻的生物防治和藥劑滅治、木材的材質鑒定和科學薦選等）作了全面總結，有理論可依，有實踐可證，有實物可考，足以引爲借鑑。

總之，此書的出版發行既可爲文物保護人員提供文物建築修繕保護的理論知識和實際案例，又可爲專家學者研究古代民居建築及社會民俗提供難得的參考資料。我相信此書一定會受到讀者的廣泛歡迎。衷心希望今後有更多高水平的文物建築維修工程研究報告出版問世。

2003 年 2 月 6 日於太原

研究篇

一 “理學名臣”——丘濬

“理學名臣”是明朝皇帝御賜丘濬的榮銜。丘濬不僅是著名的理學家、政治家、歷史學家和文學家，而且是傑出的經濟學家。他是世界上最早提出“勞動價值論”觀點的學者，比英國的配第和法國的布阿吉爾貝爾提出這一觀點的時間早一百七十年。

（一）非凡的生平

丘濬（公元 1421—1495 年），字仲深，號瓊臺，謚文莊，明代瓊州府瓊山縣（今海南省瓊山市）人。祖父丘普，性仁愛，平生“濟人利物”，以善行著稱。丘濬七歲喪父，靠母親李氏守志教養。丘濬童稚之年就聰慧過人，讀書過目成誦，“日記數千言”。他六歲就善作詩，且“語皆警拔”。例如，《五指參天》一詩：“五峰如指翠相連，撐起炎黃半壁天。夜盟銀河摘星斗，朝探碧落弄雲煙。雨餘玉笋空中現，月出明珠掌上懸。豈是巨靈伸一臂，遙從海外數中原。”此詩意境開闊，想像奇偉，風格豪放，足見其少年才學。丘濬幼年時家貧，往往長途跋涉外出借書讀。他十七歲時就能“落筆爲文，數千言立就”，拔萃於同輩。

明正統甲子（公元 1444 年），丘濬首次應鄉試得中第一名舉人，其對策答卷引起學者的注意。二試禮部，名登副榜，留京城國子監攻讀，深受祭酒器重。明代宗景泰甲戌（公元 1454 年），復試禮部，名在前列，獲廷試二甲第一，選入翰林院，爲十八名庶吉士之首，參與編纂《寰宇通志》。《寰宇通志》完成後，升任翰林院編修。這時，他以博學著稱，尤其熟悉當朝典故，還撰寫了大批有創見的文章，并有大量碑銘、序記、詩詞流布於世。當時，海南衛官深受遠調之苦，明天順七年（公元 1463 年），丘濬上疏奏請罷免遠調，被皇帝採納。兩廣用兵經年不斷，丘濬列出利弊，上書大學士李賢。李賢認爲他的策略很好，轉奏英宗皇帝。皇帝嘉賞，命依丘濬策略施行。

明天順八年（公元 1464 年）憲宗即位，丘濬被任命爲專給皇帝講解儒家經典的經筵講官。他博學，聲音洪亮，吐字清晰，皇帝很愛聽其講讀。次年，升爲侍講官，同時被任命編修《明英宗實錄》。明憲宗成化三年（公元 1467 年），升爲侍講學士。明成化十三年

（公元 1477 年）編修《宋元綱目》，不久被封爲翰林院學士，旋又封爲祭酒，掌管國子監。明成化十六年（公元 1480 年），加封禮部右侍郎，仍掌管國子監。此間，丘濬廣集經傳子史百家有關治國文章之觀點，進行探索，形成自己的見解，并結合當時社會實際撰寫了巨著《大學衍義補》，對一系列治國大略都有獨到之述論。書成時正當明孝宗皇帝即位。他將《大學衍義補》奏上，皇帝深爲讚賞，欽批"覽卿所纂書，考據精詳，論述該博，有補於政治，朕甚嘉之"，賞賜金幣，並命刊行該書。擢升丘濬爲禮部尚書，掌詹事府事。任命他主編《明憲宗實錄》。明弘治四年（公元 1491 年），《明憲宗實錄》編成，丘濬時年七十一歲，請求致仕不允，加封太子太保，以禮部尚書兼任文淵閣大學士，參與國家機要。

擔任機要職務後，丘濬對如何振興國家、抑制吏治中的腐敗之風、發展生產等方面，都提出很多主張。他在上書中指出：爲振紀綱、淳風俗，一定要抑制當時盛行的佛道兩教，制止印造經懺，停止修齋設醮和大規模的求神賜福之舉；要制止糜耗國家資財和佔用民田行爲，防止"常員之外多增官員"，減少支出，以"充國力"。明弘治七年（公元 1494 年），皇帝加封丘濬爲少保，改任户部尚書、武英殿大學士，實際上掌握朝政，地位相當於宰相。

丘濬雖"位極人臣"，但爲官清廉。他做官四十餘年，據明代人黄佐在《廣東通志》中記載"自處無異韋布"，"產業僅能卒歲，第宅不逾齊民，在都城市屋於蘇州巷南，規模卑陋，聊蔽風雨"，"所得俸祿即充官費，絕無贏餘"。明弘治八年（公元 1495 年），丘濬病逝。當時朝廷派官員護喪南歸，除了欽賜的錢幣，"惟圖書數萬卷而已"。皇帝聞訃嗟悼不已，"輟視朝一日"，以示哀悼，追封丘濬左柱國、太傅，謚文莊。

（二）學富五車　著述等身

明代刑部尚書何喬新論丘濬時説"嶺南人物，自張文獻公有聲於唐，余襄公、崔清獻公有聲於宋，迨公僅四人焉"（詳見《丘文莊公墓誌銘》，張爲唐代著名宰相張九齡，余、崔爲宋代名臣余靖、崔與之，均以廉潔賢能、學識淵博聞名於當時），認爲丘濬是唐、宋、元、明間嶺南最傑出的四人之一。明代《本朝分省人物考》中稱丘濬"著述甚富，世稱博學，爲我朝之冠"，讚丘濬爲當時首屈一指的學者。《四庫全書》提要中説："濬記誦淹博，冠絕一時，文章爾雅，有明一代，不得不置作者之列。"確實，從史載丘濬爲學之勤苦、天資之卓越、著述之豐碩來看，以上各論毫不過譽。

丘濬年幼失父，家道貧窮，但好學成性，祇要聞知人家有好書，即使百里外，也必趕去借抄來讀。他在《藏書石屋記》中説"予生七歲而孤……有遠涉至數百里，轉浼至十數人，積久至三五年而後得者"，求學之勤苦可見一斑。據《詩文會稿》記載，當時書肆有好書，丘濬很想買，但自己有的錢却不及書價的十分之一，祇好每日都去翻讀，愛不釋手，把書中重要部分全部熟記。後來他試探着出個低價，想店主把《漢書》減價賣給他，説"如此價即買，否則余也熟記矣"。店主不信，以爲丘濬誇口，笑着説"寧有此事？果若所云，余願奉贈"。店主取出《漢書》，隨便指出其中數頁試丘濬。不料，丘濬背誦自如，不漏一字。店主大爲驚訝，當即將《漢書》贈送給丘濬。從此，丘濬"神童"之名大揚。

丘濬少年時就寫了詠瓊州十景詩，前面提到的數百年來一直膾炙人口的《五指參天》，就是其中的一首。據記載，丘濬在京任職後，請假回鄉省親時，曾與當時瓊州名流共詠此詩，反覆推敲，想對數十年前的少年之作進行修改，但"苦思至再，無法删易"，可見其功底之堅實。他讀書涉獵面非常之廣，且注重思考。例如，他在《願豐軒記》中曾自述："凡天下户口、邊舉、兵馬、鹽鐵之事，無不究諸於心意。"明景泰五年（公元1454年），丘濬殿試獲"二甲第一"（據前人焦映漢撰的《丘濬傳》，丘濬殿試本可登狀元或探花，但"廷試因策中微觸時諱"，因而名排探花之後，獲二甲第一名）。當時的學士、洗馬（官名）李紹同從學士會於史館，曾對丘濬說"子生海外，何以得書籍師友而博洽如此"？丘濬入京後，知道自己來自邊陲，對學問更不自足，"益求人間所未見書讀之"，對六經諸史、九流箋疏、古今詩文，甚至醫卜老釋之説，無不深究，"遂以博極群書稱於時"。

丘濬不但苦讀博學，而且筆耕更勤。他究竟有多少著作，這有待熱心於海南古籍之人士進一步研究整理。據史書記載和能見到的海内外學者的稽考，已知曾刊行於世的丘濬著作如下：（1）個人著述有《大學衍義補》、《世史正綱》、《朱子學的》、《家禮儀節》、《瓊臺詩話》、《瓊臺會稿》、《平定交南録》、《史略》、《成語考》和戲劇四部《五倫全備記》、《投筆記》、《舉鼎記》、《羅囊記》。（2）奉命纂修的官書文獻有《寰宇通志》、《大明一統志》、《明英宗實録》、《宋元綱目》、《明憲宗實録》。

丘濬的著述無論在當時經濟、史學、文學方面都是非常傑出的。其政治思想、哲學思想也有很多超越前人的地方。他的著作數量十分可觀，不但大部頭的各類專著涉及面廣，詩作也多達數千首，又是廣東最早的劇作家，故有"詩文滿天下"之稱（見《丘文莊公傳》）。他的作品數百年來傳世不泯，除了内容博浩精深，還與他治學認真嚴謹和敢於仗義執言有關。明代《國朝列卿記》中有這樣的記載：在編纂《明英宗實録》時，對被英宗皇帝以"叛逆罪"處死的大臣于謙，有人認爲應寫于謙爲"不軌"，但丘濬堅持己見，認爲"己巳之變，惟于公天下不知何如？武臣挾私怨，誣其不軌，是豈有信哉"！并説"事久論定，誣不可不白"。最後，衆人被丘濬說服，對于謙"功過從實書之"。又如對岳飛被殺，歷來都衹責秦檜而不責高宗，丘濬在《世史正綱》第二十七卷中認爲高宗非幼弱昏昧之主，"檜非承其意，決不敢殺其大將"，并據史實證述，見解獨到。對丘濬這種不懷偏見、依實修史的精神，史學家吳晗表示嘉許"英宗朝土木之變，于謙功最大，復辟後以非罪死，至修録時是非猶未定。丘濬力主謙之有功社稷，衆遂論定"（見吳晗《讀史劄記》）。史學家白壽彝在《中國通史綱要》中也特別指出"憲宗、孝宗時，丘濬是一個博學的人，先後參與《英宗實録》、《憲宗實録》的編修，有時還能不顧時議，依實直書"。

丘濬的詩詞，數量很多，好多是互贈酬酢之作，但其中不乏傳世精品。從《丘文莊公集》，特別是《滇南詩選》中的二百餘首詩詞來看，大多讀來都朗朗上口。如《寄題岳王廟》一詞："爲國除忠，爲敵報雠，可恨堪哀。願當此乾坤，是誰境界。君親何處，幾許人才？萬死間關，十年血戰，端的孜孜爲甚來。何須苦，把長城自壞，柱石潛摧。雖然天道恢恢，奈人衆將天拗轉回。歎黃龍府裡，未行賀酒；朱仙鎮上，先奉追牌。共戴雠天，甘投死地，天理人心安在哉！英雄恨，向萬年千載，永不沉埋。"氣概恢弘，感情激昂，擊節悲歌之狀可見，即置於宋詞名篇間，也不遜色。

　　當然，以現在的目光看，處於明代程朱理學盛行時期，作爲封建朝臣的丘濬，其作品中未免出現點綴昇平和宣揚封建倫理綱常的內容，如他部分著述中的天人感應思想等。他的戲劇《五倫全備記》虛構了伍倫全、伍倫備兄弟和他們一家的際遇，宣揚要按封建倫理行事的思想。游國恩、王起等主編的《中國文學史》中認爲丘濬這部戲劇代表了當時理學和"風化體"的傾向。從總體而言，就丘濬大部分著作來說，仍然貫穿入世和面向社會現實的思想。他入京後，經歷景泰、天順、成化、弘治四個皇帝，爲官達四十一年之久，逐漸成爲當時學術上最領先的人物。《明名臣錄》說丘濬"國朝大臣，律己之嚴，理學之博，著述之豐，無有出其右者"。這對學富五車、著作等身的丘濬，確是中肯之論。

（三）經世致用的傑作《大學衍義補》

　　在丘濬卷帙浩繁的著述中，《大學衍義補》歷來最被推崇。清人紀昀在《四庫全書》提要中說"濬博崇旁搜，補所未備，兼資體用，實足羽翼而行。且濬學本淹貫，又習知舊典，故所條列元元本本，貫串古今，亦複具有根底……其書要不爲不用也"，高度評價丘濬學識的淵博以及《大學衍義補》取材的宏富。學者錢穆認爲《大學衍義補》"皆卓然得學統之正，偉然攬學林之要，全國學者傳誦其書，至於清末，歷四五百載，弗輟弗衰。蓋文莊不僅爲瓊島一人物，乃中國史上之第一流人物也"。

　　丘濬在大量收集資料的基礎上，從五十八歲開始撰寫《大學衍義補》，直至六十七歲纔完成。按丘濬自序"採六經諸史百氏之言，彙輯十年，僅成此書"，可見耗費精力之巨。在此之前，宋代一名叫真德秀的儒臣根據儒家經典之一的《大學》，撰寫了一本書叫《大學衍義》，共四十三卷，但其中祇有"格物、致知、誠意、正心、修身、齊家"方面的內容，對管理國家的政治、經濟方面（即"治國平天下"）卻沒有論及。丘濬認爲，重要的是社會現實的需要，於是寫了《大學衍義補》一書，具體論述建立安定富強國家的策略。《大學衍義補》全書共一百六十卷、一千五百四十二頁，字數達一百一十萬，是一部洋洋灑灑的巨著。寫這部著作是有現實需要的。據史載，明中期皇帝多信任宦官，政局經常不穩定，且有蒙古族的瓦刺部、韃靼部不斷騷擾。朝廷又侈靡浪費，軍費開支增多，皇族、宦官及有權勢的地主對土地大量兼併、侵佔，王莊官田遍及各地，而他們又千方百計把徭役賦稅的負擔轉嫁到農民身上，社會危機四伏，流民問題日趨嚴重。丘濬就是在這種背景之下，出於整肅吏治、安民富邦的願望來寫這部書的。書中援引經訓，旁徵史事，深行研述，是他政治、經濟思想的實施策略。從書中的十二綱目：一正朝廷，二正百官，三固邦本，四制國用，五明禮樂，六秩祭祀，七敦教化，八備規制，九慎刑憲，十嚴武備，十一馭夷狄，十二成功化，可窺見丘濬寫此書正視現實、濟溺匡時、經世致用的意旨。在内容方面，雖然觀念上不免受程朱理學的羈絆，但他能闡發比較積極的方面。書中反映出的"仁民愛物"、輕賦重農、發展經濟的思想，頗爲難能可貴。

丘濬體恤民艱，有民本思想。這在他的許多奏章中都有體現。他曾上疏説"君之所以爲國者，民也。民之所以爲生者，田也。民耕田出租賦以爲官之俸禄，既食君之禄則不當侵民……惟知爲家利而不思爲國保民，可乎"？還説統治者"必不輕費民財，必不輕費民力。財不輕費，則斂於民也薄；力不輕勞，則役於民也輕，而天下安矣"（《瓊臺會稿》）。他這種思想，在《大學衍義補》中有較多的論及，如"願仁聖在上，思王業之所本，念小民之所依。禁游惰則爲之者衆，省徭役則不奪其時，減租賦則不罄其所有。是雖不下憫農之詔，而人皆知其憫念之心；不設勸農之官，而人皆受其勸農之惠"。在"固邦本"一章中特別指出"民爲邦本，本因邦寧"，告誡統治者"君之所以爲君者，以其有民也。君而無民，則君何所依以爲君哉"？并説"匹夫匹婦之賤且貧，而天子必敬而愛之，不敢以其勢位權力加之"，要求"省刑罰，薄稅斂，寬民役，以爲民造福"。這種思想與孟子"民爲貴，社稷次之，君爲輕"的思想，異曲而同工。

丘濬認爲，治國要道之一在於理好財政，理好財政要道之一在善於"藏富於民"。他在《制國用·總論理財之道》中指出，對百姓"要因其土所出之財而致謹其財賦之人……不敢責無於有，取少於多"。這樣，根據土地和物産的實際分類出賦，就能使民均有衣食之資。他説天下之財"勤者得之，怠者失之，儉者裕之，奢者耗之"，"'勤、怠、儉、奢'四言，是又萬世理財之節度也"，而歷代統治者橫徵暴斂是"民財所以恒不足，而國用也因之以不充"的根本原因。他主張"不用聚斂之臣，而行崇本節度之道"。鑒於當時土地兼併現象嚴重，丘濬提出國安須民安，而民安之要在耕者有其田。《固邦本·制民之産》中説"凡有生於天地之間者，若男、若女、若大、若小、若貴、若賤、若貧、若富、若内、若外，無一人而失其職，無一物而缺其用，無一家而無其産。如此，則人人有以爲生……民安則國安矣"。他認爲當時亟需解決的是"民之所以爲生産者，田、宅而已。有田有屋，斯有生生之具。所謂生生之具，稼穡、樹藝、牧畜三者而已。三者既具，則有衣食之資，用度之費……禮義於是乎生，教化於是乎行，風俗於是乎美"。對怎樣解決土地問題，當時朝議中有人提出恢復古時之井田制，但丘濬條陳史鑒，認爲此議弊端極多，"決無可復之理"。他提出了"以丁配田"，限制田量，并把田地與差役聯繫起來的辦法。這對限制皇戚貴族侵奪民田，制止土地兼併和由此造成嚴重的貧富不均，有着明顯的意義。

丘濬書中還對整肅吏治、強化抗災保收措施、發展海運、開闢海埔造田等方面提出了一系列方略。他是我國較早提出對外貿易的人，特別注意開闢海上交通運輸來推動南北商品交流的問題。他指出建都北京，而物産主要在東南，靠那條時塞時通的古運河，遠不能適應漕運需要，國難富足，南北經濟交流不起來。他還提出措施"於無事之秋，尋元人海運故道，一旦漕渠滯塞，此不來而彼來，是亦思患預防之先計也"。"尋訪慣行航海漁民鹽丁，優給驛道，重尋沿海曲折深淺之道，許以事成給以官賞，造成圖策"，"然後於昆山太倉起蓋船廠，差官將工部原派船料，造爲尖底船隻配軍押運……"他認爲這樣做，既省腳費漕卒，又南北多加交流，促進經濟發展，同時又可以有海戰之備，防止當時常出現的外族和海盜在海上騷擾，誠"萬世之利也"。

爲了發展生產，他書中還提出將我國沿海各地當時因千百年滄桑所形成的海埔開闢爲農田。他説"循行沿海一帶濱海郡縣，徵募於夫，築堤捍海，劃界爲田，隨宜相勢，分疆定畔，因其多少，授以官職，如此則民資其食，國坐享其富盛矣"。

《大學衍義補》中的《鹽法考略》和《錢法纂要》兩卷，對鹽業和貨幣制度的研究有其獨到之處，所提建議經濟價值甚高，爲後來歷代學者和統治者所重視，還被收進《廣東通志》一書，并分別另有專書刊行於世。他針對明代貨幣制度混亂不堪的狀況，提出以銀幣爲基礎，銀、鈔、錢并用，合理兌換，以利民用的主張。這在中國貨幣史上是獨步前人的創見。丘濬的經濟思想，對後人的經濟著作產生了巨大的影響。明清之際反對空談"心、理、性、命"，提倡"經世致用"學問的著名思想家、學者顧炎武，對明中期以後學者頗多非議，然而對丘濬的經濟學説却很推崇。如對丘濬發展海運的主張，顧炎武在《天下郡國利病書》第十六卷中説："此策既上，朝議稱許，八十年後隆慶間，民變相乘，漕運益苦，漕途總督王宗沐鑒於漕運之糜費，乃重申其義，條陳海運十二利之策，幽燕國用兵食，始得稍紓"，盛讚丘濬的經濟策略。

公元 1981 年的《北京大學學報》第 2 期上發表經濟史學者趙靖的文章，指出丘濬在《大學衍義補》中"以相當明確的形式提出了勞動決定價值的論點"。公元 1987 年，上海《文匯報》也登載一學者的文章，指出丘濬在《大學衍義補》中提出了"勞動價值論"。過去人們提及"勞動價值論"時均認爲是英國人配第和法國人布阿吉爾貝爾於公元 17 世紀 60 年代提出的。《辭海》"勞動價值論"條也寫道："論證商品價值的抽象勞動創造的科學理論，由英國配第和法國布阿吉爾貝爾創始，英國亞當·斯密和李嘉圖加以發展，馬克思批判地吸收前人的觀點，科學地全面地予以完成"（縮印本 1624 頁）。然而，丘濬在《大學衍義補》卷二十七中談到貨幣理論時就已經提出：一切資於人力的世間之物即勞動產品。它的價值都是由生產所耗費的勞動所決定的，而且"其功力有深淺，其價值有多少"，價值和勞動耗費的多少成正比，明確地提出了勞動決定價值的論點。按《大學衍義補》完成於公元 1487 年算，丘濬"勞動價值論"的提出比配第和布阿吉爾貝爾要早一百七十年。由此可見，丘濬是迄今知道的世界上最早提出勞動價值理論的人。

（四）拳拳思鄉情

丘濬自進京至卒於任上，凡四十餘年。他晚年從弘治四年（公元 1491 年）即七十一歲起，累次上疏，請求辭職，均被皇帝駁回。《廣東通志》中記他要求致仕"前後凡十三疏，上皆不允"。史載孝宗是明中葉較開明的一位皇帝，君臣比較相得，治國也見成果。

他曾在丘濬疏中批"朝廷以卿學行老成特加任用，所辭不允"（見《海南叢書》卷一丘濬疏《奉旨》）。由此可見，一再留用丘濬，是出於對丘濬治國才能的重視。

丘濬晚年爲何一再上疏請辭，前人之書都記載因他自認爲年老居要位難有作爲，同時也有病。近年讀《丘文莊公集》，結合丘濬閣後歷次致仕奏疏，看來主要原因還是他那種拳拳的思鄉之情。尤其晚年，念鄉心更切，至不能自己，於是一再奏疏請辭歸鄉。

自從宰相胡惟庸、李善長造反後，明太祖就廢了宰相制度。丘濬在七十餘歲被授禮部尚書，後又改户部尚書兼武英殿大學士。因他才高望重，在內閣中很受孝宗皇帝信任，因而實際上是負起了宰相職責。明代黃佐在《廣東通志》中説丘濬"位極人臣"。丘濬在《入閣辭任第二奏》中説自己"徒以積資累考，僥境至極品"，便可證明，他自覺國家任重，而自己年事已高，且當時右眼已患了青光失明症，於是奏請辭職。奏疏中説：自己已是"古人所謂日暮途窮、鐘鳴漏盡之時也……蓋反己內省，然自知不足以當朝廷重任，恐誤國家之事，負明主之知"，可見老病確實是他奏請辭職的原因之一。

但是，他辭職更重要的原因是他晚年與日俱增的思鄉之情。關於此，他常訴諸筆端，如晚年所作《客中對月》詩曰"萬里思歸客，傷心對月華。願憑今夜影，回照故園花"。又如《秋風》詩中寫道"客里渾無賴，樹頭俄有聲。倚窗頻側耳，無限故鄉情"。秋風、明月皆惹起他的鄉思。每有家鄉客來，或與人談話提到故鄉，他都十分眷戀，有詩爲證"八月秋高露氣涼，悲時感物倍思鄉。白頭倦值文淵閣，清夢頻歸學士莊。椰殻脂凝將減水，椰胎子出正分房。尚方珍饌經嘗遍，却憶家林野味長"（《客有談及家林者偶成》）。從詩中知道這時他已進入內閣，已是七十餘歲，從秋高氣涼，想到家鄉的椰子、檳榔快成熟了，想到"家林野味長"，可見時時心繫故園。

這種殷切的念鄉之情，即使在奏疏中，他也每每流露。他入閣後二奏中説"伏望皇上察臣由衷之辭……賜以生還。不但免其職任，且復放歸田里，臣不勝感恩戴德之至"！明確提出想"生還"，"放歸田里"，在有生之年回到故鄉。他在此後的再奏中又説"且又去家萬里，隔越大海，一子早喪，身多病而心多憂……乞如薛瑄致仕事例，放歸田里"（薛爲明英宗時內閣大學士，六十八歲時奏請辭職歸鄉獲准）。讀丘濬這些奏疏，一個離家四十餘年的七旬老人盼生還故鄉的殷殷之情，躍然紙上。他在最後歲月裡寫的許多詩，更可看到鄉思之苦。例如，《夢起偶書》曰："秋來歸夢到家園，景物分明在眼前。樹掛碧絲榕蓋密，籬攢青刺竹城堅。林梢飄葉重堆徑，澗水分流亂落田。乞得身閑便歸去，看魚聽鳥過殘年。"這種百計思歸歸未得，衹得托夢到家園的情景，真有如杜甫、蘇軾離亂或流放中的鄉思，凄凄拳拳。想丘濬至死不得再見故園一眼，讀了未免令人感慨良久。

二 丘濬故居概論

丘濬故居位於今海南省瓊山市府城鎮金花村，坐東向西，現存佔地約 632 平方米，是海南古代建築中一處十分重要而且十分難得的木結構建築。公元 1996 年，丘濬故居被國務院公布爲全國重點文物保護單位。

丘濬（公元 1421—1495 年），自幼家貧，但才思過人，少年時的一首七律《五指參天》迄今仍爲人們廣爲吟咏：“五峰如指翠相連，撐起炎黃半壁天。夜盥銀河摘星斗，朝探碧落弄雲煙。雨餘玉笋空中現，月出明珠掌上懸。豈是巨靈伸一臂，遙從海外數中原。”該詩想像奇偉，體現了遠大的抱負。丘濬博覽群書，穎悟絕倫，無書不讀，“凡天下户口、邊舉、兵馬、鹽鐵之事，無不究諸於心意”（註一），“理學之博，著述之豐，無有出其右者”（註二）。他作爲明朝權臣和大儒，律己之嚴、廉潔清貧也是聞名於世的。“濬廉介，所居邸第極湫隘，四十年不易。性嗜學，既老，右目失明，猶披覽不輟”（註三）。他一生著述頗豐，涉獵政治、經濟、法律、理學、史學、戲曲、詩歌等許多領域。其著述和戲劇有《大學衍義補》、《世史正綱》、《家禮儀節》、《朱子學的》、《瓊臺會稿》、《五倫全備記》、《投筆記》和《舉鼎記》等（註四），許多著作“上已懸之學宮，次亦供學士家之咀嚼矣”（註五）。丘濬最突出的貢獻在於他的經濟思想。他指出：“必物與幣兩相當值而無懸絕之偏，然後可以久行而無弊。”（註六）商品價值“生於天地，然皆比資以人力，而後能成其用。其大小精粗，其功力深淺，其價有多少”（註七）。他以相當明確的觀點提出了勞動決定價值的理論。這無疑使其成爲我國公元 15 世紀經濟思想的卓越代表人物。明人何喬新評價説：“嶺南人物，自張文獻公有聲於唐，余襄公、崔清獻公有聲於宋，迨公僅四人焉。公晚登政府，疾病半之，故見於功業者僅若此。然《大學衍義補》一書，其經濟之才可見矣。《朱子學的》一書，其理學亦可知矣。經濟、理學兼而有之，使得久於位，盡行其言，相業豈三君子可及哉！”（註八）

丘宅創始的絶對年代，目前還難以考證。有關的史志記載不多。根據《明正德瓊臺志》記載，丘宅的建設大致有前後兩個時期，前期爲丘濬先人的創始時期，後期是丘濬的擴建時期。創始時期的建築規模大約由現今所見可繼堂、前堂等單體建築組成。丘濬期間的建築大體上有“願豐軒”、“學士莊”、“藏書石屋”和“尚書府”等，但後期的建築今天大多已經看不到了，能夠保留下來的也祇是丘宅的"可繼堂"、"前堂"等單體建築。"可繼堂"是"丘文莊公家正寢"（註九），也是丘濬故居的核心建築。它面闊三間，進深四間，明間兩縫梁架的形式為擡梁式結構，與宋《營造法式》中所謂的"十架椽屋前後乳栿劄牽分心用五柱式"類似。前堂面闊三間，進深兩間，明次間間縫上梁架亦與宋《營造法式》所載廳堂建築"四架椽屋分心用三柱"式大木構架相同。整個建築的風格古樸簡約，渾然大氣，意趣天成，為嶺南少有的古代民居建築的精品。

儘管丘濬故居現存的建築規模很小，但可繼堂和前堂嚴謹的官式做法，仍然深得專家們的青睞。自公元20世紀80年代發現以來，廣東省博物館的王維、原海南行政區文化局的麥穗等先生都做了相當的基礎工作，留下了重要的基礎檔案資料。公元1992年，海南省文物保護管理辦公室再次組織技術力量對丘濬故居進行了調查和測繪工作，對其建築、歷史、藝術價值重新評估。公元1994年，丘濬故居被公布為海南省第一批文物保護單位。此時的丘濬故居已經岌岌可危，前堂、可繼堂的東西次間崩塌殆盡，明間也危在旦夕。同年，海南省文物保護管理辦公室和瓊山縣文化局積極奔走，採取各種搶險措施予以支撐。隨後，海南省文管辦和山西省古建築保護研究所聯合對丘濬故居進行了全面的勘察設計工作。公元1994年至1995年，丘濬故居的維修方案獲得國家文物局的批准，維修保護工程得以及時開展和順利完成。

丘濬故居是海南目前現存最早的木結構建築。其建築為單一縱軸綫多進式布局。這種建築布局一直是海南傳統的民居布局方式，長期以來似乎沒有經過太大的變化。據《明正德瓊臺志》、《瓊州府志》、《明史》等記載，大體可以證實這一點。海南的民居建築絕大多數是採用縱軸綫布局，對於人丁興旺的家族而言，一般以直系宗支為單一軸綫縱列布局，體現了很強的宗法制度和宗法觀念。這種制度和觀念與歷朝歷代海南漢民族的遷徙和移民文化有着千絲萬縷的聯繫。這種布局在海南普通民居中，特別是瓊北漢民族建築中具有廣泛的代表性。元、明、清時期，海南的傳統建築達到了鼎盛時期。除了這種嚴謹的布局形式，也有布局隨意的範例。在瓊州府曾經存在過一批優秀的園林建築，如學士莊、花練莊、筠莊、竹軒、霜筠軒、繡隱莊、觀雲莊等，可惜今天都已蕩然無存。

有關丘濬故居維修的情況，史載極少。關於可繼堂的記載，最早可見於《明正德瓊臺志》。"可繼堂名摘先祖思貽公所題堂楣對句也"。其"對句"即"嗟無一子堪供老，喜有雙孫可繼宗"。可繼堂由此而得名。大約在丘濬六十四歲之前，可繼堂"既墮而更新之"。丘濬因祖父對其兄弟倆的教誨"爾（丘源）主宗祀，承吾世業，隱而為良醫以濟家鄉可也。爾（丘濬）立門戶，拓吾祖業，達而為良相以濟天下可也"，遂"求能書者"題匾"可繼堂"，"寘諸堂之門楣"（註一〇）。這是惟一確切的維修記載，其餘的情況在史籍中幾乎未可知了。然而，在實測和維修中，發現可繼堂維修和改動的部位最多。其中牆體、次間兩山的梁架、柱頭、斗栱、栿子、地面、屋面等都進行過多次的維修。後人為了增加居住面積，曾把前檐敞廊的功能取消，牆體外移砌築於檐柱之下。次間梁架主體為穿鬥結構，但其前插廊的梁架仍然與明間結構相同，即擡梁式月梁造。次間梁架這種穿鬥式結構和擡梁式結構的組合，明顯是後人維修的建築習慣和經濟條件所致。

　　保留如此完好的明代早期民居在華南地區已經是鳳毛麟角了。尤其對海南古代建築而言，丘濬故居是很重要的一處古代建築實例。丘濬故居在建築法則上儘管沿用比較嚴謹的官式做法，但是也充分考慮了地域的實用性。前堂、可繼堂的檐柱幾乎全部爲耐水、耐腐性能較好的玄武巖石柱。地栿分爲上下兩部分，下部爲玄武巖條石，避免上部的木地栿直接接觸地面而過早損壞，經濟性和耐用性結合較好。屋蓋的出檐很短，檐口較低，極有可能考慮了抗風的性能。次間的門檻一般很高，以避免家禽、牲畜等動物逾越，實用性較強。值得一提的是，丘濬故居在建築結構及其建築手法保留了一些相當重要的"早期"做法，如可繼堂的明間間縫梁架採用了鑲板做法，一般的鑲板均爲水平鑲嵌，但在脊部丁華抹頦栱及各襻間斗栱耍頭處則採用獨立斜向用板鑲嵌的做法，極似"叉手"和"托脚"古制的沿襲。此外，在前堂、可繼堂的梁架上的駝峰、月梁的做法也與宋《營造法式》規制極其吻合。從中人們可以發現一些關於宋《營造法式》和清《營造則例》兩大古代建築規範之間的過渡信息，而這種信息恰恰又是其他地方的古代建築所不能提供的。有鑒於此，纔使得丘濬故居成爲全國重點文物保護單位。其價值主要應該體現在這裏。

　　丘濬故居保護維修工程是海南民居保護的開端，以往并無先例。在制定保護方案時，山西省古建築保護研究所、海南省文物保護管理辦公室、瓊山縣文化局等單位就如何遵循"不改變文物原狀"的原則，認真對待不同時期的歷史遺跡，以最小的干預來最大限度地保存歷史信息，進行了認真細致的研討，取得了一致的共識。如何最大程度地保留和重現其歷史信息等原則性問題一直是維修中遵循的法則。丘濬故居可繼堂、前堂明間兩縫梁架向明間一側的做法講究，爲典型的"徹上明造"；而背側的做法就極其簡約，爲"草栿"的做法。在次間也發現有安裝過"平棊"的痕跡，但由於具體做法不詳，沒有對其"復原"。對次間山縫的穿門式梁架，儘管是後期維修的殘留，而且與同縫插廊的擡梁做法不同，但在維修中都給予現狀保留。對後期維修改變的屋面、檐口、桷子、舉折等給予恢復。根據現存建築殘損的程序，研究人員對基礎沉陷、構件加固、白蟻防治、殘存建築基礎和垣牆的現狀保護、環境整治等問題提出了解決方案。維修中，對被白蟻蛀空的大木構件沒有隨意丟棄更替，採取了根治白蟻、填塞木心、粘接加固的辦法。對局部損壞的斗栱、梁頭採取了切補的辦法加固，使構件的替換率降到最低點。在方案制定過程中，有幸得到國家文物局古建專家組組長羅哲文先生、山西省古建築保護研究所所長柴澤俊先生的指導。瓊山縣政府以及丘濬的直系後裔丘仁義先生對丘濬故居保護維修工作給予了極大的支持和幫助。瓊山縣政府專門成立了丘濬故居保護維修工程領導小組，瓊山縣縣委常委、宣傳部長郭仁忠同志任組長，海南省文物保護管理辦公室主任陳高衛、瓊山縣文化局局長陳貴山（前）、黃培平（後）等同志任副組長。修繕保護工程的勘察、設計任務由山西省古建築保護研究所高級工程師吳銳同志主持，山西省古建築保護研究所的王春波、盧寶琴和海南省文物保護管理辦公室的王亦平等同志參與了方案的測繪和維修設計工作。施工任務由孫書鵬、栗九富、趙鵬圖同志主持。該修繕保護項目自公元 1992 年 10 月開始，至公元 1995 年 11 月止，歷時逾三年，保護工程基本完成。維修中所採取的保護措施、方法和理論，除了尊重傳統技術，主要還遵循和實踐了《中華人民共和國文物保護法》和《威尼斯憲章》的一些主要原則。至於這些方法和手段是否可行、科學、有效和切合實際，當留待今後的時間來檢驗。希望通過這個修繕報告能傳遞最大的信息量，爲後繼者的工作提供經驗與借鑑。

註　釋

一　《願豐軒記》。

二　《明名臣錄》曰：“丘文莊公穎悟絕倫，無書不讀……國朝大臣律己之嚴，理學之博，著述之豐，無有出其右者。”

三　《明史·丘濬傳》。

四　何浩堃《嶺南歷代思想家評傳·丘濬評傳》。

五　張瑆《瓊臺先生詩話序》。

六　《世史正綱》卷十。

七　《大學衍義補》卷二十七。

八　何喬新《丘文莊公墓誌銘》。

九、一〇　《明正德瓊臺志》卷二十四，樓閣上。

三　丘濬故居文物價值評估
與保護管理目標

　　瓊山歷史悠久，文化昌盛，是國務院公布的國家歷史文化名城之一。唐宋以來，這裡一直是歷代瓊州府治所在地，也是海南政治、經濟、文化的中心，素有"瓊臺福地"、"海外鄒魯"的美譽。據調查，清末民初在瓊山古城範圍內，除了古代遺址、墓葬、碑碣、雕刻作品和名木景觀，保存於地面上的官署治所、城池樓宇、寺廟庵壇、名人故居、宗族祠堂、園林亭閣、莊軒別墅、古塔風影、學宮書院等就多達一百五十處左右。在府城內竟有各式古代牌坊二百一十八座（其中有進士坊十七座），故有"坊林"之譽。瓊山文化遺產之豐富、瓊山文化底蘊之深厚由此可想而知。

　　瓊山人傑地靈，名賢輩出。明清兩代，瓊山學子中有五十六人榮登進士，是全國同時期考中進士人數最多的縣之一。自宋至清，在海南所出的七百七十二位舉人中，瓊山人有三百五十九位，佔總人數的 46.5%；在榮登進士的一百二十人中，瓊山人有六十四位，佔總人數的 58.2%。特別值得稱道的是，在明代瓊州府府城鎮西廂朱橘里，曾經出現過"一里出三賢"的傳世佳話。那時，此地曾相繼誕生了著名理學家、史學家、政治學家、經濟學家和官至明朝禮部尚書兼文淵閣大學士的丘濬；名震全國，剛直不阿，體恤民情，愛戴百姓，"留取丹心照汗青"的"南海青天"海瑞；敢向皇帝抗顏諫諍，官至戶部左給事的許子偉。數百年來，他們的事跡在當地家喻戶曉，世代相傳，一直爲瓊山子孫所津津樂道。長期以來，每當置身於瓊山這片熱土之上，都會深深地被瓊山人崇尚名賢、懷念英雄的傳統美德和立志進取、勇創大業的時代精神所感動。

　　坐落在瓊山市府城鎮金花村的丘濬故居，就是被明代皇帝御封爲"理學名臣"的丘濬的出生之所，也是他青少年時代居住、學習和成長的地方。這組明代建築是海南省目前已知時代最早、最具特色的木結構民居建築群。對於這處歷史文化遺存，建築史專家譽之爲"瓊崖古代木結構建築的瑰寶"，文化史學者讚揚它是"歷史名人故居文化的奇珍"。國務院於公元 1996 年正式將其確定爲全國重點文物保護單位。應該說，丘濬故居所涵蓋的文物、文化價值是多元疊加和豐富多彩的。認真研究評估它的文物價值和作用，探討確定相應的保護管理措施和發展利用目標，是具有重要現實意義和深遠歷史意義的。

（一）文物價值評估

在討論認識丘濬故居的文物價值時，有三個方面是值得人們特別關注的。首先，這是一組明代初年在海南島熱帶濱海地區由大陸來的官吏、丘濬曾祖父丘均祿主持創建的民居建築。其次，這是一組曾經養育和造就出一位中國古代名臣丘濬的文物建築。第三，丘濬故居雖然本爲瓊臺丘氏的家産，但隨着時代的變遷和文化的積澱，歷史地看，它更是社會的財富和人類的財富，是一個地區社會更替、文化進步、技術發展的縮影和實物見證。從這三個視角深入分析，不難發現，丘濬故居是一處具有重要歷史文物價值，蘊含深厚傳統文化特性，能够體現非凡社會教育功用的古代文化遺存。

1. 歷史文物價值

丘濬，祖籍泉州府晋江縣。其曾祖父丘均祿於元代末年受元帥府的派遣到海南瓊山任奏差官，後因戰亂難歸，落籍於府城西北隅，置地建宅於朱橘里下田村，成爲丘氏入瓊始祖，形成丘氏"瓊臺今族"。相傳，丘氏祖宅在丘濬任京官時期曾達到"丘氏十八屋"的規模。其組群之宏大、功能之完善，由此可見一二。丘濬故居雖然現狀僅存前堂、可繼堂、可繼堂西廂房建築基址及由此形成的兩進院落，但可繼堂南次間正是丘濬出生的地方，丘濬也自稱"可繼堂者，瓊臺丘氏之正寢也"。由此可以判定，前堂、可繼堂都是瓊臺丘氏祖宅中的核心建築。

據瓊臺丘氏二十四世嫡孫丘仁義先生回憶：丘家世傳的丘廷佩重修《丘氏家譜六卷》（殘本，足本尚未覓得）中曾記載丘氏祖宅創建於明洪武二年（公元1369年）。對現存故居建築進行勘察分析和考古學鑒定的結果也可證明此説可信。由此可知，丘濬故居是一處創建緣由清晰、建造時間明確、建築遺存真實的歷史文化遺産。

丘濬出生於明永樂十九年（公元1421年）十一月初十日。他爲次子，七歲喪父，自幼貧苦。在祖父丘普及母親李氏的諄諄教導下，少年時代的丘濬就才華出衆，聰穎過人，勤奮好學，出口成章，被譽爲"海外神童"。明正統九年（公元1444年），二十四歲的丘濬舉鄉試第一而留居京城國子監攻讀，名氣漸盛。明景泰五年（公元1454年），他又榮登進士（二甲第一），授翰林院庶吉士，開始了長達四十餘年的官場生涯。明代皇帝曾御賜其"理學名臣"的桂冠。丘濬是明代中期著名的理學家、史學家、政治學家和經濟學家，被史學界譽爲"有明一代文臣之宗"（插圖一）。在丘濬進京求學、爲官之前的二十多年中，丘濬故居一直是丘濬及其家人生活、求學、奮鬥和成長的居所。作爲一處長達六百多年一直未被後人改建或重建過的民居建築及其歷史環境（雖然僅存局部），正是人們研究、認識特定歷史時期丘濬及其瓊臺丘氏族人生活方式、風俗習慣、哲學理念、思想追求、人生目標、價值取向以及社會歷史、文化時尚的彌足珍貴的理想場所。

如上所述，可繼堂、前堂是瓊臺丘氏祖宅中的核心建築之一。其祖宅的大部分雖已不存於世，但作爲創建之初的主體建築原物，作爲海南現存已知時代最早的僅存的兩座明代

丘文莊公像

一　丘文莊公像

木結構民居建築和由此組成的明代民居院落，其文物價值是不言而喻的。

丘濬故居院落範圍現狀佔地面積僅有 632 平方米。院內建築除明代建築前堂、可繼堂外，還有可繼堂前面北側廂房建築基址以及部分院牆遺存（故居院門是缺少文物價值的現代添造物）。從這組民居建築的平面布置手法看，前堂、可繼堂都是面闊三間，縱向排列，明間可以穿堂而過，兩次間供房主人生活起居之用的多進式建築格局。這是歷史上海南漢族居民所習用并頗具代表性的民居建築平面格局類型。從故居明代建築的構造手法看，前堂面闊三間，進深五檩，單檐硬山式筒板布瓦頂，梁架結構爲徹上露明造，四架椽屋分心用三柱式。可繼堂面闊三間，進深十一檩，單檐硬山式筒板布瓦頂，明間梁架用十架椽屋前後乳栿分心用五柱式，應爲建築之初的原構；兩山面梁架現狀大部分爲穿門式，應爲後人局部修改後的構架。在建築形式方面，屋架舉高不大，屋身低矮，斗栱簡樸古雅，出檐短促低平，屋面瓦溝寬敞舒展，窗欞疏朗通透。這些建築特徵充分體現了古代匠師爲抵禦臺風破壞，抗擊暴雨襲擊，排解屋內濕氣所採取的具有濃厚地方特色的建築技術措施。在梁架結構方面，月梁、駝峰、斗栱、托腳、叉手等大木做法均延續了濃厚的大陸內地宋元建築做法和風格。明代建築却體現濃厚的宋元建築風格，這種大陸建築構造做法在海島邊陲一帶的延續現象，或變革滯後現象，是有其複雜歷史根源的（海南現存其他歷史時期的建築也多見類似現象）。從這個角度看，丘濬故居作爲一處明代民居建築的幸存者，具備很高的獨特性和珍稀性。可以説，這是海南建築史上十分重要的具有劃時代意義的文物遺存。

丘濬故居是海南建築歷史研究的重要史料，也是當地現存最早的木結構民居建築類型的標尺。據現已掌握的建築考古史料觀察，在瓊山市及定安縣一帶如今仍然保存有多座仿木構造的與丘濬故居建築時代相同或稍晚的石造牌坊，在瓊北各地還保存有許多仍在使用的清代以來的民居建築，在瓊山市府城鎮 3 公里的一座宋墓中出土的兩件陶製建築明器（單檐歇山頂拜亭）更爲人們展示了宋元時期海南建築的形象。因此，以丘濬故居爲起點，上溯宋、元，下及清、民國的大量文物建築遺存和建築考古資料，正是人們劃分和構建海南古代建築類型與結構體系，認識和研究當地建築文化傳承發展歷史脈絡所不可缺少的文化寶藏。

值得注意的是，在瓊山市府城鎮金花村丘氏祖宅中，丘濬之兄丘源故居是一座頗具地方特色的土木結構的清代民居。該宅尚存正堂一座，緊依丘氏祖祠而建。它面寬三間 14.03 米，進深七柱 9.7 米，爲單檐硬山式筒板布瓦頂建築。據考，丘源明代祖宅塌毀後，曾進行了改建。這是改建後的遺存。從建築平面布局及使用功能分析，應爲正堂，但其明間兼有祭祖議事及建築組群過廳的作用。由此可見，在丘氏祖宅中除丘濬故居明代建築外，尚保存有典型的清代民居建築。從這個意義上講，丘宅建築發展脈絡是基本清晰的。

丘濬故居是國家歷史文化名城瓊山的一處重要文化遺產，也是特定歷史時期物質文明和精神文明建設的結晶，具有舉足輕重的顯赫地位。在當地現已公布的四十五處各級文物保護單位中，丘濬故居是惟一的國家級文物保護單位。它在瓊山現代經濟建設、文化發展、社會進步等方面都發揮着不可替代的積極作用。

丘濬故居曾經是一處古代名人生活起居的家園，同時也不愧爲一組凝聚建築藝術美的殿堂。細心觀察不難看出：丘氏宅主與古代哲匠在孜孜不倦地創造他們所期望的居住用房與家居環境的同時，也在盡心竭力地創造和編織着建築裝飾藝術美的畫卷。作爲一組質量上乘、堅固耐久、壽命古老的木構民居建築，其建築構架的總體款式和局部構造的細節造型都充分體現了結構功能與藝術造型的完美統一，宛如一首由建築藝術美的音符及由這些音符組織而成的藝術樂章。在建築布局和建築體量的選擇方面，前堂與可繼堂（正寢）沿縱深排列，但主從有別，功用不同，體量懸殊，差別有節，體現了一種古樸儒雅、等級有序的生活秩序。從建築形式和環境氛圍看，故居建築的外部形象絕少人爲粉飾的痕跡，多用當地傳統建材和傳統工藝（如紙筋蚌殼灰泥墻、筒板仰覆布瓦頂、雙開木板門窗扇等），栽植熱帶特有的樹木花草（如椰子、檳榔、大榕樹、人心果、羅漢松、旅行蕉、鐵紅樹等），從而營造了恬靜淡泊、志存高遠的居住環境和聚族而居的生活氛圍。從建築內部空間劃分的原則看，作爲民居建築，前堂和可繼堂的兩次間都闢爲生活起居之所，空間適度，溫馨親切。兩座建築的明間除均爲過廳外，還有明顯不同的使用功能：前堂明間室中設屏門遮掩，但仍是單純的過廳，而可繼堂明間則兼有祭祖、議事場所的使用功能，故其室內進深較大，空間亦較高敞。在可繼堂明間之內特別設有祭祖神龕、祖先牌位（當地人稱"神封"）及祭案、靠椅等家具陳設，給人以威嚴莊重、開朗舒暢之感。在建築細部裝飾方面，以梁栿做法爲例，露明梁栿多採用明栿做法，製成由弧綫、曲綫組成且經過精雕細刻、打磨拋光的月梁或眉梁，而非露明之處的梁栿則採用草栿做法，減少工料投入，不事雕飾加工，以滿足結構需求爲基本原則。這既反映了建築設計中的節儉務實觀念，也是研究建築經濟史的重要資料。其斗栱、駝峰、柱式、裝修等均體現了形制精美、構造嚴謹、古風濃郁、恢弘凝重的氣度。總之，應該說丘濬故居木結構民居建築不僅是華南地區所少見的富有美感的建築（功能美、材料美、結構美、工藝造型美、建築環境美等），同時它還是當地特定歷史時期建築科學和建築技術的上乘之作，具有極高的歷史、藝術和科學價值。

2. 傳統文化特性

作爲一處國家級歷史文化遺產，丘濬故居所反映和傳遞給人們的瓊臺丘氏族人在民居建築上所寄托的精神文化品格和人生哲學觀念，是值得倍加重視和深入探究的。因爲正是丘濬故居的特有生活氛圍和故居建築所蘊含的精神文化財富，對養育和造就遐邇聞名的"理學名臣"丘濬起到過不可替代的重要作用。

可繼堂在丘濬故居中處於顯赫的地位。它本是"瓊臺丘氏之正寢"。作爲一組民居建築的正堂，之所以命名爲可繼堂是與丘氏族人的宗族理念和道德準則密切相關的，而這恰好表現了丘濬先祖的人生理想和丘氏族人的遠大抱負。翻開瓊臺丘氏的世代傳承歷史，回顧丘濬宗族的求學奮進歷程，對此當有明晰的認識。

丘濬，明永樂十九年（公元 1421 年）十一月初十日出生於丘氏祖宅的堂屋。丘濬的祖父丘普（公元 1365—1436 年）是當地知名的良醫，曾任臨高縣醫學訓科。他平生祇有一子，取名丘傳（公元 1395—1427 年）。丘傳是位武官，壽命短暫，且少有功名。在丘普五十九歲時（明宣德二年，公元 1427 年），丘傳早逝。丘傳生有二子。他死時長子丘源（公元 1418—1476 年），時年九歲；次子丘濬，時年七歲。在瓊臺丘氏家族中，丘普本爲獨子。他"上無伯叔，旁無兄弟"，又遇老年喪子，僅存二孫，遂將丘族的希望和未來完全寄托在孫子的身上。他曾於堂屋上題寫堂楣對句："嗟無一子堪供老，喜有雙孫可繼宗。"丘宅堂屋由此名爲可繼堂，鄉人對此交口稱歎，廣爲流傳。

值得注意的是，祖父丘普希望自己的雙孫丘源和丘濬繼承的是怎樣的志向和宗業呢？丘濬在明成化十九年（公元 1483 年）撰寫的《可繼堂記》中對此有詳細的記述。丘濬記曰："一日先祖坐堂上，兄與濬偕侍。公謂兄源曰'爾主宗祀，承吾世業，隱而爲良醫，以濟家鄉可也'；謂濬曰'爾立門户，拓吾祖業，達而爲良相，以濟天下可也'。"丘普希望長孫丘源成爲當地良醫，以濟家鄉父老；要求次孫丘濬勇作國之良相，以濟天下百姓。應該看到，如此高遠的志向，如此廣闊的胸懷，正是激勵丘氏兄弟"惕屬自持，不敢失墜"（《可繼堂記》），博覽群書，"繼志"進取，最終分別成爲"臨高（縣）醫官"（丘源）和被稱爲"有明一代文臣之宗"（丘濬）的原動力。其爲民造福濟家鄉、報效國家濟天下的遠大抱負，正是瓊臺丘氏家族留給人們的一筆宏大的精神財富。藉此，也不難透視并感悟到特定歷史條件下，瓊山的地域文化傳統和別具特色的時代精神。由此可見，在具有六百餘年高齡的丘氏故居宅院中，其物質文化遺存的深層所蘊含着的社會文化內涵是相當豐厚的。

在封建時代，爲實現自己的政治抱負，丘濬走的是一條科舉入仕的道路。在求學進取的過程中，他曾飽嘗借書、抄書的艱辛，養成了積書、著述的喜好。爲了培養家鄉後學，他曾於明成化九年（公元 1473 年）七月，在家鄉居室近旁（可繼堂以東約 12 米處）建造了"藏書石屋"一幢，將自己苦心積存的書籍收藏其中，旨在爲有心求學者提供便利。這正是丘濬幫助鄉里、表達愛心、勉勵後學、濟世報國思想的真實體現。

丘濬發願建造藏書石屋的緣由和目的，在其自撰的《藏書石屋記》中有較爲詳盡的記述。他七歲喪父時，"家有藏書數百卷，多爲人取去，其存者蓋無幾。稍長，知所好，取而閱之，率多斷爛不全……"少年時的丘濬，家貧力弱，雖好學成性，但不可能隨心所欲地購書，祇好常去街市"借觀"。此外，還悉心向親朋好友家訪求借閱或乾脆借來逐句抄錄。爲此常常低聲下氣，唯恐不合書主人之意。他在尋求書籍過程中"有遠涉數百里，轉浼數十人，積久至三五年而後得者。甚至爲人所厭薄，屬聲色以相拒絕亦甘受之，不敢怨對，期於必得而後已"。他在經歷了無數求書的艱難之後，內心曾暗自發誓曰："某也，幸他日苟有一日之得，必多購書，藉以庋藏於學宫，俾吾鄉後生小子苟有志於學問者，於此取質焉。無若予求書之難……"這就是藏書石屋的興建緣由。

丘濬發誓在祖宅之後建造的藏書石屋，其規劃設計是煞費了一番苦心的。他說："顧南方卑濕，竹帛不可久藏，竭平生積聚，鳩工鑿石以爲屋。凡梁柱楹瓦之類，皆石爲之，不用寸木。廣若干尺，長若干尺。經始於壬辰年（公元1472年）正月，落成於癸巳年（公元1473年）七月。爲錢總若干，督其工者鄉友吳雲也。"丘濬擔心自己苦心蒐集的書籍逐漸散失，特意撰寫刊刻了《藏書石屋記》，記述了其積書之艱辛，讚美了其藏書之功用，叙說了其治學之宏論。此外，丘濬還在瓊山主持創建過奇甸書院，旨在廣聚生徒，培養青年。他曾爲發展古代瓊山的教育事業做出過突出的貢獻。據記載，丘濬在京城爲官長達四十一年，一直勤奮學習，披覽不輟，清廉爲官，埋頭著述。他去世後的遺物，亦衹有幾萬册書籍而已。如今，藏書石屋及奇甸書院雖不幸已經毀之無存了，但在丘濬故居這處文化遺產上却仍然閃耀着特定歷史時期奪目的儒雅風采，流露着濃厚的傳統文化的書香韻味，表現出了一種歷久不衰、内涵寬廣、格調高雅、社會認同、頗富魅力的地域文化特性。

丘濬是明代中期著名的理學家、史學家、政治學家、經濟學家。《明名臣録》曰："丘文莊公穎悟絶倫，無書不讀……國朝大臣律己之嚴，理學之博，著述之富，無有出其右者。"他對社會政治思想、經濟思想及勞動價值理論等許多方面的貢獻，在嶺南思想家中佔據了極爲重要的地位，被明代學者尊崇爲"嶺南四傑"之一。在瓊山歷史上，他與同朝名震全國、剛直不阿的"海青天"海瑞同爲瓊山府城鎮金花村人，被學界尊稱爲"海南雙璧"。應該看到，如今在金花村保存着的丘濬故居和海瑞故居等諸多歷史文化遺產及其由眾多遺產形成的史跡文化網絡正以它獨特的物質文化形式，在極爲深刻的層面上和極爲廣闊的領域內，從不同的側面傳播着瓊山傳統文化精神。

3. 社會教育功用

如前所述，丘濬故居是祖先留給今人的一筆豐厚的歷史文化遺產，更是祖先聰明才智與科學創造才能的結晶。這處文化遺產中所蘊含的歷史價值、藝術價值、科學價值和社會文化價值是豐富多彩和頗具特色的。因此，它的社會教育作用自然是極其重大和不可取代的。

首先，丘濬故居可以作爲弘揚優秀傳統文化的社會教育基地，發揮其不可取代的作用。故居文物雖然是古代人類社會生產和生活的物質文化遺存，但其中又蘊含着豐富的精神文化成就。作爲一種形象、生動、直觀、親切的實物史料，它不僅可以發揮其他歷史資料所無法發揮的獨特功用，而且可以帶來其他歷史資料所無法帶來的實物感受和實景感觸。它既可以爲歷史學、社會學、民俗學、文化史學、建築史學、美術史學等許多專門學科提供詳細真實、精確可靠的物證資料，也可作爲社會公衆參觀考察、學習借鑑、繼承發揚優秀傳統文化所不可多得的教育基地，還可以起到身臨其境感受歷史、深入現場掌握知識、激發愛國愛鄉高尚品德、加强民族自信心和凝聚力的特殊作用。相信它在社會主義物質文明建設和社會主義精神文明建設過程中，在推陳出新創造先進文化方面將日益發揮出更加獨特而重大的作用。

其次，丘濬故居可以作爲接近歷史名人、瞭解古代社會的有效途徑，發揮其不可取代的作用。眾所週知，瓊山歷史上傳有"一里出三賢"、"五里三進士"等佳話。官至明朝禮部尚書、文淵閣大學士的丘濬，正是其中的重要一員。崇拜名人、懷念先賢的純樸民風是當地社會長期流傳的傳統美德，然而真正瞭解丘濬、瞭解丘濬精神、瞭解丘濬故居文化內涵的人，可能就爲數有限了。要使社會大衆都能瞭解有關知識，首先必須引導他們踏進丘濬故居。因此，丘濬故居作爲一處文化遺産和文化載體，它給人們帶來的文化感受、視覺體驗以及由此而激發産生的仁者見仁、智者見智的各種聯想與思考，進而對丘濬本人和丘濬所生活的那個時代的文化面貌的理解、認識和把握，都是其他途徑所難以達到的。

第三，丘濬故居可以作爲跨越時空、感受古代生活氛圍的實物場景，有着其不可取代的作用。丘濬及其丘濬生活的那個時代距今已有數百年的歷史了。人們通過各種典籍、書刊資料所能瞭解的有關知識，畢竟是不够直觀、不够形象的。通過丘濬故居這一鮮活的古代先民生活起居的真實場景，人們便可以不受時空的限制，不受史料的限制，親身步入先賢的生活環境，尋覓先賢的奮斗歷程，感悟昔日的生活氛圍，從而收到提高修養、陶冶情操、激勵後學、教化人生的社會教育效果。

（二）保護管理目標

丘濬故居具有很高的文物價值、鮮明的民族文化特徵和獨特的社會教育功用。這是前文論述的基本結論。現在擺在人們面前的問題是對於這處國家級重點文物保護單位，對於這處獨一無二的歷史文化遺産，應該如何進行妥善保護、如何進行科學管理、如何做到合理開放利用？在今後的工作中，應該制定怎樣的工作目標？這些都是今後能否真正搞好這處文物古跡的保護管理工作所必須回答的重要問題。筆者在此提出如下意見，供有關方面參考。

1. 要切實保護好古代文物遺存

丘濬故居是瓊山歷史上特定歷史時期的文化遺存，也是彌足珍貴的物質財富。切實保護管理好這處文物古跡，并使之永傳於世，是國家有關部門、社會各界人士以及文物保護工作者的共同職責。

丘濬故居已有六百餘年的高齡。由於年久失修，其殘損程度是相當嚴重的。經初步勘察，故居文物建築遺存以明代原物原構爲主，個別部位疊加并融入了後代維修時補配的建築構件和後期工藝做法。根據國家文物保護法規的有關要求，必須盡快對其實施全面搶修保護。鑒於歷史文物具有如果保護不當難以挽救，倘若一旦損壞無法再生的特性，爲使修繕保護工作能够恰當慎重而科學有效地按程序進行，必須注意做好如下幾方面的工作：

首先是要對丘濬故居文物遺存實施全面勘察測繪，做好前期調研工作，并認真編制修繕保護工程設計文件。勘察測繪工作要求深入、全面、細緻、完整，真正掌握文物建築的布局範圍、構造特徵、尺度體系、建材類別、工程做法、殘損狀況、險情病症、蟻害程度等詳情，并詳細統計殘損部位工程數量。前期調研工作，應該重在搞清丘氏家族的傳承世系、丘濬故居的修建沿革、瓊臺丘氏的經濟狀況和生活習俗，調查海南瓊北地區現存的與丘濬故居建築年代相近、類型相似的其他同期文物建築的保存狀況并進行必要的對比分析。通過分析研究，努力搞清歷代維修丘濬故居的基本情況。修繕保護工程設計文件應在勘察測繪和前期調研的基礎上編制。這項文物保護工程，必須遵守不改變文物原狀的原則。工程的目標定位於想方設法通過各種技術手段，真實、全面地保存文物真跡和文物原件不受損壞，保存文物的各類歷史信息和全部價值。工程設計文件，須制定具體措施，嚴防對文物造成不當保護和人爲損傷。保護工程應該分期進行，按計劃實施，不宜急於求成。保護工程設計方案應該進行充分論證，并上報文物主管部門復審批准後再行組織實施。

其次，保護工程必須按照國家有關文物保護工程管理程序進行。在工程獲准實施後，建設單位、設計單位、施工單位要共同做好現場復查和工程技術交底工作。工程進行中要加強工程質量監督管理。文物保護工程不同於新建設工程的最大特點是文物保護工程進行過程中隨時可能發現勘察測繪時無法發現的文物資料或各種暗藏信息。遇有這種情況，必須會同勘察設計人員全面採集資料，詳加分析研究，必要時應及時完善工程設計變更手續。要十分注意利用文物保護單位開展施工的難得機遇，全面收集文物建築的内部結構、榫卯構造、紋飾圖案、工藝做法、榜書題記、暗藏文物等工程技術資料。工程進行過程中還應切實搞好分部分項驗收工作。工程結束後，要進行工程總體驗收并認真總結工程經驗，然後將有關內容分類編制成由影像、圖片、文字等材料組成的工程技術檔案，歸檔保存。對丘濬故居的科學研究應貫穿於維修過程以及維修工程之後。

第三，防微杜漸，定期實施日常保養工作。"小病不治，終成後患"。這是許多人都熟悉的一條戒語。爲了確保文物古跡的安全有效，延長文物建築保護工程的大、中、小修時間間隔，就是這次大修工程完成之後，也有必要制定一個文物建築日常保養維護制度，定期進行諸如清污、排水、修補地面、勾抿瓦頂、防雨止漏、抗擊臺風、防治白蟻等日常保養工作。借以隨時修復損傷，確保文物建築延年益壽。對於出現的較爲嚴重的險情部位，要進行連續監測和記錄分析。必要時，應另行制定方案，實施維護，防患於未然。

總之，要以完善的工作程序、科學的工作方法和高度的責任意識，千方百計確保這處文物古跡的實物遺存及其蘊含的歷史文化信息在維修保護和日常保管過程中不受任何人爲損傷。

2. 要切實保護好歷史環境風貌

我國是聯合國《保護世界文化和自然遺產公約》的締約國，也是國際古跡遺址理事會的成員國。因此，理應結合我國實際需要，參照國際社會所通行的有關公約、規章保護文化遺產。那麼，應該如何把握丘濬故居這一歷史文化遺產的基本概念和環境範圍呢？《國際古跡保護與修復憲章》（又稱"威尼斯憲章"）有專門的闡述。憲章第一條明確指出："歷史古跡的概念不僅包括單個建築物，而且包括能從中找出一種獨特的文明，一種有意義的發展或一個歷史事件見證的城市或鄉村環境。"由此可見，對於丘濬故居的保護，除了建築文物的保護，與其相關的人文歷史環境風貌的保護更是不可掉以輕心。對於文化遺産、人文歷史環境風貌的保護問題，我國的文物保護法和文物保護法實施細則也有相關規定。例如，文物保護法實施細則第十三條指出："在建設控制地帶內，不得建設危及文物安全的設施，不得修建其形式、高度、體量、色調等與文物保護單位的環境風貌不相協調的建築物或者構築物。"對比之下，應該説這兩種國際、國内文物保護法規，雖然對"環境"及"環境風貌"所定義的範圍不盡一致，但強調保護環境、保護環境風貌則是共同的宗旨。

"文物是全人類的文化遺産"，對它必須竭盡全力善加保護。對丘濬故居保護項目中人文歷史環境風貌保護任務的工作目標，應確定爲既要切實保護好文物保護單位内部的人文歷史環境風貌，也要切實保護好文物保護單位週邊地帶，即建設控制地帶的人文歷史環境風貌。因爲，歷史文化遺存一旦與其見證着的歷史文明或歷史事實所特有的人文歷史環境風貌不相協調或發生錯位、衝突，其後果都必然是難以想像的。

爲了達到上述目標，首先要根據文物保護法的有關規定，對丘濬故居本體範圍内的環境狀況進行一番調查分析，劃定它的保護範圍。其次還應對丘濬故居保護範圍以外的週邊地帶進行調查分析，劃定它的分級建設控制地帶。即在較大的空間範圍内，建立一個保護人文歷史環境風貌不受人爲破壞的、保護控制力度有所區別的、受國家法律法規所保障的、分級分層次的三級保護控制體系。這樣可以有效制止人爲破壞文物，制止違章建設工程的繼續發生。第三，在調查、編制的丘濬故居修繕保護工程方案中，須要求絕對禁止在其文物本體範圍以内增添任何有損於環境現狀的建築物或構築物（目前，文物本體範圍内不存在現代增建、添建的獨立建築物，但存在許多生活垃圾和火險堆積物）。此外，對文物本體範圍（丘濬故居院墙）以外鄰近位置建有的現代二層以上磚混住宅樓（有多座，較密集，大刹風景），在今後的文物保護規劃中建議納入建築功能和建築形式需要整治的項目之内，隨着時間的推移和經濟狀況的好轉，逐漸使其置換和還原爲與丘濬故居環境風貌相協調的富有當地傳統民居建築特色的建築群落。

最後，需要特別指出的是，在瓊山市金花村除了全國文物保護單位丘濬故居，還保存有諸如丘源故居、海瑞故居、吴氏民居等文物保護單位及許多頗具特色的傳統民居建築。對於這些有人居住生活的充滿生機的民居建築，當然不能離開居民談民居的保護。但是，人們必須看到：當前許多居民在追求時尚建築、追求現代生活方式思潮的影響下，已經開始了拆除舊宅、改建新樓的實際行動，而且呈風起雲涌之勢，大量傳統民居和街巷正在因此而被改造、被消滅。它給人們帶來的思考是在研究制定丘濬故居保護範圍内的人文歷史環境風貌保護對策的同時，是否應該盡快關注并動手編制一個具有較強可操作性，且兼具前瞻性的着眼於從整體上保護金花村不同級別文物保護單位、保護古代典型民居和由此而組成的文物史跡網的歷史環境風貌、環境脈絡的保護規劃呢？其答案當然是肯定的。

3. 要切實搞好文物保護管理與社會教育工作

瓊山是國務院公布的國家歷史文化名城，丘濬故居以其獨特的文化魅力和巨大的文物價值，在瓊山衆多的歷史文化遺存中佔據着舉足輕重的位置。保護丘濬故居的目的是多方面的，但其中重要的一條就是爲了宣傳丘濬故居的文物價值，展示丘濬故居的文化成就，弘揚丘濬家族的愛國精神。換言之，保護丘濬故居的目的就是爲了順應民意，開放利用，發揮它的社會教育作用。

根據我國文物保護法第九條的規定："各級文物保護單位，分別由省、自治區、直轄市人民政府和縣、自治縣、市人民政府劃定必要的保護範圍，作出標誌説明，建立記録檔案，并區别情况分别設置專門的機構或者專人負責管理。"由此可見，搞好文物"四有"工作十分重要。針對丘濬故居建立專職的文物保管機構是必要的。鑒於丘濬故居是一處文化内涵豐富、文物品位很高的歷史文化遺産，它完全有條件以此爲基礎關建爲一處別具特色的歷史名人故居專題性博物館。這應該是此處文物保護單位的雙重工作定位和中期努力目標。

作爲一處專題性歷史名人故居博物館，筆者認爲僅有被妥善保護着的文物真跡和歷史環境是遠遠不够的。如何使"静"態的文物古跡"活"起來，爲新時期社會主義現代化建設事業提供有益的借鑑和幫助，這是擺在人們面前的一篇大文章。在今後的社會教育業務實踐中，必須善於面對來自社會各界的不同文化層次和不同興趣愛好的觀衆或游客。因此，必須學會根據不同需要，根據不同目標，廣泛徵集資料，精心搞好展覽與陳列，發揮自身優勢，辦出自己的特色，在教學相長、教研相成的過程中不斷發展前進。以丘濬故居歷史名人博物館爲核心，不斷擴大研究管理領域，把金花村及週邊地帶各類歷史文化遺産系統科學地管理起來，形成金花村史跡網保護管理研究中心。這應該是遠期工作定位和努力目標。總之，要努力使該單位成爲丘濬精神和丘族文化的保護中心、研究中心和宣教中心。

海南是我國著名的熱帶風光旅游省份，而瓊山與省會城市海口毗鄰，又恰位於海口——三亞黄金旅游熱綫的起點。這裡歷史悠久、文化昌盛、環境優美、交通便利，發展人文旅游事業，前景樂觀，勿庸置疑。然而，需要指出的是，鑒於丘濬故居佔地面積有限，游客容量有限，加之文物價值特別珍貴，因此保持適度開放，避免惡性開發，這應該是開展各項社會教育活動時必須堅持的基本原則。那種以損害文物利益爲代價的"充分利用"的設想，那種爲了旅游開放隨意拆建和大興土木的行爲都是必須堅決禁止的。對丘濬故居文化遺産的可持續利用原則的科學性及其教育功能適度延伸的可能性等科學研究課題倒是應該引起人們倍加重視的。

公元 1993 年 1 月初稿
公元 2001 年 3 月定稿

四　丘濬故居明代建築特徵及其設計方法分析

衣食住行是人類文明的的基本要素。傳統民居是古代地域文化中頗具人文色彩的社會產物。不同歷史時期、不同地域的民居建築，在其產生和發展過程中都會留下相應的社會文化的時代烙印，民居自身也會體現出有規律的時代演進特徵。

元末明初建造的丘濬故居，作爲一處現存於海南寶島上最具生命力的古典木結構民居建築，作爲一處全國重點文物保護單位，作爲一處熱帶海濱氣候環境中地方古代文化的重要信息載體，在其肌體中存儲着古代哲匠所具有的哪些居住建築的營造智慧？蘊涵着魯班先祖所創造的何種建築藝術的不朽魅力？這無疑是值得人們深入研究的學術課題。以下試就這些問題略加探討。

（一）自然人文背景和建築營造年代

1. 自然人文背景

丘濬故居坐落於海南省瓊山市府城鎮金花村。其建築方位坐東朝西，偏南9度。現存院落佔地面積632平方米，海拔標高15.2米。

瓊山古稱瓊州，位於海南島東北部的南渡江下游。瓊山府城唐宋以後一直是歷代瓊州府治的所在地，也是全島政治、經濟、文化的中心，素有“瓊臺福地”、“海濱鄒魯”之美稱。

“土壤平衍，山無險峻。清流拱其前，洋海繞其後，馬鞍（山）居於右，七星（嶺）擁於左，文筆三峰聳翠秀拔，誠海邦一名區。”這是古人對瓊山縣地輿形勝的概括描述（註一）。

瓊山地處熱帶北緣，屬海洋性熱帶季風氣候。春季溫和，少雨多旱；夏季高溫，悶熱多雨；秋季溫涼，臺風暴雨頻繁；冬季往往由乾冷轉濕冷。年平均氣溫23.3℃～23.7℃，年平均降雨量1690～2112毫米（降雨多集中於3～10月）。

瓊山早在秦漢以前主要是土著居民的居住地。自漢末以來，因北方地區漢人幾次大規

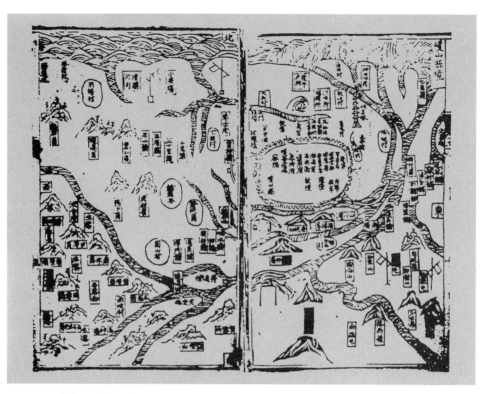

二　明代瓊山縣境圖（其中標有下田村，採自明萬曆《瓊州府志》）

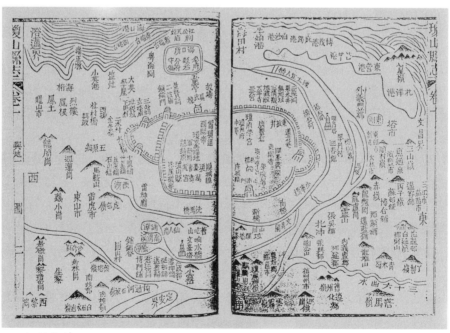

三　清代瓊山縣境圖（採自清宣統三年《瓊山縣志》）

模南移，中原地方的漢族居民多因逃避戰禍而遷瓊落籍。魏晉之後，更有大陸的一些衣冠之族或因當官，或因經商，或因戍邊，或因遷徙，紛紛聚居於此。元末明初，蘇、浙、閩、粤的漢士遺裔往來不絕，大多落籍於郡縣城邊。他們一方面帶去了許多不同地區的大陸文化，并形成自己的生活社區，大陸文化由此得到迅速傳播；另一方面也在與土著人雜居入俗的過程中，文化融合滲透發展，逐漸形成了富有多種不同地域色彩的新海島文化。

丘濬的曾祖父丘均祿就是在元末明初時因"有官於瓊"而"落籍"在瓊山西北的朱橘里，成爲瓊臺丘族入瓊始祖的。在上述歷史背景條件下，明朝中後期，朱橘里不僅誕生了官至明朝禮部尚書、文淵閣大學士的丘濬，還涌現了名震全國、剛直不阿的"海青天"海瑞和敢於向皇帝抗顏諫諍、官至明朝户部左給事的許子偉三位著名歷史人物。"一里出三賢"的佳話盛傳於今。

瓊山縣金花村，元明時期及清代大多時間稱下田村（插圖二、三）。"下田村在（府）城西北一里"（註二）。據史料記載，丘均祿在元末明初"落籍瓊山"建築丘宅時，是通過"占籍"的方式選定下田村建宅造屋的（註三）。由此可見，爲適應海南濱海地區的自然氣候條件，爲營造舒適稱心的外部生活環境和内部居室空間，在利用自然風水、優選居住環境方面房主人曾經是頗費苦心的。

丘濬是明朝皇帝御封的"理學名臣"。他四十多年身居京城，但一直深深眷戀着自己孩童時代生活成長的居所和故鄉。爲此，他曾作有下田詩一首盛讚自己的美好家園："瀛海之中別有天，寧知我不是神仙。請言六合空虛外，曾見三皇渾沌前。元圃麟洲非遠境，延康龍漢未多年。有人問我家居處，朱橘金花滿下田。"

2．建築營造年代

丘濬的祖籍本在今福建省晉江市。保存至今的丘濬故居，其前身就是丘濬的曾祖父丘均祿在元末明初建造的瓊臺丘氏宅院。考其世系，如果以丘均祿作爲晉江丘氏的第一代入瓊始祖，那麽丘濬是瓊臺丘氏的第四代傳人（註四）。

據考察，瓊臺丘氏宅院創建於元末明初，明洪武二年（公元 1369 年）初步落成，其間大約經歷了五年時間。這組宅院初建落成時，據傳是由三座面闊三開間的獨立單層主體建築（前堂、可繼堂、後堂）和若干附屬建築物（院門、照壁、廂房）組成的縱列式三進制宅院。這組宅院中的前堂、可繼堂的建築結構主體至今仍然是創建落成時的原構原物。其他建築物、構築物已損毀或被後人改建。

瓊臺丘族，自始祖丘均祿到丘濬之父丘傳連續三代皆爲單傳。到了丘濬時期有兄弟二人。他們一爲地位顯赫的京官，一爲遠近聞名的良醫。家中上有祖輩，下有子孫，族人數量不斷增加，政治地位和經濟實力也不斷提高。因此，丘氏宅院的擴建、增建事宜成爲生活需要和客觀存在。據丘氏族人世代相傳，大約在丘宅落成百年前後，即丘濬在京城任職時期，丘族宅院達到了"丘氏十八屋"（即主要堂舍十八座）的空前規模（註五）。雖然隨着時間的推移，這一建築組群現已無法看到，不過我們可將瓊臺丘氏始祖至第五代傳人的世系傳承關係和丘氏宅院的創建、擴建歷程概括地列爲下表：

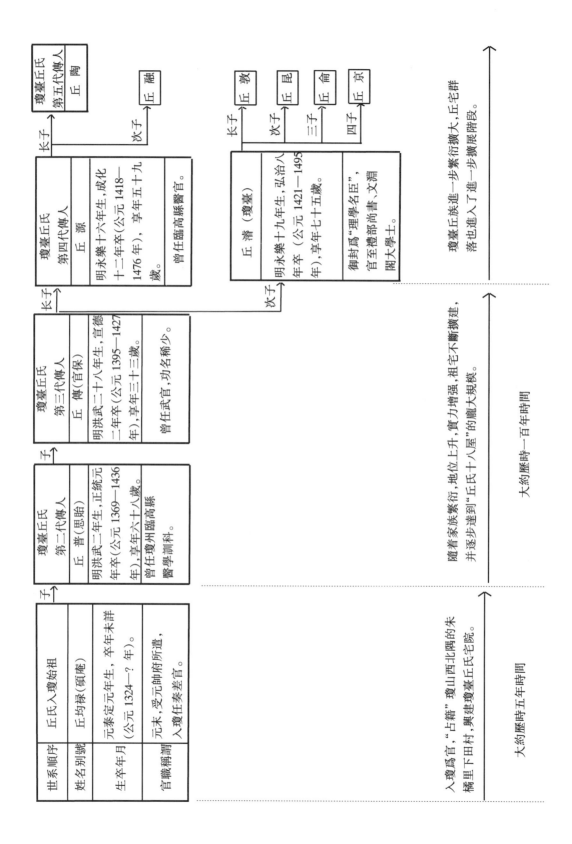

世系順序	丘氏入瓊始祖	瓊臺丘氏 第二代傳人	瓊臺丘氏 第三代傳人	瓊臺丘氏 第四代傳人	
姓名別號	丘均祿（頑庵）	丘 普（思貼）	丘 傳（宣保）	丘 源	丘 濬（瓊臺）
生卒年月	元泰定元年生，卒年未詳（公元1324—？年）。	明洪武二年生，正統元年卒（公元1369—1436年），享年六十八歲。	明洪武二十八年生，宣德二年卒（公元1395—1427年），享年三十三歲。	明永樂十六年生，成化十二年卒（公元1418—1476年），享年五十九歲。	明永樂十九年生，弘治八年卒（公元1421—1495年），享年七十五歲。
官職稱謂	元末，受元帥府所遣，入瓊任奏差官。	曾任瓊州臨高縣醫學訓科。	曾任武官，功名稀少。	曾任臨高縣醫官。	御封爲"理學名臣"，官至禮部尚書、文淵閣大學士。

長子 → 丘 陶（瓊臺丘氏第五代傳人）

次子 → 丘 融

長子 → 丘 敦
次子 → 丘 昆
三子 → 丘 侖
四子 → 丘 京

入瓊爲官，"占籍"瓊山西北隅的禾橘里下田村，興建瓊臺丘氏宅院。

隨着家族繁衍，地位上升，實力增強，祖宅不斷擴建，并逐步達到"丘氏十八屋"的龐大規模。

瓊臺丘族進一步繁衍擴大，丘宅群落也進入了進一步擴展階段。

大約歷時五年時間

大約歷時一百年時間

40

（二）建築平面布置及其空間視覺分析

1. 建築平面布置

前面已説過，丘濬故居是一組坐東朝西的傳統民居建築。在現存建築物中，祇有前堂和可繼堂是明初的原址原構。從金花村的現存早期建築遺存看，由於街道走向的不同，丘氏祖祠和丘源故居等許多建築群的朝向都是坐東朝西。據此可知，已經大部損毀的瓊臺"丘氏十八屋"多進式建築群落在封建宗法制度的約束下，總體上也應是採取這一朝向。

關於瓊山的風候特徵，《明正德瓊臺志》歸納爲"週歲皆東風（據《瓊海方輿志》），秋夏颶風"。這一概括是準確的。據此分析，應該説丘族建築組群之所以採取這一朝向，與躲避海南夏季特有的炎陽濕熱和抵禦海上熱帶氣旋帶來的臺風暴雨襲擊有密切關係。據調查，使建築物背向來自東或東南方向的熱帶季風，讓兩面坡硬山式建築物的堅固石砌山墻朝向來自南、北方的颶風，這是當地長期以來重要而有效的建築抗風、防風措施之一。

前堂面闊三間，現狀通面闊 12.96 米；進深二桁，通進深 3.54 米。其使用功能是正中明間兼作兩次間的門廳和前後兩院的過廳，左右兩次間闢作居室。明間門廳中央橫設屏板，前後檐墻處各設木製板門。兩次間居室前後各設方形防風板窗，而居室門扇設於門廳兩側，房主人通過正中門廳方可出入建築內外。

可繼堂面闊爲三間，現狀通面闊 12.93 米；進深十桁，通進深 8.48 米。其使用功能是前檐設通檐敞廊，爲房主人提供了一個遮陽避雨、納凉休閑的固定場所（瓊山、海口地區年降雨日佔全年日數的 1/3 以上，因此很有必要加設前廊作爲宅院的日常活動場所）。從宅院總體布局角度分析，可繼堂明間正廳也是一個過廳，過廳前後檐均設有板門，後檐板門是通向後院的惟一通道（因後堂已毀，詳情待考）。由於可繼堂是丘氏宅院的"正寢"（即正堂），按照數百年來的宗法規制，其中央正廳是闔建族人祭祖和聚會議事房間的位置。因此，室內後金柱間設有木製屏壁，上方祭奉祖龕，屏板前方安放供案、几凳等室內陳設，從而營造了丘氏宅院核心房間所應有的莊嚴肅穆的建築氛圍。

可繼堂左右兩次間是丘宅房主人生活起居的主要用房，該房間前後兩面均不設房門而設以方窗採光。房門設於正廳兩側前方，祇有通過正廳纔能出入堂內外，表現了生活起居用房具有一定私密性的特徵。

據調查，可繼堂兩次間後部用板壁隔出的狹小房間是專供婦女居住和存儲家什的。這從一個側面反映了當地的一種傳統居住習俗。

從上述可繼堂與前堂的平面布置情況可知，兩座建築雖然面闊相同，但建築物的平面寬深比却大有區別。可繼堂的平面寬深比爲 12.93 米 / 8.48 米 ≈ 1.53；前堂的平面寬深比爲 12.96 米 / 3.54 米 ≈ 3.66。由此可見，從建築平面格局、尺度關係及其抗風、抗震特性的視角觀察，前堂較爲薄弱而可繼堂較爲合理。

四　丘濬故居庭院及建築視覺設計分析圖

2. 空間視覺分析

文物建築作爲古代建築文化的信息載體，以其特有的方式反映着古代建築哲匠在建築規劃和建築創作過程中所遵循的有關建築造型設計、營造尺度設計、建築室內外視覺設計等許多方面的基本成果。丘濬故居是一處由外圍墻圍護、空間相對封閉的古代民居宅院。爲了深入認識丘濬故居現存建築的空間特徵及相互間的依存關係，并準確把握和理解建築室內外的視覺設計方法及其視覺感受，兹就丘濬故居建築室內外視覺特徵簡要分析如下（插圖四）（註六）：

視點 1：從前院照壁墻處看前堂的正面景象。

視點高取 1.6 米，視距長（D）＝12 米，視平綫以上建築高度（H）≈2.55 米，D/H ≈12／2.55≈4.7，垂直視角約爲 12.02°。

身臨其境，空間圍合感較低。不僅可以感受到前堂的建築全景，而且有條件把前堂作爲背景，觀察建築與庭院內外的環境關係，有淡泊與疏朗之感。

視點 2：從前堂後檐臺明壓檐石處看可繼堂的正面景象。

視點高取 1.6 米，視距長（D）＝12 米，視平綫以上建築高度（H）＝4.8 米，D/H ＝12／4.8＝2.5，垂直視角爲 21.8°。

身臨其境，空間圍合感適中。可清楚地觀看整個建築主體的立面構圖和細部構造，并有條件觀察建築與週圍景物的總體關係。

視點 3：站在可繼堂前檐敞廊檐下回視前堂背面景象。

視點高取 1.6 米，視距長（D）＝9.5 米，視平綫以上建築高度（H）＝2.16 米，D/H＝9.5／2.16≈4.5，垂直視角約爲 12.83°。

身臨其境，空間圍合感較低。能夠較好地觀賞建築總體與庭院內外景物的相互關係。

視點 4：自可繼堂前檐臺明處觀賞敞廊內的梁架構造。

視點高取 1.6 米，視距長（D）＝2 米，視平綫以上建築結構高度（H）＝2 米，D/H＝2／2＝1，垂直視角爲 45°。

身臨其境，有較強的空間圍合感。可清楚地欣賞到建築敞廊內的梁架總體構造、細部藝術造型、工藝做法特徵及木構件的細膩紋理、光亮色澤等質感。

可繼堂敞廊三間相互連貫形成通廊，廊內地面進深2.5米，廊寬不小於4.1米（明間4.73米）。漫步敞廊之內，可以輕鬆方便地從不同視角仔細品味古典建築構造的藝術魅力（因此，古代匠師對此範圍內的木結構構造皆用"明栿"雕飾和精裝修做法）。

視點 5：踏入前堂過廳門檻時的視覺感受。

視點高取 1.6 米，視距長（D）＝1.6 米，視平綫以上建築結構高度（H）＝1.6 米，D/H＝1.6／1.6＝1，垂直視角爲 45°。

其觀察角度和視覺感受與可繼堂前檐敞廊雷同。祇是視距較短，略感擁塞迫近。

視點 6：在可繼堂明間正廳入口處瞻仰中央屏壁及其上部祖龕。

視點高取 1.6 米，視距長（D）＝4 米，正面物象空間尺度 3.6 米，視平綫以上建築結構高度（H）＝2米，D/H＝4/2＝2，垂直視角爲26.57°。

此堂中廳的室內空間設計和視覺角度的選擇是非常成功的。在這一室內空間環境中，既有良好舒適的空間圍合感，又可以輕鬆而清晰地觀看到正面物象的整體構圖和細部構造。

當族人在堂中祭拜先祖時，設視點高取1米，視距長（D）＝3米，祖龕位置在視平綫以上高度（H）＝2米，則D/H＝3/2＝1.5，垂直視角爲33.69°。

隨着祭拜禮儀的進行，人眼的垂直視角加大，物象的視覺中心提高，自然地會給瞻仰者帶來莊嚴崇高之感。

視點7：在可繼堂明間正廳觀看明次間左右間縫上的梁架構造。

視點高取1.6米，視距長（D）＝4.3米，視平綫以上至眉梁上皮梁架結構高度（H）＝2.9米，D/H＝4.3/2.9≈1.48≈1.5，垂直視角約爲34°。

在這樣的空間環境中觀察室內梁架構造，空間感舒適，梁架主體與構造細節都可方便地品味。

視點8：在可繼堂正廳會談議事時的視覺感受。

可繼堂正廳室內寬深各爲4.5米，坐談議事時視點高以1.2米計，因室內前後老檐柱柱頭斗栱的月梁梁首高爲3.2米（取月梁水平中綫），故室內視平綫至這一假設的頂棚高度（H）＝3.2－1.2＝2米。

考慮到賓客就坐所需空間，最大水平視距（D）＝4.5－0.5＝4米。因此，室內空間感D/H＝4/2＝2，垂直視角爲26.57°。這一計算結果與前述第6點所得分析結論兩相比較，可以發現，雖然在兩種情況下建築的空間功用不盡相同（一爲瞻仰祖龕，一爲聚會議事），但人的視覺感受是相同的，都是最佳垂直視角。

應該看到，古代匠師設計在一個4.5米見方的客廳中聚會議事，其空間尺度是恰當適宜的。人際間用於議事交談所需的適當距離也是有條件充分滿足的。

通過以上分析，人們看到古代哲匠們根據人的視覺特徵和審美需求而設計營造的丘濬故居庭院建築，是一處具有不同觀賞層次、優良視覺條件和舒適視覺效果的傳統民居建築組群。

在這樣的建築環境中，房主人無論遠看建築景觀、欣賞建築造型，還是細察建築局部、品味建築匠心；無論瞻仰宗族神祖、祭祀亡靈前輩，還是族人會談議事、決定重大舉措，都能找到優良的視覺角度，并由此得到良好的視覺感受，很好地滿足人的生理、心理和生活需求。

可以說，丘濬故居不愧爲古代匠師在傳統民居建築的室內外空間設計和視覺設計實踐中完成的一處成功傑作。

（三）建築營造尺度及建築設計方法

關於丘濬故居的房屋構架款式及建築結構做法，將在下面的《丘濬故居保存現狀勘測調研報告》中詳加討論，故不再贅述。鑒於從本質上看，前堂、可繼堂設計營造手法基本雷同，故僅以可繼堂爲例就其建築營造尺度體系及其建築結構設計方法作些探討：

1. 建築營造尺度體系分析

（1）建築平面尺度分析

可繼堂面寬三間進深五柱用十桁。對可繼堂建築平面柱網布局現狀測量成果分析測算得知，其開間和進深尺度的設計皆採用了"丈、尺、寸、分、厘、毫"尺度體系，并呈現出開間尺度整尺模數制設計規律。現列表如下：

可繼堂平面柱網間距營造尺度分析表

部位名稱		實測尺度（厘米）	推定營造尺寸真值（尺）	營造尺長度推算結果	備註事項
面寬方向	明間柱心距（柱根）	473	15	1尺≈31.53厘米	
	左次間柱心距（柱根）	410	13	1尺≈31.54厘米	
	右次間柱心距（柱根）	411	13	1尺≈31.62厘米	
進深方向	前檐廊柱與老檐柱柱心距（柱根）	185	5.7	1尺≈31.57厘米	扣除柱身累計側腳5厘米
	中柱與前檐老檐柱柱心距（柱根）	239	7.5	1尺≈31.6厘米	扣除柱身側腳2厘米
	中柱與後金柱柱心距（柱根）	239	7.5	1尺＝31.6厘米	扣除柱身側腳2厘米
	後金柱與後檐柱柱心距（柱根）	185	5.7	1尺≈31.57厘米	扣除柱身累計側腳5厘米
分析結論		1. 面寬方向總尺寸＝13＋15＋13＝41營造尺 2. 進深方向總尺寸＝5.7＋7.5＋7.5＋5.7＝26.4營造尺 3. 平均1營造尺的長度約爲31.58厘米			

（2）建築立面尺度分析

通過分析計算，可繼堂正立面檐槫高度設計時也採取了整尺設計模數制。從室內地面算起，其前檐檐槫背部縱向標高恰好爲8營造尺（2.55米左右），其中廊柱鼓形柱礎石高0.5營造尺，廊柱柱身高6營造尺，檐頭斗栱總高1.5營造尺（詳見下表）。從總體上看，自檐槫背至脊槫背的垂直高度也大體相當於8營造尺。因此，屋檐檐口（瓦當一綫）恰在建築立面的水平中綫處，體現了海南元末明初建築立面造型的獨特風貌。

可繼堂檐部標高營造尺度分析表

部位名稱	實測尺度（厘米）	推定營造尺寸真值（尺）	營造尺長度推算結果	備註事項
前廊柱礎石高	16	0.5	1尺＝32厘米	礎石直徑38厘米（約1.2營造尺）

前廊石柱身高	191.5	6	1尺≈31.91厘米	廊柱直徑爲31.2厘米（約1營造尺）
前廊柱柱頭至襯方頭上皮間高度	47.5	1.5	1尺≈31.67厘米	
分析結論	1. 可繼堂檐槫設計標高爲8營造尺，合2.55米左右。 2. 屋身正立面設計時，檐槫標高8營造尺，約在房屋總高度的1/2處。這反映了當地元明時期民居建築立面構圖的一種基本比例關係。 3. 廊柱底徑設計尺度應爲1營造尺，製作出現誤差，祇有31.2厘米。 4. 據此表所列數據，石作構件的營造尺更趨向於1尺=32厘米。			

（3）梁架槫跨距分析

可繼堂梁架結構中共設計安放了十三道槫。經分析計算，各"架道"的水平間距均與營造尺有明顯的整尺或半尺模數規律。總體上説，前後檐檐槫間距爲29營造尺，自脊槫至檐槫各架水平間距依次爲2.5尺+2.5尺+5.5尺+4尺=14.5營造尺（詳見下表）（插圖五）。

可繼堂梁架槫間距營造尺度分析表

部位名稱	實測尺度（厘米）	推定營造尺度真值（尺）	營造尺長度推算結果	備註事項
檐槫心至廊柱柱心（柱頭）間距	42×2	4尺×2即（1.3尺+2.7尺）×2	1尺=31.75厘米	第一跨長
廊柱柱心至下平槫心間距	85×2			
下平槫心至老檐柱柱心（柱頭）間距	95×2	5.5尺×2即（3尺+2.5尺）×2	1尺≈31.64厘米	第二跨長
老檐柱柱心至上層中平槫心間距	79×2			
上層中平槫心至上平槫心間距	79×2	2.5尺×2	1尺=31.6厘米	第三跨長
上平槫心至脊槫心間距	79×2	2.5尺×2	1尺=31.6厘米	第四跨長
分析結論	1. 前後撩檐槫總跨距爲918厘米，可折合約29營造尺。 2. 平均1營造尺的長度約爲31.65厘米。 3. 自脊槫至檐槫各相鄰槫間距分別爲2.5+2.5+2.5+3+2.7+1.3=14.5營造尺。前後撩檐槫間距爲29營造尺。			

通過以上分析推算不難看到：可繼堂的開間布置、柱子分布、槫間距（水平距離）、屋身高度、建築立面等決定建築空間和結構形式的主要尺寸都是運用"丈、尺、寸、分、厘、毫"的傳統十進位制尺度體系進行設計的。其尺度關係體系明確，邏輯構成關係清晰，具有重要學術研究價值。

由於古代建築的營造活動是採用多工種協作配合，手工擴放設計大樣，手工加工製作

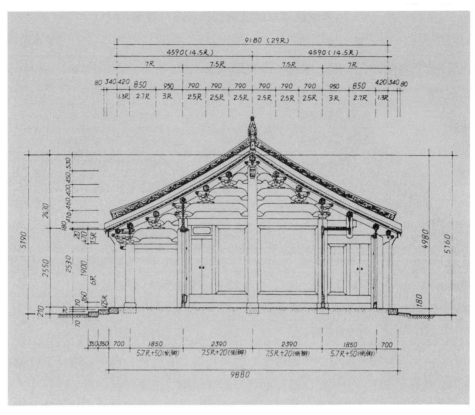

五　丘濬故居可繼堂明間梁架欂槫跨距設計分析圖

構件，進而綜合立木構築的方法完成建築生產的，建成以來又經過了幾百年的構件變形和結構位移，所以人們根據實測尺寸推算出的建築物初始營造尺度真值很難絲毫無誤。從以上圖表所列分析結論可知：由採自石作構件的實測尺寸所推算出的營造尺長度多趨向於 1 營造尺＝32 厘米，而採自木作構架和平面柱網的實測尺寸所推算出的營造尺長度多趨向於 1 營造尺＝31.6 厘米。應該說，這與不同工種的工匠施工時所使用的尺長不盡相等以及構件加工精度不同、構件變形特性不同等因素有密切關係。

　　鑒於後一推定結果數據採集較爲系統全面，經綜合判斷，本文主張暫把可繼堂的營造尺長度推定爲 1 尺＝31.6 厘米較爲妥帖。

2．建築結構設計方法分析

（1）梁架結構的“舉屋之法”與“折屋之法”

①　舉屋之法。

　　鑒於可繼堂屋架主體構造不愧爲元末明初嶺南木結構民居建築中的上乘佳作，因此有必要對它的屋架舉折做法作些考察和分析。根據現場實測尺寸，剔除其中所包含的由於構架榫卯鬆散、柱網傾斜歪閃、槫條滾動變形等情況造成的尺寸變形量值，便可得到用於計算、分析構架設計原則的理論數據。由於它體現的是這座建築建造當初的營造尺度體系，故可視其爲初始營造尺寸真值（註七）。關於可繼堂屋架舉折的營造尺度真值詳見下表所示：

可繼堂屋架舉折狀況營造尺度一覽表

尺度單位：厘米

項目名稱		尺度量值	備註說明
總舉高 243	第一舉舉高	59	撩檐槫背至下平槫背
	第二舉舉高	86	下平槫背至上層中平槫背
	第三舉舉高	45	上層中平槫背至上平槫背
	第四舉舉高	53	上平槫背至脊槫背
總跨長 918	第一跨跨長	127×2	撩檐槫心至下平槫心
	第二跨跨長	174×2	下平槫心至上層中平槫心
	第三跨跨長	79×2	上層中平槫心至上平槫心
	第四跨跨長	79×2	上平槫心至脊槫心
各縫折屋尺寸（自脊槫處向撩檐槫處依次計算）	脊槫以下第一縫	13.5	上平槫心綫上尺寸
	脊槫以下第二縫	9	上層中平槫心綫上尺寸
	脊槫以下第三縫	6	下平槫心綫上尺寸

　　如上表所示，可繼堂屋架前後撩檐槫心總跨長爲 918 厘米，自撩檐槫背至脊槫背的總舉高爲 243 厘米。那麼，古代匠師爲甚麼將可繼堂屋架的總舉高確定爲 243 厘米？它的技術設計內涵是甚麼？遵循了怎樣的設計原則？這都是人們所希望解讀的該建築屋架設計的理論要點。

　　宋代《營造法式》（以下簡稱《法式》）卷五"舉折"的規定是"舉屋之法，如殿閣樓臺……如瓵瓦廳堂，即四分中舉起一分，又通以四分所得丈尺，每一尺加八分。若瓵瓦廊屋及甋瓦廳堂，每一尺加五分……"根據這一舉屋方法測算，解讀可繼堂的實際舉屋尺度內涵，令人驚奇地發現就舉屋之法而言，兩者出奇地相互吻合。現將其計算如下：

　　一、計算可繼堂屋架舉高的基本尺寸：

　　前後撩檐槫心總間距/4＝918 厘米/4＝229.5 厘米。

　　二、計算可繼堂屋架舉高的附加調節尺度：

　　∵根據初步測算，可繼堂的營造尺長度爲 1 營造尺≈31.6 厘米，

　　∴可繼堂的"四分所得丈尺"的具體數值爲 229.5 厘米÷31.6 厘米/尺≈7.26 尺。

　　∵營造尺度的換算關係爲 1 尺＝10 寸＝100 分，

　　而《法式》規定"瓵瓦廳堂"的舉屋附加調節尺寸系數爲"每一尺加八分"，即 8%，

　　∴若按"瓵瓦廳堂"計算，可繼堂的屋架舉高附加調節尺度爲 7.26 尺×8%＝0.58 尺。

　　換算成公制單位厘米爲 0.58 尺×31.6 厘米/尺＝18.33 厘米。

　　三、計算可繼堂屋架舉高的理論總尺寸：

　　229.5 厘米＋18.33 厘米＝247.83 厘米。

　　由上列計算結果可知，若以《法式》規定的"瓵瓦廳堂"計算，則可繼堂總舉高的理

論尺度應較實測尺度高出 4.8 厘米，約合 1.5 寸。若以《法式》規定的"瓶瓦廊屋及瓯瓦廳堂"進行測算，可得如下結果：

∵《法式》規定的"瓶瓦廊屋及瓯瓦廳堂"的舉折附加調節尺寸系數爲"每一尺加五分"，即 5%，

∴若按"瓶瓦廊屋及瓯瓦廳堂"計算，可繼堂的屋架舉高附加尺寸爲 7.26 尺×5% = 0.363 尺。

換算成公制單位厘米爲 0.363 尺×31.6 厘米/尺≈11.47 厘米≈11.5 厘米。

可繼堂屋架舉高的理論總尺寸爲 229.5 厘米 + 11.5 厘米 = 241 厘米。

由上述測算分析結果可知，可繼堂的屋架舉高尺寸量值爲 243 厘米。其技術內涵與宋《營造法式》所規定的"瓶瓦廊屋及瓯瓦廳堂"舉屋之法略同，而與"瓶瓦廳堂"的舉屋之法相近。可以説，就設計手法與遵循的原則而言，兩者顯然是一脈相承的。

② 折屋之法。

以下考察可繼堂的折屋做法及特徵。可繼堂雖然是一座"十架橡屋"，但通過實測分析發現，它的第二架和第三架屋橡坡度相同，合二爲一，是以同一架屋桷實施舉折的。換句話説，它的屋蓋桷檁實際"架道"是遠近不勻的。其特徵是屋蓋檐部、腰部"架道"相距較遠，而接近脊部的上平榑前後"架道"相距較近。在這種前提條件下，逐縫對平榑的原有高度按照一定規則實施遞減，便可使可繼堂的屋蓋檐部和腰部較爲平緩，而使屋蓋頂部明顯陡起，從而形成設計所需的屋頂坡度曲面。這種技術設計措施對於屋面雨水的排泄控制是具有獨特作用的。

可繼堂平榑各縫的折屋尺寸，通過實際測量和作圖分析，其結果如上表所示。由此表所列數據可知，其上平榑縫折下 13.5 厘米，而這一數值與宋《營造法式》所規定的"折屋之法，以舉高尺丈，每尺折一寸"的標準相比，却祇達到了它的六成左右。其相鄰的第二縫即上層中平榑縫和第三縫即下平榑縫的榑條下折尺寸分別爲 9 厘米和 6 厘米。這也説明自上而下各榑縫的榑條下折規則是逐縫遞減上一縫下折尺寸的 1/3。這無疑是人爲規定的有規則可循的一組技術設計數據。

依據上表所列數據計算，可繼堂的屋頂舉架坡度自檐部屋桷至脊部屋桷，依次爲四五舉、五舉、五五舉、六五舉。看得出採取這種技術措施所取得的屋頂曲面較宋《營造法式》所規定的北方官式建築屋頂曲面顯然要平直許多。從客觀上講，這種類型的屋頂曲面繞能更好地適應榑背直接釘置屋桷，桷上直接鋪設瓦面的南方屋蓋工程做法要求。因此，可以認爲在可繼堂的屋面下折問題上，建築設計時採取的是一種既原則依照傳統的《營造法式》規定實施設計，而又根據實際需要不拘泥於法式規定的具體尺寸要求的"隨宜"活用的設計原則。

（2）建築特徵及其設計方法

可繼堂不僅其梁架結構的選型等級高貴，爲面寬三開間進深十一架式的廳堂型屋架，而且在設計手法上梁架與斗栱的結構組合也別具特色。其設計構思富有創意。概括地講，主要表現在以下幾個方面：

① 屋架結構堅固，早期風格濃郁。

可繼堂的梁架結構類型，按照宋《營造法式》的分型標準，類似於廳堂型構架，爲"十架椽屋分心前後乳栿用五柱"式。三開間的廳堂由四榀縱向構架與各構架間的檁槫、隨槫枋、柱額、地栿等橫向構件相互牽連繫結形成整體屋架。

四榀間縫梁架分別由五根立柱支撐。每組立柱均分爲前後檐柱、前後老檐柱及分心中柱三種柱式。各類柱子高低規格不同，結構功用也不相同。前後檐柱與前後老檐柱間架設乳栿，其上設劄牽（眉梁），其下安順栿串（前檐廊下），在前後老檐柱柱頭之間，架設縱向柱額，額身通長，穿過中柱柱身，上部構造以中柱心爲軸綫分別對稱地向前後架設三椽栿、二椽栿及頂部劄牽（眉梁）。所有梁栿及劄牽的端部均雕製成縱向栱材與檐頭斗栱或襻間斗栱構爲一體，其尾部皆設以榫頭插入老檐柱或中柱柱身。各部位斗栱的上部承托檁槫，下部大斗或置於柱頭之上，或置於梁栿背上。明間間縫梁架的柱額、梁栿、斗栱、檁槫之間全用木製壁板鑲嵌，從而形成了一縫由柱子、斗栱、梁栿、板壁等構件組成的間縫梁柱構架單元。

屋架中的橫向連接體系主要由柱脚地栿、柱頭額枋、檐槫、中平槫、脊槫、木製裝修、石砌墻體等部件或砌體組合而成。上述橫向、縱向及竪向構件相互牽拉，有機結合，構爲一體，從而形成了整體性很強、抗變形性能優良、構架簡潔耐久的木構屋架體系。這款屋架經過六百三十餘年的歷史考驗而能保存至今就已雄辯地證明了它結構的可靠性。

可繼堂屋架結構雖建於元末明初，但許多部位仍明顯地體現了因襲和繼承北方宋、遼

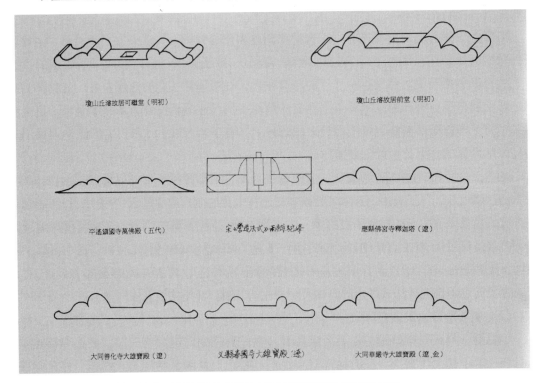

六 丘濬故居可繼堂、前堂兩瓣式矮駝峰與早期建築中同類構件造型比較分析圖

50

或宋、遼以前早期建築特徵的痕跡。一些藝術構件或結構手法，古風濃郁，典雅精美，爲人們探求其時代傳承軌跡，反推屋架發展脈絡提供了絕好的實物註釋。

例如，室內梁架頂層眉梁上以中柱爲軸左右對稱鑲嵌的叉手狀木板，其叉脚斜立於眉梁背上，上端又托着中柱櫨斗底部。又如，梁架各部位檁槫外側及梁栿端部（梁首）處鑲嵌的托脚狀木板，其托脚斜立於下層梁栿背上，上端又托着上層梁首及槫頰。可以說，其結構形制中盛唐建築風範猶存。再如，屋架月梁首尾捲刹做法，梁項細部藝術形制和尺度模數（分析略。實測尺寸詳見本書實測與設計圖），其做法與宋《營造法式》圖樣意念相似。還有梁栿背上坐斗下的兩卷瓣矮駝峰，其造型與宋《營造法式》兩瓣式駝峰、遼代建築山西應縣木塔及大同善化寺、華嚴寺等許多早期建築上的駝峰一脈相承，極爲相似（插圖六）。這都讓人們從中尋覓到了北方唐、宋、遼等早期建築技術做法和建築藝術風尚的時代信息及其蛛絲馬跡。

② 建築體量矮小，地域特色鮮明。

清宣統三年刊行的《瓊山縣志》卷二"居處"引舊志記曰："瓊地枕山席海，多海溢颶風之虞。故公私室廬不爲高敞，然規制與內地略同。近海者與疍人雜處常苦水泊風飄，附黎者與黎人雜居不免巢居峒處。"據筆者調查，海南現存古代木構民居建築有如下共同地域特點：一、造型簡樸。建築形式以兩面坡硬山頂及出際短的小懸山頂爲主。二、房屋低矮。檐口相對標高多在 1.8～2.1 米之間（設臺明標高爲 0.00 米）。房屋總高度多爲 4.5 米左右。三、出檐短小。爲防範抵禦颶風襲擊，柱高 1 尺出檐多取 1.5～2 寸。四、石梁襯底。柱網下多襯石柱礎及石地栿形成基盤，用以有效地防潮防蟻。五、屋面平直。爲方便釘裝屋桷和安裝屋瓦，屋面弧度較小。六、溝寬壟細。爲使排水順暢，筒板瓦屋頂溝寬常爲瓦壟寬度的 1.5～2 倍。七、開間不多。受社會生活習俗和自然環境的影響，房屋多取三開間，明間設廳堂，兩次間作居室。八、木構骨架。房屋構架多採用擡梁式、穿門式或擡梁、穿門混合式木結構屋架。九、碎石砌牆。民居山牆及前後檐牆多在柱中綫以外以碎石用蚌殼灰泥或素泥砌造。十、板壁分間。室內多在明間間縫梁架中嵌以木製板壁，板壁上設門由中廳出入次間。十一、正堂祭祖。民居建築正堂的明間後方多設屏板，其上方設祖龕祭祖，中廳兼爲聚會議事場所。十二、等級有別。因經濟、政治狀況的不同，房屋體量、構架造型不同，所用建築材料不同，室內外裝修做法也不同（房屋內部就有木板壁、灰泥壁、素石牆做法的區別）。丘濬故居雖爲大陸來瓊官員落籍時所建私宅，但也因地制宜，入鄉隨俗，體現了濃厚的上述地域建築特色。

③ 斗栱做法承前啓後，結構機能別具特色。

可繼堂屋架中的斗栱分爲柱頭斗栱和梁栿上襻間斗栱兩種類型。對其結構特徵進行分析，可以看出這兩類斗栱雖基本形式尚沿襲舊制，但其結構機能却較唐宋時期的早期斗栱發生了質的變化，別具特色。

第一，在屋架結構中，祇有前檐柱頭斗栱兼具承托荷載與懸挑出檐的雙重結構功能。前檐柱頭斗栱中懸挑伸出兩跳的偷心造華栱，第一跳由乳栿下順栿串出頭製成，爲輔助結構。第二跳及其上部耍頭和襯方頭則是利用乳栿前端連體隱刻製成，并直接架設於櫨斗口內從而形成斗栱組合。不難看出在結構上乳栿栿首既具有承托正心檁荷載的作用，又具有出跳并懸挑撩檐槫荷載的作用。雖說這種斗栱承重、懸挑雙重作用兼而有之，斗栱的造型也基本具備，但從本質上看，設計者是用乳栿梁頭取代了傳統的柱頭斗栱縱向栱材所具有的支撐和挑檐作用（類似於宋《營造法式》所謂"斗口跳"斗栱的結構原理），即強化了梁栿而弱化了斗栱的結構功用。

第二，在屋架結構中，除前後檐柱頭斗栱外，各部位斗栱組合（襻間斗栱、柱頭斗栱等）均主要起節點托架作用，用以承托屋面荷載，固定檁槫位置。例如，前後老檐柱上的柱頭斗栱縱向共雕出相互連體的斗栱兩層和耍頭一層（第一層作蔴葉頭形，第二層出丁頭栱，第三層也爲蔴葉頭形），但栱身不出跳，橫向設泥道栱和泥道慢栱，其主要功能是承托隨槫枋和正心檁槫節點處的荷載。又如，各部位梁栿上襻間斗栱是分別利用月梁梁首或劄牽牽首雕出縱向栱一層及耍頭一層（底層爲丁頭栱形，上層爲蔴葉頭形），栱身也不出跳，斗栱坐斗置於小駝峰上，橫向設泥道栱及散斗承托替木及上部檁槫。其主要功能也是承托和傳遞檁槫節點處的屋蓋荷載。

第三，梁架斗栱中的縱向栱材皆爲利用梁栿栿首通體雕造而成的隱刻栱。因斗栱結構功能單一，不出跳，主要用以節點承重同時兼顧梁架舉折需要而上下微調，還需追求裝飾效果，故製成後的栱材規格及細部尺度不夠嚴謹統一。例如，這款梁架的各層乳栿背上皆施有小駝峰一隻，上設交栿斗承托兩材一栔的縱向栱材。其實測高度出入較大，相同的用材規格，合計總高相差達 4.4 米。詳見下表所示：

可繼堂梁架結構中相同斗栱用材規格實際尺寸比較表

尺度單位：厘米

斗栱位置	一跳華栱材高	一跳華栱栔高	耍頭材高	兩材一栔合計總高
敞廊內眉梁梁首處斗栱	11.4	4	12.5	27.9
堂內二層梁栿梁首處斗栱	9	4	10.5	23.5
堂內眉梁梁首處斗栱	11	4	12	27

④ 梁架與斗栱相互融合，工程設計方法簡捷。

對於木結構建築的間縫梁架橫剖面圖設計工作，早在宋代曾稱爲"定側樣"或"點草架"。其具體設計方法，宋《營造法式》的記載也很簡明"舉折之制，先以尺爲丈，以寸爲尺，以分爲寸，以厘爲分，以毫爲厘，側畫所建之屋於平正壁上。定其舉之峻慢，折之圜和，然後可見屋內梁柱之高下，卯眼之遠近"。由此可見，採用 1/10 的比尺和正投影的方法，繪製一幅擬造建築內部間縫梁架橫剖面圖，用以確定其屋頂舉折、柱梁位置、構件規格等工程技術要素，以供施工使用的建築結構設計方法古已有之。

從工程設計的視角分析可繼堂的間縫梁架（參見可繼堂橫剖面圖），可以看出由於斗栱與梁架的相互融合及斗栱組合獨立性的相對減弱，該建築的屋面各架道檁槫實際上是由

"立柱——櫨斗（或矮駝峰加坐斗）——梁栿（包括由梁首製成的出跳或不出跳栱）"三類構件層疊組成的梁架體系支撐着的。因此，從本質上說，祇要根據工程學原理恰當地確定和布設好這三類構件的規格、形制及相互位置，這款梁架的設計工作就可基本完成。下面結合前文討論結果試對可繼堂明間間縫梁架的設計步驟和設計原則作一推測討論，以供今後進一步研究參考。

步驟一：依據柱網定位確定邊柱（即前檐廊柱及後檐柱）的柱身高度及房屋檐口高度。

以可繼堂前檐插廊爲例，廊柱柱身高 6 尺，圓形石柱；柱礎石高 0.5 尺，鼓形石礎；檐頭斗栱總高 1.5 尺，出兩跳，偷心造；檐口標高 8 營造尺，約合 2.5 米左右。

這兩項內容既是關係到建築立面形象的重要建築藝術指標，同時也是關係到建築物能否有效禦臺風襲擊的重要建築技術指標。對於進深架道少的建築（如三架、五架等），檐口宜低，屋蓋高度也應與之適應。

步驟二：依據既定前後撩檐槫間距及擬選梁架款式和檁槫架道數量布置檁槫間距，并按照傳統的"舉屋之法"和"折屋之法"計算確定各部位檁槫的空間位置。

對此，前文已有討論，從略。這一步驟事關屋蓋外觀形象的好壞及屋面排水功能的優劣，因此也是重要的建築藝術和建築技術設計內容。

步驟三：依據初步確定的柱檁位置確定各部位柱身高度及柱梁關係。

就可繼堂明間間縫梁架而言，中柱位居中央，其作用主要體現在三個方面：一是直接支頂和承托屋頂脊槫；二是固定和牽拉各層月梁梁尾（梁尾出榫入柱）；三是與老檐柱、邊柱共同構成縱向屋身構架（前後老檐柱上的順栿柱額，兩端架於柱頭之上，中央穿過中柱柱身，使三柱相互連接，形成骨架）。因此，設計時首先確定中柱和老檐柱的柱徑及高度是必要的。

經認真測量，這兩類柱子的柱徑皆取 1 營造尺。中柱柱礎高 0.5 尺，中柱柱身高 14 尺，中柱上斗栱高（自櫨斗底至脊槫底）0.5 尺，中柱脊槫以下總高 15 營造尺。前後老檐柱柱礎高 0.5 尺，柱身高各約 8.8 尺，柱上斗栱高（自柱頂至中平槫底）1.5 尺，老檐柱處中平槫以下總高 10.8 營造尺。

對以上數據進行分析，可推知如下設計過程：

首先確定脊槫以下各部件高度（自下而上依次爲 0.5 + 14 + 0.5 ＝ 15 尺），皆取半尺模數制。

其次確定中平槫以下斗栱總高和老檐柱高度（自下而上依次爲 0.5 + 8.8 + 1.5 ＝ 10.8 營造尺），柱礎、斗栱高以半尺爲模數，老檐柱高却尾數不齊整，應是隨宜截取的。由此推測：設計者定側樣時，是先據中平槫的空間位置確定了槫下斗栱做法和總高度，然後纔根據總尺寸需要協調計算確定老檐柱柱高的。

值得注意的是，中柱與老檐柱間和老檐柱與廊柱間架設的底層月梁的斷面形制雖不相同（前者單側即明間看面用明栿做法，後者雙側均用明栿做法），但梁身高度完全相同

（約 44 厘米），利用兩條梁栿栿首所雕造的斗栱總高（含櫨斗高）也完全相同（約 48 厘米）。因此，可以說這縫梁架的設計理念是在五根立柱間架設相同規格的梁栿，從而形成間縫梁架的基本構架（當然，後檐梁架因不是露明構造而調整成了直梁瓜柱造做法。這樣做，既便於組織施工，又可大大降低造價，符合經濟實用原則）。然後再據結構需要在這一構造中添加二層月梁及頂部眉梁（劄牽）。

步驟四：在間縫梁架的基本柱梁構架中填設二層月梁及各部位眉梁。

通過實測比較可知，其設計原則爲可繼堂屋架敞廊二層眉梁、堂內二層月梁、堂內頂層眉梁，其用材高度基本相同（約 38.5 厘米）。梁栿以中柱爲軸心向前後架設，梁尾出榫入中柱身，梁首製成襻間斗栱用以承托上下平槫。

步驟五：在梁架間縫上預留橫向構件卯口，布置鑲嵌裝板、板壁、便門等完成梁架設計。

通過以上討論不難發現：可繼堂的間縫屋架是一縫淵源久遠，款式典雅，在結構造型和技術內涵方面上承唐宋舊制下開明代先河，經過發展完善，推陳出新，梁栿與斗栱進一步融合，可以很好地適應海南熱帶濱海地區自然條件和社會生活需求，頗富地域社會文化特色的擡梁式分心柱造梁架款式。

應當看到，可繼堂梁架結構與斗栱結構相互交融、有機結合的現象，從本質上說體現的是古代匠師建築結構設計理念的一種發展時尚。而這種設計理念的實現必然是以設計實踐爲依托的。筆者認爲，可繼堂的屋架結構設計應該遵循了這樣的原則：對於屋架選型、梁柱規格、空間創意等宏觀技術問題而言，設計者採取的是承前啓後、發展完善、崇尚簡樸、把握總體的概念設計原則，而對於斗栱形式、材栔規格、節點構造等微觀技術問題則採取了推陳出新、體現創意、合理構築、隨宜處置的技術設計手段。這也正是爲甚麼可繼堂屋架的總尺寸及分部尺寸相對整齊劃一，邏輯清晰，但具體建築構件細部尺寸却屢見參差現象的内在原因。

（四）斗栱材栔選型及其構件模數制度

宋《營造法式》記載"凡構屋之制，皆以材爲祖"，然而可繼堂材栔斷面選型及斗栱細部模數却與傳統規制明顯不同。根據實測分析，可繼堂的斗栱形制既與宋《營造法式》所規定的"材分"制度不相吻合，也與清《工程做法》中的"斗口"制度不盡相同。其主要表現在以下幾個方面：

1. 材栔斷面選型及其高寬尺度比例特徵

按宋《營造法式》規定，單材栱材寬 10 分，材高 15 分；足材栱材寬 10 分，材高 21 分（其中栔高 6 分）。

按清《工程做法》規定，單材栱材寬 1 斗口，材高 1.4 斗口；足材栱材寬 1 斗口，材高 2 斗口（其中栔高 0.6 斗口）。

而可繼堂斗栱，據現場歸納的理論尺寸，其單材栱材寬 5.5 厘米，材高 11 厘米；足材栱材寬 5.5 厘米，材高 15 厘米（其中栔高 4 厘米）。

根據上列數據計算比較，可得出關於可繼堂斗栱材栔斷面特徵的如下比較分析結論：

宋式、清式及明初可繼堂斗栱用材斷面規格比較分析表

數據出處	單材栱		足材栱		用材寬高比	
	材寬	材高	材寬	材高	單材	足材
宋《營造法式》材分制規定	10 分	15 分	10 分	21 分	1:1.5	1:2.1
清《工程做法》斗口制規定	1 斗口	1.4 斗口	1 斗口	2 斗口	1:1.4	1:2
明丘濬故居可繼堂斗栱實物	5.5 厘米	11 厘米	5.5 厘米	15 厘米	1:2	1:2.73
分析結論	1. 計算結果表明，可繼堂的斗栱用材斷面較宋式規定和清式規定都明顯瘦高。 2. 如以宋式材分制規定計算，可繼堂斗栱材寬每分 = 0.55 厘米，單材高合 20 分，足材高約合 27.3 分。 3. 如用可繼堂營造尺 1 尺 = 31.6 厘米計算，材寬約合 1.75 寸，單材高約合 3.5 寸，足材高約合 4.75 寸。若僅以材的寬度來衡量，可繼堂的材寬尺寸恰在清代材分制的九等材與十等材之間。					

2. 斗子、栱材細部尺度及設計模數規則

（1）斗子

現以平柱上用櫨斗及斗栱散斗（即清式的柱頭科大斗及三才升）爲例作分析比較（餘略）。

按宋《營造法式》規定："造斗之制有四。一曰櫨斗，施之於柱頭，其長與廣皆三十六分……高二十分，上八分爲耳，中四分爲平，下八分爲欹。開口廣十分，深八分，底四面各殺四分，欹頭一分。"斗身耳、平、欹的高度比爲 8:4:8，斗底應做欹頭。關於散斗，宋《營造法式》規定："散斗施之於栱兩頭，其長十六分，廣十四分……高十分，上四分爲耳，中二分爲平，下四分爲欹，開口皆廣十分，深四分，底四面各殺二分，欹頭半分。"斗身耳、平、欹的高度比爲 4:2:4，斗底也做欹頭。

據清《工程做法》規定，柱頭科大斗斗面長 4 斗口，斗底長 2.2 斗口；斗面寬 3 斗口，斗底寬 2.2 斗口；斗身高 2 斗口（其中口高 0.8 斗口，腰高 0.4 斗口，底高 0.8 斗口），斗底無欹頭。三才升，斗面長 1.3 斗口，斗底長 0.9 斗口；斗面寬 1.48 斗口，斗底寬 1.1 斗口；斗身高 1 斗口（其中口高 0.4 斗口，腰高 0.2 斗口，底高 0.4 斗口），斗底無欹頭。

但可繼堂的相應斗子，據現場歸納的理論尺寸，其細部尺度所體現的材分制設計模數規則却與上述規定區別明顯，詳見下表所示：

宋式、清式及明初可繼堂柱頭櫨斗、散斗主要部位材分制規則比較分析表

數據出處	斗子類型	材分制模數數值比較及特徵分析								
		上寬	下寬	上深	下深	耳高(斗口高)	平高(斗腰高)	欹高(斗底高)	斗身高	欹顱深
宋《營造法式》造斗制度規定	柱頭枋櫨斗	32分	24分	32分	24分	8分	4分	8分	20分	1分
	柱頭斗栱散斗	14分	10分	16分	12分	4分	2分	4分	10分	半分
清《工程做法》造斗制度規定	柱斗科大斗	4斗口	3.2斗口	3斗口	2.2斗口	0.8斗口	0.4斗口	0.8斗口	2斗口	0
	柱斗科三才升	1.3斗口	0.9斗口	1.48斗口	1.1斗口	0.4斗口	0.2斗口	0.4斗口	1斗口	0
明丘濬故居可繼堂斗子實物	柱頭枋櫨斗	29厘米(約合53分或5.3斗口)	19厘米(約合35分或3.5斗口)	29厘米(約合53分或5.3斗口)	19厘米(約合35分或3.5斗口)	6厘米(約合11分或1.1斗口)	1厘米(約合2分或0.2斗口)	6厘米(約合11分或1.1斗口)	13厘米(約合24分或2.4斗口)	1.5厘米(約合2.7分)
	柱頭斗栱散斗	14.8厘米(約合27分或2.7斗口)	7.8厘米(約合14分或1.4斗口)	14.8厘米(約合27分或2.7斗口)	7.8厘米(約合14分或1.4斗口)	3厘米(約合5.5分或0.55斗口)	1厘米(約合2分或0.2斗口)	3厘米(約合5.5分或0.55斗口)	7厘米(約合13分或1.3斗口)	0.8厘米(約合1.5分)
分析結論	與宋式、清式斗子比較，丘濬故居可繼堂斗子形制有如下特徵： 1. 斗身高大——各項指標均明顯大於宋式及清式規定的模數值（如斗身總高、櫨斗比宋式高4分，散斗高3分）。 2. 平面正方——散斗宋式及清式均規定爲平面長方形，但丘濬故居可繼堂爲正方形。 3. 欹顱古樸——斗身下部內凹，曲面高古秀美，頗具隋唐風韻。欹顱模數值較大，爲宋式規定的兩倍以上。 4. 斗平低薄——在斗子耳、平、欹的高度比中，斗耳及斗欹較高厚，而斗平較低薄（如櫨斗耳：平：欹＝6：1：6等）。									

（2）栱材

爲準確把握和認識可繼堂的栱材設計模數特徵，下面僅以該建築泥道栱、一跳華栱、二跳華栱爲例，對照宋《營造法式》及清《工程做法》的有關規定，進行系統全面的比較分析。具體分析數據列入下表，以供進一步研究時參考。

宋式、清式及可继堂栱件特征材分制规则比较分析表

数据出处	构件名称	栱身长度(材分·斗口)	栱材高度(材分·斗口)	栱材宽度(材分·斗口)	契高(材分·斗口)	契厚(材分·斗口)	栱眼长(材分·斗口)	栱眼高(材分·斗口)	栱眼深(材分·斗口)	上留高(材分·斗口)	平出长(材分·斗口)	卷瓣数量(瓣)	出跳(搜架)长度等(材分·斗口)
宋《营造法式》造栱制度	泥道栱	62分	15分(单材)	10分			16分	3分	3分	6分	1分	4	
	一跳华栱	72分	21分(足材)	10分	6分	4分	21分	9分	3分	6分	4分	4	外跳第一跳长30分
	二跳华栱	132分	21分(足材)	10分	6分	4分	18分	9分	3分	6分	14分	4	外跳第二跳长30分
清《工程做法》造栱制度	正心瓜栱	6.2斗口	2斗口(足材)	1.25斗口	0.6斗口	1.25斗口	1.1斗口	0.74斗口	0	0.4斗口	0.1斗口	4	
	头翘	7斗口	2斗口(足材)	2斗口	0.6斗口	2斗口	1.68斗口	0.74斗口	0	0.4斗口	0.875斗口	4	第一搜架3斗口
	重翘	13斗口	2斗口(足材)	2斗口	0.6斗口	2斗口	2斗口	0.74斗口	0	0.4斗口	1.76斗口	4	第二搜架3斗口
明丘濬故居可继堂栱材实物	柱头斗栱泥道栱(襻间斗栱)	48厘米(约合87分或8.7斗口)	11厘米(单材)(约合20分或2斗口)	5.5厘米			12.3厘米(约合22分或2.2分或2.2斗口)	2.5厘米(约合4.6分或0.45斗口)	5.5厘米(与材等宽)	0	0.5厘米(约合0.1分或0.1斗口)	0	栱身利用四椽栿隐刻而成。出跳(合38分或3.8斗口)
	梁架斗栱一跳华栱(四椽栿首)	自坐斗心一半长24厘米(栱长约合167分或16.7斗口)	15厘米(足材)(约合27.3分或2.73斗口)	5.5厘米	4厘米(约合7.3分或0.73斗口)	2厘米(约合3.6分或0.36斗口)	12厘米(约合22分或2.2分或2.2斗口)	6.5厘米(约合12分或1.2分或0.36斗口)	2厘米(约合3.6分或0.36斗口)	0	1厘米(约合1.8分或0.18斗口)	0	其下层一跳华栱由顺栿牵出头雕制成(长31厘米)。一跳、二跳华栱各出跳长均为21厘米(约合38分或3.8斗口)
	柱头斗栱二跳华栱(前檐廊柱)	自廊柱心一半长:46厘米(约合167分或16.7斗口)	15厘米(足材)(同上项)	6厘米(约合11分或1.1斗口)	4厘米(同上项)	2厘米(同上项)	13.2厘米(约合24分或2.4斗口)	6.5厘米(同上项)	2厘米(同上项)	0	1厘米(同上项)	0	利用栱首雕造而成。

通過上表可見，與宋式、清式栱材比較，丘濬故居可繼堂栱材形制有如下特徵：

1. 栱身高度與栱身長度均明顯大於宋式及清式規定的模數值（如泥道栱的長度比宋式長 25 分，比清式長 2.5 斗口）。

2. 單材獨立栱件的栱眼為一橫長的弧綫，且栱眼徹身通透與栱身寬一致，風格獨特。

3. 栱材無上留垂直綫，栱端捲殺不分瓣，平出較短，栱材兩端酷似弓背，與宋式、清式栱的風韻明顯異趣。

4. 斗栱出跳長度較宋式及清式規定模數值大（如華栱出跳長度較宋式規定長 8 分，較清式規定長 0.8 斗口等）。

（因篇幅所限，貼耳斗、耍頭、替木等許多斗栱分件的材分制分析從略）。

綜合以上分析，可以認為可繼堂的梁架結構一方面體現了崇唐仰宋、因循舊制的尚古個性，另一方面也表現出因地制宜、追求變革的創新精神。該建築的工程設計材槩規格和結構設計模數規則，既明顯區別於宋代官書《營造法式》的相關規定（此書早於可繼堂建成二百六十六年刊行），也明顯不同於清代官書《工程做法》的相關規定（此書晚於可繼堂建成三百六十五年刊行）。應該説，它傳遞和折射給人們的恰是介於宋、清兩代官方頒布的兩部營造術書之間的技術信息，也是曾經長期使用於海南瓊北地區乃至南疆濱海地區民間建築工匠中的另一種建築設計材槩規制和結構設計模數制度，在我國建築技術史上具有承前啓後和增補遺缺的典型意義，至為可貴。

（五）構件榫卯做法及其結構功能

榫卯結構是否牢固優良，直接關係建築構架的整體性、可靠度和抗破壞性能的好壞。為進一步瞭解我國元末明初嶺南地區木構建築構件榫卯做法及其結構功能特徵，現以可繼堂實物為例歸納分析如下：

1. 立柱榫卯

（1）前檐廊柱

為火山巖石柱。柱身斷面圓形，外觀有明顯收分。柱底製成凸出的乳頭狀管腳榫，榫頭與石製鼓形柱礎頂面的卯眼構合（礎身埋入地下），以防止柱腳移位。柱頭上部設有兩種卯口：一種是沿縱向用於與敞廊乳栿下隨梁枋（劄牽）端部榫頭結合的順開卯口（卯口寬與材寬略同，高同單材）；一種是沿橫向次間一側開設的用於與柱額端部寬凸榫榫頭交構的卯口。

此柱榫卯有兩個特點：其一，柱腳底面榫身四週製成內凹弧面，為立柱時使用粘接材料預留出空間，目的是使交接面受力均勻和堅固耐久。其二，柱頭縱向卯口，不是簡單的順開一字口，而是在卯口內部暗留有凸起的榫舌和暗設梢眼。當隨梁枋（劄牽）端部榫身搭扣在上面之後，二者緊密咬合，可有效防止兩構件相互位移。

（2）後檐廊柱

這是一種圓形長石柱與圓形短木柱對接形成的拼接柱（註八）。長柱有明顯收分，高度與前檐廊柱略同，其上部接續的短木柱上下端均設榫卯與相鄰構件連接。

此類柱柱腳榫卯與前檐廊柱相同。柱子頂部與短木柱的接面，製成向下的凹曲面，中央部位同時開有圓形卯眼，用以穩固木製短柱柱腳榫頭。其結構用意同前所述。短柱腰部開透卯，用於穿插後檐乳栿。柱子上端造檁碗上承正心檁。在柱端順檁槫方向開榫槽，用以安裝隨檁枋端部的對接榫頭。

（3）老檐柱

前檐老檐柱與室內後金柱榫卯做法類似，方向互爲對稱。現以明間南縫梁架的東側金柱爲例，分析如下：柱身開有三類榫卯。第一類是柱腳卯口，做法是在東、南、西、北四向各開燕尾卯一眼，用以與柱腳間木製地栿端頭的燕尾榫交構。因爲此建築室內各柱柱腳間均用地栿卡結，形成平面框架，柱腳位移的可能性極小，故內柱柱底均未設有管腳榫。第二類是柱身卯口（柱身東側），用於安插後檐乳栿尾部榫頭，爲大進小出透卯。這種榫卯在結構上既盡量減少了對柱身的損害，又起到了應有的結構拉結與承重作用。由於榫頭端部出柱後會影響相應位置立頰的安裝，故採取的是破頭加楔固定做法，設計思路頗具匠心。第三類是柱頭榫卯，其做法是在柱頭西、南、北三側各開設帶有吞肩（袖肩）的燕尾卯，用以與相應部位的柱頭額枋端部榫頭交構。這是一種上下疊落安裝的榫卯，質量合格的成品須做到形制合理，鬆緊適度。安裝完畢，即相互鎖定難以水平撥開，其榫端所設吞肩在結構上很巧妙地兼顧和加強了柱額承重時相應部位的抗剪切力性能。值得注意的是，柱底用普通燕尾榫而柱頭用帶吞肩的燕尾榫這絕不是一種簡單選擇。它體現的是古代匠師在建築結構力學和建築材料力學方面的理論水準和高超技術。

此柱柱頭頂面中部設有饅頭榫一隻，榫端插入柱頭櫨斗底。從間縫梁架的總體布置角度分析，因此柱與前檐老檐柱間的柱頭額枋爲通長額枋（枋身穿過中柱身上的透卯），所以此枋在結構上牢固地拉結和固定了前檐老檐柱柱頭與室內金柱柱頭，而此二柱上的柱頭凸榫在內部構造上又具有回拉和固定前後底層乳栿空間位置的性能，且其結構作用不容低估。

（4）中柱

中柱爲木質圓柱。構件上製有柱腳、柱頭、柱身三類榫卯。柱腳底部不設管腳榫而在兩側開燕尾卯，用以安裝木製地栿，卡定柱腳。柱子上身自上而下開有穿心透卯一個（用以安裝穿過柱身的柱額）和半卯三對（用以安裝室內各層月梁及眉梁梁尾）。柱頭榫卯形狀獨特，是一組用於安裝中柱襻間柱額下端墊板後尾圓肩長榫的大進小出透卯與用於安裝襻間柱額端部方肩燕尾落榫的半卯組合卯眼。柱子頂端製有柱頭饅頭榫，榫身穿入柱頭坐斗底，用以固定斗身。在柱身卯口之間，沿柱心綫位置均開有深約 1.5 厘米、寬約 1.5 厘米的鑲板槽口，用以安裝梁栿間裝板。

（5）梁架瓜柱

可繼堂後檐乳栿上瓜柱有兩種做法。一種用於明間左右間縫梁架，是明栿做法：瓜柱柱脚開騎栿槽口，騎跨於直梁造乳栿背上。柱身沿劄牽方向開通身卯口，用以穿插劄牽牽首；順橫向開淺卯，用以安插襻間枋端的寬凸榫。柱頭開承槫卯及安裝隨槫枋的通身卯口（在後檐明間瓜柱以裡的範圍內，此枋兼爲祭祖龕廚的下部承重枋）。此外，沿柱心綫還開有鑲裝隔板的凹槽。另一種做法用於山面梁架中，爲草栿做法：瓜柱中心綫至山墻一側不用銼斫加工，不做外觀造型，中心綫位置也不開設裝板槽口。

2. 梁栿榫卯

（1）前檐敞廊乳栿

前廊乳栿均爲月梁造明栿做法。梁肩捲殺及梁底起顱自然圓和不分捲瓣，但梁項斜綫顱勢明顯，梁面捲殺爲弧面，古風濃郁，雕造精良。爲適應結構的需要，各構件上均開有梁首、梁尾、梁身三類榫卯。先看梁首榫卯：梁首斜項（即入斗口處及出跳部位）厚一材，雕爲通體連身的偷心造二跳華栱，上部耍頭和雙蔴葉頭狀襯方頭（栱間隱出散斗、交互斗）。在柱心綫上的二跳華栱栱身與泥道栱相交處開下口；耍頭後尾與泥道慢栱相交處也開下口（泥道慢栱分爲兩段，各開壓掌半榫對接）（插圖七）。襯方頭後尾與隨槫枋相交處開上口。在撩檐槫心綫上的耍頭與槫縫下替木相交處開上卯。從其卯口開鑿位置及形制分析，可以説古代匠師最大限度地保護和發揮了乳栿梁首的材料抗拉及懸挑性能，并合理兼顧了橫、縱向栱材的榫卯交構需求，是科學合理的。

其次觀察梁尾榫卯：梁尾斜項製成入柱寬直榫，榫厚與材寬相同，其榫頭長僅2～2.5寸（6～8厘米）。從廊步構架的結構布置特徵分析，在屋面重荷作用下，會對乳栿帶來一種向後的回推分力，構件少有拉撥損壞之虞，故匠師採用的入柱榫是抗拉撥性能較差的類型。

再看梁身卯口：在乳栿腹、背部均沿構件心綫位置開有鑲板凹槽；在乳栿背中部開有安設兩瓣小駝峰下暗設銷栓的卯眼三個（其中正中者較大，近方形，約8分見方，爲透

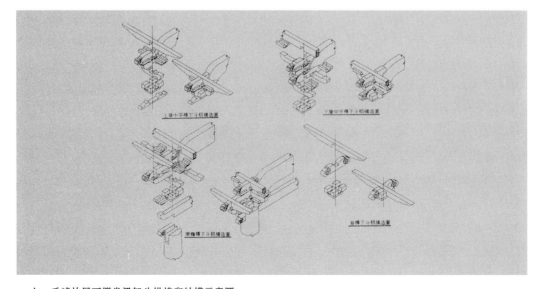

七　丘濬故居可繼堂梁架斗栱榫卯結構示意圖

卯。兩邊者較小，平面長方形，寬約 8 分，深約 3 分左右，爲半卯），用以固定兩瓣式矮駝峰等。中部卯口內設的方形榫頭可將乳栿、駝峰及上部坐斗上下串接爲一體，而兩側卯口內暗設的扁長銷栓則可將相鄰構件水平固定在一定位置，從而有效地擴散了集中荷載，降低了跨中彎矩。由此不難領略到祖先在木作榫卯設計與構件疊造組合方面的高超水平及嫻熟技藝。

（2）前檐敞廊眉梁

此眉梁在結構上主要起劄牽和穩定下平槫的作用。梁的形制與下層乳栿略同。梁首斜項入斗口處，雕爲連體隱刻的華栱、耍頭及散斗、交互斗等。其卯口有兩個，一爲與槫縫下捧節令栱相交的栱口（開下口），一爲與槫縫下替木相交的栱口（開上口）。梁尾斜項，厚與材寬相同，製成入柱寬直榫，可與老檐柱柱頭卯口嵌固。梁身首低尾高，高差 3 厘米（約合一寸）。梁背、梁腹沿心綫均開有鑲嵌裝板的凹槽。

（3）室內一層月梁

有兩種工程做法：一種是明間間縫上使用的，一側（明間）明栿做法，一側（次間）草栿做法的混合式月梁造做法；一種是山面梁架中使用的草栿式月梁造做法。明栿式月梁做法的梁首與前廊月梁做法相同，雕造出連體隱刻的斗栱，伸入柱頭櫨斗口內，與泥道栱、泥道慢栱及隨槫枋相交（一層栱出頭雕爲蔴葉頭形，栱身開下口，與泥道栱十字相交；二層栱出頭雕爲單捲頭，栱身開下口，與泥道慢栱相交；三層栱即耍頭端部雕爲蔴葉頭形，栱身開上口，與隨槫枋相交）。草栿做法一側素面無雕飾，僅製成月梁的外形輪廓。月梁梁尾製成寬一材、高約兩材一栔的入柱半榫與中柱相交。月梁梁背及梁腹所設裝板凹槽和固定串接駝峰等構件的暗榫、扁銷做法與前廊乳栿的做法類似。

（4）室內二層月梁

其梁栿形制、做法及榫卯開設方法等與一層月梁雷同，衹是由於梁首斜項隱刻斗栱僅兩材一栔，所以梁首卯口有兩處：一層栱栱身卯口開下口，與捧節令栱相交；二層耍頭栱身卯口開上口，與槫縫下替木相交。

（5）室內頂層眉梁

其梁栿形制、做法及榫卯開設方法等與二層月梁基本雷同，但有三點區別：一是此構件主要起結構拉牽和固定檁槫的作用，梁背無疊架構件，也無暗設榫卯；二是構件首低尾高，高差 5.5 厘米，恰爲一材寬；三是梁背上開有安裝叉手狀裝板及其他裝板的內凹槽口。

3．斗栱榫卯

（1）各類斗子

① 柱頭櫨斗。

此爲平面方形的四耳斗。十字開栱口，口內不留隔口包耳。斗底開方形卯眼。與柱頭榫嵌接。

② 梁架坐斗。

此爲平面長方形的四耳斗。十字開栱口，口內不留隔口包耳。斗腰及斗底中央開方形透卯，由另行加裝的長木榫將其與上下相鄰構件（其上爲上層月梁梁頂底，其下爲下層月梁梁背）串接拴固爲一體，防止相互平面位移。

③　散斗。

此平面爲方形，順身開口的雙耳斗。斗底不設卯眼。梁栿上通體隱刻的散斗、交互斗的內部榫卯無法判知。

④　交互斗。

由於可繼堂斗栱構造的自身原因，構件實物中不存在獨立的交互斗。交互斗均爲利用梁栿隱刻而成的貼耳斗。其外觀形式爲方形四耳斗。

（2）各類栱材

①　縱向栱材。

可繼堂的縱向栱材，如華栱、耍頭、襯方頭等均爲利用梁栿通體隱刻而成，故栱身榫卯形制無法得知。

②　橫向栱材。

可繼堂的橫向栱材包括泥道栱、泥道慢栱、捧節令栱、檁槫間縫下替木四類構件。泥道栱單材造，栱身開上口，未見暗設卯眼。泥道慢栱單材造，上身開口，由左右兩段拼合而成，拼接榫入栱口，採用半榫壓掌做法，栱身未見暗設卯眼。捧節令栱單材造，栱身開上口，未見暗設卯眼。檁槫間縫下替木單材造，中心位置開下口，替木頂面開有安裝扁木銷的暗設卯眼。卯眼爲長方形，數量成雙，位置一般爲對稱設置，但也偶有隨意設置。

4. 構件間縫榫卯

（1）檁槫間縫榫卯

①　燕尾榫卯。

此榫又稱銀錠榫及大頭榫。榫頭長及榫頭寬（大頭）與材寬略同。榫頭根部兩面收"乍"約相當於1/5榫頭寬，具有良好的防撥榫性能。

②　兩頰帶鑲板槽口的燕尾榫卯。

榫卯做法與上條略同。因梁架間縫上需鑲嵌裝板而沿着間縫中綫，在槫端兩頰開設鑲板槽口。

③　兩端帶凸榫的燕尾榫卯。

爲加強連接，防止撥榫和位移，還可見到另一種被改良過的槫間縫燕尾榫卯，即兩端分別帶有凸榫的燕尾榫卯。這種燕尾榫長度及寬度仍與材寬略同，但因榫端另凸出一個子榫，故有效結構長度是加長了的。此外，在燕尾卯的1/2長處，截去檁槫兩頰外端，形成一對雙凸榫。這樣改良之後，使得原來傳統的槫縫燕尾榫卯那種一端開卯、一端設榫的結構，變成了兩端均是又有榫、又有卯的結構。真可謂構思奇巧，創意甚佳。古人掌握和活用材料力學知識的能力由此可見一斑。

（2）構件疊壓面間的暗設榫卯

① 扁形木銷栓（暗榫）。

爲防止疊壓構件的水平位移，古代匠師均在其疊壓面内暗設有木製暗榫。暗榫一般爲扁長方體，榫寬8—10分，榫厚3分左右，榫身嵌入上下構件各7分左右。當構件原材料高度不足，需要墊補時，接縫内部也設暗榫。

② 方形構件穿串及正心凸榫。

此爲櫨斗、坐斗、柱頭、柱底等構件正心使用的定位榫卯，榫身多取方形或製成乳頭狀榫卯。串接多個疊壓構件的正心定位長榫，其斷面也多取方形或近方形。

③ 木板拼縫間榫卯。

總體上看共有三種拼接方法：膠膠粘合嵌入凹槽法，如月梁間鑲板。拼縫對接背設穿帶法，如正廳迎風屏板。開企口拼板週邊輔以大邊鑲板法，如明間間縫板壁。

5．屋桷榫卯

（1）屋桷連接榫卯

可繼堂屋桷連接榫卯有三種形式，即巴掌榫連接法、斜搭掌連接法和通體下開縫連接法，均爲明初的原有做法。

（2）屋桷的布釘方法

海南建築屋桷的布置（間距）與屋面底瓦（板瓦）的尺寸規格密切相關。布釘和固定屋桷採用鐵釘（拐蓋釘）、竹釘兩類連接物件。鐵釘釘身斷面方形，端部漸細成尖，多爲拐蓋釘。竹釘斷面方形，端部漸細成尖，爲無蓋釘。屋桷釘好後，釘蓋嵌入桷面，釘脚嵌入榑身，甚爲堅固耐久。據現場分析，明代建築應以鐵釘爲主選連接構件。

我國古代木構建築素來以榫卯結構爲其基本構築方式，僅考古資料反映的木構件榫卯歷史就長達六七千年之久。現存唐宋建築實物説明，當時的木構建築榫卯已經達到技術可靠、功能完善、形制多樣、高度成熟的水平。可繼堂不愧爲嶺南地區明代建築的精品。通過以上分析，有助於進一步理清并加深人們對元末明初南部濱海地區古代木結構建築的梁架結構設計、構件榫卯設計方法以及由此反映的建築技術及建築藝術成就的認識。

註 釋

一 詳見清宣統三年《瓊山縣志》卷二。

二 清宣統三年《瓊山縣志》卷十三。

三 詳見明弘治八年《丘文莊公墓誌銘》。

四 詳見黄培平校訂的《丘濬年譜》。

五 吳鋭《丘濬故居保存現狀勘測調研報告》，參見本書修繕篇。

六 參考余卓群《建築視覺造型》，重慶大學出版社1992年版。

七 吳鋭《古建築營造尺度真值復原研究芻議》，《文物季刊》1989年第2期。

八 海南現存古代建築的前後檐露明邊柱大都採取下部用石柱、頂部續接短木柱的構造做法。這樣做既方便了因結構需要而在柱子上部開設榫卯，又可有效避免因常年日曬雨淋對木質柱身造成的侵害。

五　丘濬故居遺物及其相關問題

（一）維修過程中的考古發掘

　　"修舊如舊，不改變文物原狀"，是我國文物保護工作中一項相當重要的基本原則。在國際公約當中，例如，公元1964年的《威尼斯憲章》也表述了這麼一個原則：歷史古跡所傳達的歷史信息必須得到尊重，文物保護應當盡可能全面地保存這些歷史信息而採取最低限度的干預原則。這些理論儘管表述不同，但都同樣強調了文物修繕不應當抹掉反映在文物載體上的歷史信息。文物修繕的目的是在於使文物建築能夠長久地保存和延續，然而不恰當的修繕的確會造成難以挽回的歷史信息丟失。問題是堅持"不改變文物原狀"和堅持"最低限度的干預"原則，有時候客觀上又產生一些難以避免的矛盾。特別是在前期研究資金極其缺乏的情況下，認真掌握這些原則并不是一項輕而易舉的事。

　　丘濬故居是海南乃至華南地區得以幸存而且不可多得的一處重要的古代民居建築。它的價值不僅屬於建築史和建築學研究的範疇，而且也屬於海南古代史研究的範疇，并且是一個重要的實物例證。它在歷史價值、建築價值方面的體現，在本書其他章節已經表述得十分清楚了，這裡不再贅述。公元20世紀90年代以來，海南文物建築的保護研究水平有較大的飛躍，已經不再滿足於文物個體的簡單保存，而更加注重於更深層次保護理念的探索與實踐過程。所幸的是，海南省文物保護管理辦公室、山西省古建築保護研究所以及瓊山市文化局在這些保護原則上取得了共識。鑒於丘濬故居重要的文物特性，如何在其保護工作中最好地體現這些原則，文物主管部門和設計單位做了相當充分的調查研究工作。

　　關於甚麼是丘濬故居的原狀？如何解讀丘濬故居的歷史原貌？如何闡釋和體現最低限度干預原則，解決"原狀"和"干預"的矛盾？我們沒有簡單地以某個時代來具體劃界，而是根據具體保存情況，有針對性地選擇維修方案。例如，丘濬故居的裝修部分破壞較大，瓦面、脊飾、脊獸、門窗、隔斷、鋪地、家具等由於歷史變遷較大，真實原狀有的基本上已經無跡可循。除了盡可能地保護現狀，科研人員還投入很大精力，調查了週邊地區一些建築實例，作爲修訂方案的參考。同時，還通過考古發掘資料，適時調整修繕方案。不過，由於資金等條件的限制，考古發掘工作進行得不太充分。對於這些材料的運用，我們是採取審慎的態度去對待的。這是因爲技術上的原因使得我們不能隨意主觀加以改變。我們希望通過這些材料的披露，一旦得到證實，能給今後的保護工作提供有用的參考，糾正以往維修過程中的不妥之處。

丘濬故居院落基址的發掘工作，在我們的預案中是安排在建築整體落架以後，重點放在基礎維修前進行。這個考慮主要是由於資金和週圍環境條件的限制而決定的。由於丘濬故居地坪與週圍地坪低出許多，週邊院落的生活污水多匯集於此。適當擡高基礎標高是原先的維修方案之一。在擡高加固基礎之前，我們在基礎範圍內做了簡單的清理工作，蒐集了一些基礎堆積內的古代遺物（另有一些遺物採自屋面和牆體中，比如瓦件、青磚等。這些物件一般都在繼續使用）。

由於諸多條件的限制，我們還無法把科學的考古工作與維修工作有機地結合起來。從本次出土的遺物來看，的確反映了較多有價值的歷史信息。如果把這些資料加以詳細研究之後，再調整維修方案，有可能會取得更準確、更客觀、更科學的成果。

（二）出土和採集的遺物

在清理中，我們主要從房基、屋面等部位蒐集到了一些遺物。這些遺物主要有條磚、方磚、板瓦、筒瓦、瓦當、滴水、雕磚等構件。

1. 磚

共兩種，即條磚、方磚。大致可分Ⅰ—Ⅲ型。

Ⅰ型。薄條磚，長方形，灰磚，完整。長 26 厘米，寬 11.5 厘米，厚 2 厘米。質地緊密，與本地清代民居常用的牆磚相同（插圖八）。

Ⅱ型。厚條磚，長方形，灰磚，完整。長 27 厘米，寬 16 厘米，厚 6.3 厘米。較Ⅰ型磚厚重，與本地明代建築常用的牆磚相同（見上圖）。

Ⅲ型。方磚，殘，灰磚。長 29 厘米，寬 29 厘米，厚 3.5 厘米。使用年代不詳，燒造質地與Ⅱ型磚相似（插圖九）。

2. 瓦

共十件，可分Ⅰ—Ⅴ型。部分遺物應該有早晚關係。

Ⅰ型。望板瓦，方形，灰瓦。長 27 厘米，寬 26 厘米，厚 1 厘米。瓦面較爲平整，基本無曲度，是南方常用的鋪設在板瓦下的一種裝飾瓦件（插圖一〇）。

Ⅱ型。板瓦，方形，灰瓦。長 30 厘米，頭寬 31 厘米，尾寬 28 厘米，厚 1 厘米。比本地清末以後的板瓦體形較大，具體使用年代不詳（見上圖）。

Ⅲ型。滴水，共二式。

A式。殘，具體尺寸不詳。黃灰質地。滴水部分爲模印的折枝蓮花（插圖一一）。

B式。完整，灰瓦。長 21.5 厘米，寬 24.2 厘米，厚 1 厘米，滴水高 11 厘米。滴水部分爲模印的八瓣蓮花和乳釘紋。質地與Ⅱ型板瓦相同（插圖一二）。

八　丘濬故居出土的薄條磚與厚條磚

九　丘濬故居出土的方磚

一〇　丘濬故居出土的望板瓦與板瓦

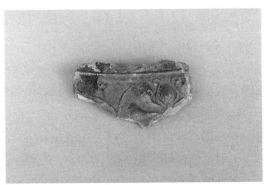

一一　丘濬故居出土的折枝蓮花紋滴水

一二　丘濬故居出土的八瓣蓮花紋滴水

一三　丘濬故居出土的筒瓦

一四　丘濬故居出土的瓦當

一五　丘濬故居出土的脊獸

一六　丘濬故居出土的卷草紋雕磚

一七　丘濬故居出土的卷雲紋雕磚

一八　丘濬故居出土的卷雲紋雕磚

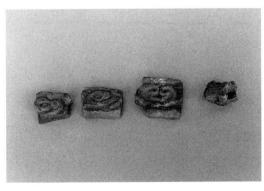

一九　丘濬故居出土的卷雲紋雕磚

二〇　丘濬故居出土的蕉葉紋雕磚

二一　丘濬故居出土的荷花紋雕磚

Ⅳ型。筒瓦，共六件，分三式。

A式。二件。灰瓦，完整，半弧形，個體較大。總長 26 厘米，尾徑 6 厘米（插圖一三）。

B式。二件。灰瓦，完整，半弧形，個體較小。總長 21 厘米，尾徑 5 厘米（見上圖）。

C式。二件。灰瓦，完整，半弧形，個體小。總長 13 厘米，尾徑 4 厘米（見上圖）。

Ⅴ型。瓦當。一件。殘，灰瓦。直徑 10.5 厘米。模印紋飾，中心爲陽文“福”字，福字外爲兩道凸起的圈紋（插圖一四）。

3．脊獸

一件。殘，灰陶，具體尺寸不詳。頭尾皆失，大致爲麒麟或獅子一類瑞獸的背部形象。背部兩側各有三個浮雕螺髻形卷毛紋飾，綫條流暢，刀法細膩（插圖一五）。

4．雕磚

共十二件。均爲殘件，具體應用部位不詳，大致應用在脊部或者窗圍和墀頭等位置。紋飾多爲卷草、卷雲、蕉葉、荷花等。綫條流暢，刀法簡捷明快。這些雕磚應爲明代遺物（插圖一六——二一）

（三）結　　語

綜上所述，我們對這些遺物當然還難以準確地判定是丘濬故居的早期遺物或者屬於丘濬故居甚麼年代的遺物。但是，這些遺物大致可以爲我們提供這麼一些綫索和認識：

1．出土和採集的遺物中，有些種類有明顯的時代早晚關係。例如，Ⅱ型磚要早於Ⅰ型磚。在丘濬故居的墻體中，可以看到使用晚期的Ⅰ型磚和更晚的小磚。這與維修前看到的可繼堂外墻前移的情況大致吻合。那麼Ⅱ型磚有可能是早期使用的主要砌體，同時也大致可以補充印證可繼堂的最初形態是有前檐敞廊的推斷。

2．筒瓦的種類較多，時代早晚關係也是明顯可見的，大致可以分爲三式。這説明丘濬故居的屋面翻修的次數至少在三次以上。此外，在最初的建築形態中，爲了屋頂內飾的美觀，有可能使用了望板瓦。

3．維修前，丘濬故居是海南民居中常見的三合土地面。這是否就是丘濬故居始建時的狀態，我們已經難以印證。但在遺物中發現的方磚與Ⅱ型條磚的質地相同，有可能爲同一時期的遺物。不過，這是否爲丘濬故居曾經使用過的地面墁磚還不能最後確定。這個問題還有待於今後的研究考證。

4．出土的遺物中，有一批值得認真關注。這就是數量較多的雕磚和脊獸殘件。它們説明丘濬故居早期或者明代的建築上曾經使用過相當繁複和精美的磚雕裝飾，在屋面的裝飾上有比較獨特的地方風格。

修繕篇

一　丘濬故居保存現狀勘測調研報告

　　丘濬是明代中期一位著名的理學家、史學家和經濟學家，官至明朝少保兼太子太保、戶部尚書、武英殿大學士，被譽爲"有明一代文臣之宗"。如今，在他的故鄉——海南省瓊山縣府城鎮金花村仍然保存着他出生和青少年時代生活過，中老年時又不斷營造、擴建過的祖宅故居。這處古代民宅規模雖小，價值頗高，海南建省前兩年即公元 1986 年 9 月 17 日瓊山縣（註一）人民政府就正式公布其爲第一批縣級重點文物保護單位。經過近年來的文物普查與鑒選，海南省文物主管部門已將丘濬故居内定爲省級文物保護單位，并計劃提名列入全國重點文物保護單位候選名單（註二）。

　　丘濬故居已有六百三十餘年的歷史。由於年久失修，文物建築的許多方面出現了破損等險情，個別部位甚至大面積坍塌，并呈現日益發展之勢。爲了對這處歷史文化遺產進行全面而徹底的修繕保護，并爲編制修繕保護工程技術設計文件提供科學依據，當地文物主管部門——海南省文體廳、瓊山縣文化局、瓊山縣博物館決定委托山西省古建築保護研究所對其殘損狀況進行全面系統的現場勘測調研工作。

　　詳細勘測丘濬故居的殘損現狀，是丘濬故居修繕保護工程前期準備階段的重要方面。本次工作的勘測範圍主要限定於文物遺存本體，即丘濬故居現存院墻以内的建築物、構築物及院内平面布局、環境風貌等，對於故居院落週邊地帶的外部環境狀況僅作初略的調查。調研工作類別屬於文物建築的現時殘損狀況勘測。勘測工作主要採取三種技術手段：一是對故居建築的承重結構、相關工程的保存狀況進行全面系統的實地檢查和踏勘記錄并分析診斷出現險情的内在原因；二是對故居建築進行系統全面的殘損狀況詳細測繪，掌握各類殘損點及殘損部位的範圍和數量；三是根據需要，在確保文物本體安全不受損害的前提條件下，採用局部取樣鑒定法解決故居建築白蟻種屬和主要建材類別的科學鑒定問題。勘測成果的深度是要能够滿足編制丘濬故居文物建築修繕保護工程設計文件的需要，并可作爲丘濬故居今後日常保護管理和學術研究的科學依據。勘測研究内容包括丘濬故居的歷史沿革、故居現狀、建築構造、建築特徵、殘損狀況、損壞原因等項目，并在此基礎上提出勘測結論和修繕保護意見。勘測成果以勘測報告、工程圖册、現狀照片、錄像資料等信息載體表達和體現。

本次勘測調研工作自公元 1992 年 10 月正式開始至公元 1993 年 2 月全面完成，歷時近五個月。現將勘測調研成果綜合報告如下：

（一）丘濬故居概況

丘濬故居位於海南省瓊山縣府城鎮金花村西部，院落海拔標高 15.2 米。故居院落坐東朝西，偏南 9 度。現存建築有前堂、可繼堂、院門、照壁、外圍院牆及可繼堂前北側廂房遺址等。其佔地範圍，南北寬 14.20 米，北圍牆長 35 米，南圍牆長 38 米（正面圍牆依道路走向斜砌），院落佔地面積 632 平方米。

據調查，丘濬故居雖已被正式公布爲第一批縣級重點文物保護單位，但其房屋產權目前尚屬“瓊臺丘族”第二十四代嫡孫丘仁義先生所有。由於長期缺乏維修保養，加之當地濕熱多雨，素遭蟲蟻危害，致使文物建築構件朽蝕，屋頂坍塌，梁架傾閃，牆壁損壞，險情頻生，其狀岌岌可危。

丘濬祖籍在福建晉江，元代末年其曾祖因赴瓊山任職，“戰亂難歸”而定居於金花村現址。因歷年久遠，不斷被後人修建，保存至今的丘濬故居衹是其丘氏宗族祖宅群落中的一部分。改革開放以來，因故居建築在使用功能、建築面積、建築空間等方面均難以適應丘氏傳人的現代生活需要，目前故居的房主人已另擇新址謀求發展，而故居院落暫被外人所借居。前堂供生活起居使用，可繼堂內竟開設了一間烤鴨作坊。前後庭院遍植瓜果蔬菜，堆積垃圾雜物。這對故居的文物保護和安全管理構成了較大的威脅。

丘濬故居與丘氏祖祠及丘濬之兄丘源故居中的太極堂三者均一牆之隔，毗鄰而建。丘氏祖祠位於丘濬故居之南，現存主體建築有門庭、正堂兩座，皆爲清代建築。祠內殘存的南廂房，體量狹小，構造簡陋，應爲近人所添造。丘源故居位於丘氏祖祠之南，現存建築除太極堂（正堂）爲清代前期建築外，其他皆已被改造爲現代建築物。

在丘濬故居、丘氏祖祠及丘源故居的週邊地帶，近年來當地居民爲了改善生活起居條件，拆除傳統民居後改建、新建了許多二層、三層、甚至三層以上的火柴盒式磚混結構住宅小樓。因此，從總體上看，應當說丘濬故居週圍地帶環境風貌已遭到相當程度的破壞，應該引起當地文物主管部門及鄉村建設主管部門的足夠重視。

丘濬故居是海南省迄今所發現的建造時代最早、保存最爲完整的一組明代木結構民居建築。它不僅反映了海南漢族居民的古代居住習俗、宗法觀念和建築藝術成果，而且在故居建築裡還蘊含着極爲深厚的精神財富，不愧爲嶺南地區不可多得的民居建築瑰寶。

（二）創建年代與歷史沿革

如前所述，現今作爲文物保護單位的丘濬故居衹是丘濬先祖創建、丘濬出生并長期居住生活、甚至主持局部擴建過的“瓊臺丘族”故宅的一部分老宅院。鑒於迄今人們尚未發現有關這處民居建築創建年代的文字證據，而文物建築的創建年代又是文物價值的重要方面，所以，依據有關史料就此問題進行一番考察研究和分析推斷是必要的。

筆者認爲考察判斷這處文物建築的創修沿革，主要應從丘濬生平及其祖先遷瓊定居，形成"瓊臺丘族"的時間、緣由及其世系傳承關係等方面着手進行。其次，再以文物建築的考古學年代鑒定成果作爲佐證。二者相輔相成，結論自然可信。

首先，由於丘濬故居是丘濬出生的地方，且故居建築并未經過後人的重建或大規模改建。因此，丘濬的出生時間就是丘濬故居創建時間的下限。丘濬，字仲深，號瓊臺，別號深庵、海山道人，諡號文莊，明永樂十九年（公元 1421 年）十一月初十日出生於瓊州府府城鎮西廂下田村（今瓊山縣府城鎮金花村）的瓊臺丘族祖宅正堂（丘濬七歲時被命名爲可繼堂）南次間。他七歲喪父，天生聰穎，博覽群書，不斷進取，二十三歲中舉，三十三歲登進士，在京師歷官場生涯四十餘年，清廉爲本，著作等身，功績卓著，聞名遐邇，被明朝皇帝御封爲"理學名臣"。明弘治八年（公元 1495 年）二月戊午日，他因病卒於京師城東私宅"槐蔭書屋"，享年七十五歲。由此可以確定，丘濬故居的創建年代必然早於明永樂十九年。

其次，考察丘濬父輩、祖輩的原籍和入瓊定居的時間、緣由。這對於判斷丘氏祖宅創建年代的上限具有重要意義。關於這些問題，從下列幾則史料記載中不難尋求到可靠的答案。史料一，明弘治八年（公元 1495 年），刑部尚書何喬新撰文刊刻的《丘文莊公墓誌銘》曰："……公諱濬，字仲深，其先世家泉州之晋江。元季有官於瓊者，遭亂不能歸，遂佔籍瓊山。曾祖諱均禄，隱居不仕。祖諱譜，臨高醫學訓科。考諱傳，賢而蚤（早）卒……"史料二，明正德辛巳年（公元 1521 年）秋七月刊刻的《正德瓊臺志》卷四十謂："丘均禄，濬曾祖，元帥府奏差。"史料三，清宣統三年（公元 1911 年）《瓊山縣志》卷二十四亦記曰："丘濬，字仲深，西廂人。其先世家泉州晋江。元季有官於瓊，遭亂不能歸，遂籍焉……"由這些史料對照分析，可以判明如下史實：

一、瓊臺丘族的祖籍在福建省晋江縣（今福建省泉州市）。

二、瓊臺丘族"佔籍"瓊山的時間在"元季"，原因是"有官於瓊者，遭亂不能歸"。

三、瓊臺丘族的入瓊始祖是丘濬的曾祖父丘均禄，他擔任的官職爲"元帥府奏差"（但其"隱居不仕"的原因欠詳，有待進一步考證）。

四、瓊臺丘族落籍建宅的地址選在瓊山西北隅的"西廂"（今瓊山縣府城鎮金花村）。

五、在瓊臺丘族中，丘濬是第四代傳人。其祖輩的世系關係依次爲第一代曾祖父丘均禄，第二代祖父丘普，第三代父親丘傳。

那麼，丘濬曾祖父丘均禄是元代甚麼時期來瓊山赴任的，他可能在甚麼時候落籍建宅？瓊山丘族大宗十八代孫丘廷佩曾在清道光年間重修《丘氏家譜》（六卷）序中稱："吾始祖碩庵公，元末由晋江遷瓊，三世皆單傳，四世而分伯清、文莊二公，由明及清瓜縣椒衍、世序不忒者，以修譜之代有其人也……"碩庵公是丘均禄的別號。這段話明確説明他遷居瓊山的時間爲"元末"。由此可見，元代末年正是瓊臺丘族在西廂建宅落籍的時間上限。

此外，還應該看到，丘均禄來瓊做官，無法回歸，落籍他鄉後，作爲一族始祖，爲了能够"隱居"渡日，選擇吉地、建宅安居自然是他面臨的首要大事。因爲祇有首先解決好擇地建宅的問題，纔能滿足封建社會聚族而居、繁衍後代、建功立業、光宗耀祖的宗法觀念的需求。也正因爲如此，在一般情况下，瓊臺丘族的第二代傳人丘普的出生年月應與瓊臺丘宅的初步落成時間相距不遠，或應在其稍後。據《明正德瓊臺志》卷三十七所載："丘普，瓊山西廂人，臨高醫學訓科，性仁愛，專以濟人利物爲事。"既然言稱丘普爲西廂人，丘普出生於瓊山西廂丘族祖宅當無疑義。丘普，字思貽，明洪武二年（公元 1369 年）生，正統元年（公元 1436 年）卒，享年六十八歲（註三）。據此判斷，瓊臺丘族祖宅在明代洪武二年應該已經落成。據丘濬二十四代傳人丘仁義先生回憶，丘濬故居可繼堂中早年珍藏現已部分散失的《丘氏族譜》中亦曾有過"明洪武二年"建造祖宅的記載。此外，根據實地勘察鑒定及建築考古資料對比分析，還可得出丘濬故居現存建築的主體結構仍爲明代初年原構原物（有關考證另見其他章節）的結論作爲旁證。

丘濬的父親丘傳是"瓊臺丘族"的第三代傳人。在這一代，丘族仍然是單傳獨子。丘傳出生於明洪武二十八年（公元 1395 年），早卒於明宣德二年（公元 1427 年），享年僅三十三歲。瓊臺第四代傳人丘源、丘濬時期，不僅家族人丁狀況悄然出現了轉機，旺氣漸升，而且在他們的努力奮鬥下丘族祖業得到繼承發展，家產逐漸積累充實，丘族宅院建設工程也不斷擴展起來，達到了空前的建築規模。

據丘氏族人世代相傳，丘濬在京城任職時期，丘族宅院曾達到"丘氏十八屋"的規模。丘濬主持建造的房屋除了史籍有載而現已損毀不存的藏書石屋和願豐軒，其他暫難詳考。不過可以想見，在瓊臺丘氏家族中，丘濬的前三代先祖皆爲單傳。建宅伊始，沒有必要建造由十八座建築組成的宏大院落群。到了丘源、丘濬時期，兄弟二人一爲遠近聞名的良醫，一爲地位顯赫的京官。他們上有先祖，下有子孫，應該説使宅院發展到"十八屋"的規模是有客觀需要也有經濟能力的。值得注意的是，在丘濬曾祖丘均禄時期所建造的宅院，雖然建築規模沒有必要也不可能很快達到"十八屋"的規模，但由於丘均禄本人既是當朝官員，加之其父丘畔食又是派往瓊山的元代老臣（《明正德瓊臺志》卷四十載"丘畔食，西廂人，濬高祖，廉訪照磨"），故其所建房屋不僅選料考究，而且構造典雅。這從一個側面體現了當時丘族的社會地位和經濟實力。應該説丘濬故居現存前堂、可繼堂的主體結構都還是丘均禄創建丘氏宅院時的原構、原物。

綜上所述，可以得出如下結論：一、丘濬的先祖落籍瓊山的時間爲元代末年。二、瓊臺丘族擇地西廂建宅造屋且初具規模的時間應爲元末明初，很可能明洪武二年早已落成。前堂、可繼堂的主體構造皆爲此時建造物的遺存。三、瓊臺丘族宅院在丘濬時期建築精美，尊卑有序，并達到"十八屋"的空前規模。這既體現了丘氏族人的宗法觀念和宗族精神，也體現了當地達官宅第的規模和水平。

我們説丘濬故居現存建築的主體結構仍然是明初創建時的原構原物，這一點是無庸置疑的。另一方面，不可忽視的是從丘濬故居現存建築實物觀察還可看出許多後代拆修加固和局部改造工程所表現的歷史遺痕和遺跡。概而言之，主要體現在如下幾方面：

第一，前堂和可繼堂的山面邊縫梁架及山牆砌體均經後人局部拆改或重築，從而使原來擡梁式構造大部改造爲用材尺度、構造功用與原來設計思路不相協調的後代所流行的穿鬥式結構。

第二，前堂、可繼堂屋面筒瓦、板瓦的規格類型多達十餘種。從厚度3毫米至5毫米的小板瓦到厚度3厘米至5厘米的大板瓦類型繁多，工藝有別。另外，從屋面殘破部位所顯露出的屋桷搭交釘孔觀察，最少有四次左右重復使用的釘孔遺痕。據此可知，屋蓋歷經揭瓦大修最少在四次以上。

第三，前堂、可繼堂的室內地面也曾多次修補或重築。例如，可繼堂明間地面已被改築爲水泥地面，而兩次間則爲爐渣築打地面。從地面破損處也可以看到自下而上的三合土築打地面、爐渣地面、水泥地面的疊壓關係。

第四，故居建築的原有平面使用功能和平面布置方法被後人改動過。如可繼堂前檐原有敞廊，後人在廊柱間砌牆壁、裝門窗，擴大了室內使用空間；又如可繼堂兩次間原在後金柱間設有板壁，分割爲前後室，但後人拆除板壁，砌造隔牆，并將隔牆移至中柱之間等。

第五，當故居建築的斗栱構造損壞後，因經濟或技術力量所限，改用木質短柱支檁的現象多有所見。如前堂中柱上襻間斗栱損壞無存，改用短柱支檁；檐柱上斗栱的橫向栱枋無存，改用短柱支撑；可繼堂山面邊縫梁架改造爲穿鬥式結構後，襻間斗栱又已損壞（有榫卯可證），也改加短柱支撑等。

以上所舉後人維修遺跡，其具體施工年代及維修原因，由於歷時久遠且缺少記載，暫難詳考。僅見明成化十九年（公元1483年）丘濬自撰的《可繼堂記》中有他六十三歲時"是堂則以既壓而更新之矣"的關於可繼堂曾經修抹屋頂的概略記述。其他史實則有待日後維修保護管理過程中進一步分析、研究和判斷。

（三）建築構造及殘損狀況

丘濬故居現存文物實體包括院門、照壁牆、外圍牆、前堂、可繼堂五座構築物和建築物。院內地面、步道及花草樹木等也在勘察範圍之列。以下分別記述：

1. 院門

（1）構造做法

院門坐東朝西，位於丘濬故居西南角，是一座文物價值很低的石砌牆體、混凝土平蓋板式構築物。院門通寬2.15米，通進深1.55米，總高2.9米。院門兩側牆體用當地富有的火山巖料石以紅泥砌築而成，牆外抹白灰混合砂漿面層。牆頭上覆以厚8厘米的混凝土預製蓋板。門的中部設厚3厘米的木製板門兩扇，向內開啓。門額上嵌水泥造固定式透空花窗。

（2）殘損狀況

此院門爲近人增建之物，與丘濬故居建築風貌不相協調。院門下部無基座，板門爲掃地門，門扇已出現嚴重損壞劈裂現象。

2．照壁牆

（1）構造做法

照壁牆在丘濬故居正面院墻的基礎上建造而成，因此在構造上二者通體相連，不分彼此。由於故居院門之外即爲村中便道，而便道呈由東北向西南傾斜狀，故院墻及照壁墻均隨着便道的方向斜向建造。照壁墻及西面院墻用火山巖料石和卵狀塊石分層砌造而成。爲分層取平，便於施工，各層砌石間墊有石片及石塊墊層骨料，所用粘接材料爲當地紅壤泥土與蚌殼灰的混合泥漿。其工藝類似於“細石屬灰泥”做法。在正面（西）院墻的中部約4.8米的範圍內，墻體高出圍墻之上作五花山墻狀，以此作爲該院照壁墻。該墻內外壁面均未施護壁泥層。從其工程做法及布置特徵分析，這段照壁墻及相連院墻是近人的草率未完之作。

（2）殘損狀況

院墻失修，上部坍塌。照壁頂部除了局部砌石坍落，上部墻帽蕩然無存。

3．外圍牆

（1）構造做法

故居前院北圍墻爲近年建造的磚砌新墻，墻厚15厘米，頂部無墻帽。前後院南圍墻均是與瓊山丘氏祖祠共用的亂石造圍墻，墻厚40厘米，以亂石、瓦渣及紅土灰泥爲骨料和粘接材料砌造而成。墻外皮曾抹有蚌殼灰紙筋砂泥墻皮。後院北側原以廂房的後墻兼作外圍墻。現廂房已塌毀，僅存基址及部分山墻。該墻厚40厘米左右，亦爲亂石碎瓦渣砌造體。

值得注意的是，在後院北側原有廂房與現存可繼堂山墻之間仍然保存有一段戴帽短圍墻。墻寬約60厘米，墻厚45厘米，墻高2.5米左右，墻面略有收分。這是一段該院落中保存年代最久的圍墻遺存。從墻內所含瓦片石渣等構建做法分析應爲清代後期遺存。該墻墻體以亂石爲骨料，以瓦渣紅土灰泥爲粘接體砌造，墻頭戴以筒板布瓦頂墻帽，墻身內外看面披以紙筋蚌殼灰砂泥面。這種墻面泥層經過雨水衝刷與時間的考驗，呈現出了變化萬千的環狀花團，體現出一種別具地方特色的古樸風韻。

（2）殘損狀況

因年久失修，墻體傾斜約8厘米，砌體結構老化鬆散，墻帽也可明顯看出後人維修時因疊造覆蓋而形成的雙層重疊結構。上下層墻帽之間用的粘接材料也已改爲白灰砂泥，顯係近人所爲。

4．前堂

（1）構造做法

前堂是丘濬故居建築群體中軸綫上的第一座建築。此建築距院門13.7米，坐東朝西，總面寬三間 12.96 米，通進深四椽 4.42 米。前後檐明間設板門，次間開方窗，週圍砌石牆，單檐硬山式筒板布瓦頂，建築外觀總高度（自前院地面至正脊頂端）僅有 3.99 米，檐口高度（自臺明至檐口）2.45 米。充分體現了華南濱海地區古代民居所特有的體量矮小、檐口低平、舉折不高、墻壁厚重的建築風貌。

為了控制建築總高度，以防臺風襲擊造成破壞，前堂臺基高度較小，僅 15 厘米。明間前後各設踏步二級，臺基週邊砌造壓檐條石紮邊，四週鋪造石板散水。該建築明間面寬 4.92 米，前後檐中部各安木製雙扇板門一副；次間面寬各為 4.02 米，前後檐中部各開方形直櫺窗一孔（窗內部另依墻面裝有防風板窗）。屋身柱網共用立柱十二根，四根中柱皆為圓形木柱，前後檐柱則為小八角方形石柱。各柱下均用石造鼓形柱礎。柱礎形制古樸，工藝精美，堪稱佳作。就其建築功能而言，明間為過廳，兩根中柱之間專門安有木製裝修一道，中部裝固定式屏板，兩側分設左右便門，為房主人出入提供便利。兩次間為起居用房，隔斷在明間與次間間縫上。中柱以西設土坯砌造、外抹灰砂泥皮的隔墻（原為板壁，後人改築為此墻）。而中柱以東則安裝木製隔斷，設有雙開板門及固定板壁，用以分隔內外。前堂檐墻圍繞柱網外側砌造，均為厚 42 厘米的長方形料石與不規則塊石混砌墻體。墻面披抹蚌殼灰紙筋砂泥墻皮。前堂地面多為近人所築爐渣地面，局部損壞處用水泥砂漿封補。前堂明間與次間梁架構造做法不同。明間兩側間縫上梁架款式為"四架椽屋分心用三柱"的擡梁式結構。這是該建築創建之初的原構原物。各部位梁栿均採用徹上露明造做法。其梁栿剳牽、駝峰襻間、斗栱形制以及柱檁屋桷構造等，構思嚴謹，工藝精巧，古風濃郁，別具匠心。山面兩縫梁架則因年久損壞，已被後人局部改築為穿鬥式結構。在用材規模、構造款式、工藝做法等方面均表現出明顯的修改與變化的遺痕。

前堂明次間間縫上梁架與宋《營造法式》所載廳堂建築"四架椽屋分心用三柱"式大木構架類同。其具體做法為先在前堂中心綫上立木質圓形中柱，在前堂前後檐處立石質小八角方形檐柱，再在中柱上身與檐頭斗栱之間設剳牽，剳牽牽首與斗栱結為一體，出頭製成一跳華栱，牽尾插入中柱柱身。進而在剳牽上部兩端分置小栱頭，上承月梁式乳栿，乳栿栿首出跳製成耍頭，栿尾入中柱與柱身結合。在乳栿背上設兩卷瓣式矮駝峰上承襻間斗栱。襻間斗栱橫向設泥道栱、替木，上承平槫；縱向架傾斜布置以中柱為軸的對稱式眉梁（亦為月梁式做法），眉梁梁首與襻間斗栱結構，端部製成耍頭，梁尾插入中柱上端，相互構為一體。中柱上部以承托脊槫為主要功能的脊部襻間斗栱早已損毀，現由後代工匠改用短柱支撐。前後檐檐頭斗栱也因年久局部損毀，而被後人改用短柱支撐。

如前所述，因原有梁架損壞嚴重，前堂兩山面梁架已由後人改作穿鬥式結構。其具體做法為將原有前後剳牽、前後檐頭斗栱、前後乳栿等大木構件去掉，用短柱代替檐頭斗栱，以穿枋代替前後乳栿（利用原來中柱身上所開設的乳栿尾舊卯口）；將原有乳栿上駝峰、襻間斗栱及月梁式眉梁去掉，在下層穿枋中央立以瓜柱，前後瓜柱間再架上層穿枋相連（利用原中柱身上所開設的眉梁梁尾卯口）。中柱頂部脊檁下原有襻間斗栱也已被改用短柱支撐取代其結構功能。前堂山面屋架被改造的準確時間，因缺乏記載，也沒有相關口頭傳說資料，一時暫難確定，但可以看得出這次房屋大修并兼有局部改造性質的工程呈現如下特點：其一，因維修前堂而增補的建築大木構件，大都是利用別處舊房老宅中拆除下來的老構件，有枋材，有圓梁，規格雜亂不一，且不作規整削割。從建築經濟的角度觀察，可以看出施工期間丘宅房主人經濟實力有限，致使工程不以追求建築精美爲目標（連原有檐頭斗栱都改以短柱支撐），而以滿足不塌不漏爲宗旨。其二，從建築技術的角度觀察，當時建築工匠所熟悉的建築技藝比起故居前堂原有的擡梁式、月梁造山面構架楄式而言，更習慣於設計和駕馭華南地區清代民居房屋所習用的穿門式邊貼構架。如果説前堂創建時古代匠班的擡梁式構架體系主要承襲的是北方中原地區擡梁式屋架結構技術的話，實施這次維修工程的建築隊伍則顯然是承襲了南方華南一帶穿門式屋架的結構技術。第三，從建築構件造型時尚的角度觀察，當時建築工匠所加工添配的少數構件如穿枋上圓形木瓜柱，其柱身上下等粗，柱脚微做捲殺等工藝細節顯現出當地清代中晚期所盛極一時的瓜柱樣式。它仿佛從一個側面向人們述説着這次維修工程的實施年代。

值得注意的是，因前堂進深較小（平面通進深僅 3.6 米），前堂的四週檐墻現今都是繞着檐柱的外皮圍砌而成的。根據調查分析，這不是創建之初的原有墻壁做法，而是上述大修工程實施時，爲了擴大室內空間而採取的改造措施。由此，前堂的室內面積得到了增加，但前後檐的斗栱結構却被大部包砌在墻內，使前後檐墻外皮恰與前後撩檐槫下替木外皮上下取齊。無論從建築外觀方面，還是從構造細節方面都表現出明顯的檐墻曾被後人改造移築過的跡象。

前堂梁架結構中的斗栱組合，現存兩種類型：一類是平槫下襻間斗栱。這是一種把頭絞項造作式斗栱，櫨斗坐於乳栿背上的矮駝峰上，橫向施單材捧節令栱一層，上施替木一條以承托平槫間縫搭交卯口。縱向用實拍栱一層，上承剳牽梁項，實拍栱雖尾部不設小斗，但前端隱出散斗，上托蔴葉頭形耍頭。這組斗栱材寬 7 厘米，單材高 9.5 厘米，足材高 13.5 厘米，栱端捲殺別致，不設上留，形若彎弓。另一類是檐柱上柱頭斗栱。斗栱五鋪作，雙抄重栱計心造。這類斗栱損壞較嚴重。由於後代工匠曾用短柱部分地取代原來斗栱組合的結構功能，泥道栱、瓜子栱、柱頭枋等橫向構件多已毀之無存。櫨斗、散斗等不可或缺的連接構件也多散失。現存構件主要有第二跳華栱、斗栱耍頭（即乳栿梁項）、撩檐槫下替木等。由這些斗栱部件及其出跳部位的隱刻榫卯、栱眼等可以明確判知原來檐頭斗栱的構造形制。前堂檐頭斗栱與堂內襻間斗栱用材規格相同，材寬也取 7 厘米。

根據實測計算，前堂屋架舉折尺度是比較平緩的。其屋架實測總跨長（前後撩檐槫中心距離）爲 442 厘米，總舉高實測值爲 93.5 厘米。總舉高與總跨長之比爲 1：4.7。總體上看，較宋《營造法式》規定的兩椽屋的舉高低平，但與法式規定的平槫背下折尺度相當。若分步架計算分析，檐步跨長 130.5 厘米，舉高 51.5 厘米，舉架值應爲 4 舉。脊步跨長 90.5 厘米，舉高 42 厘米，舉架值應爲 4.5 舉。前堂屋蓋由木桷上鋪筒板瓦構成。屋瓦直接鋪設在桷子板上，其屋面具有瓦溝較寬、瓦壟較窄、間設明瓦（用以採光）、屋脊低矮的特點，體現出華南地區建築屋頂既可遮雨排水、又可通風採光、兼具多重功用的傳統瓦作技法。

(2) 殘損狀況

前堂臺基低矮，因歷時久遠，壓檐石及散水石板多已鬆動移位。室內原爲三合土地面，已由後人改築過，兩次間現存爐渣地面亦已破損，明間多已改爲水泥地面，次間約有1/3面積曾用水泥砂漿局部修補過，但現狀也已再度破損，有待維修。

前堂檐墻被清人移位重築後，房屋石柱及柱礎即從正面被封堵了。現有檐墻下身50厘米高度範圍內墻皮多已酥鹼、脫落。有些部位（如後檐北次間外面）墻面整體脫落，石造墻心裸露在外且局部伴有裂縫。室內後人用手工磚坯添造的隔墻墻身傾斜，局部坍塌，難以爲繼。兩次間方形直欞窗爲後人補配物，現欞條多已損毀無存，僅局部尚存有窗內側曾安裝過木製雙開板門的上下伏兔及門軸孔口等。明間正面雙開木板門雖爲清代補配之物，但保存基本完好，背面雙開板門已無存，今人添配了內開式寬邊鑲板門兩扇，用以封閉門戶。明間室內中央左右中柱間原有的屏風及其兩側腋門等木製裝修，現雖毀之無存，但據中柱柱腳處地栿卯口和中柱頭間的襻間枋下卯口痕跡及當地老者的回憶，可以明確地搞清原來裝修的結構形制及工程做法。

細察前堂柱網，前後檐的八根石柱雖有傾斜歪閃現象，但石質優良，風化輕微，保存尚好，然而四根木質中柱局部毀壞和傾斜變形程度是嚴重的。其中南側中柱因柱子下部約60厘米高度範圍內被白蟻蛀蝕成爲空殼（被蛀蝕面積約佔柱底面積的70%左右），柱身下陷的過程中柱根向北同時偏移了8.5厘米；北側中柱由於被白蟻蛀蝕程度更加嚴重，柱身下陷的過程中柱根向南竟偏移了多達18.3厘米。其狀況岌岌可危。據現場勘察分析認爲，兩山面中柱也仍然是明初遺物，其柱根損壞狀況及特徵與上述情況類似，祇是程度略輕而已。

關於前堂梁架中的斗栱結構，目前乳栿上襻間斗栱保存有四組，損毀的有四組。脊槫下襻間斗栱皆已損毀。檐柱上斗栱組合基本保存的有四組（殘毀不全），損毀無存的有四組。月梁造乳栿保存基本完好的（局部有白蟻蛀蝕孔洞，可修補）有四根，損毀的有四根。月梁造眉梁，保存基本完好的有兩根，毀壞嚴重的有半根（僅存梁項及耍頭），用原有山面乳栿改製而成的有一根（明間南縫西側眉梁），毀壞無存的有四根。其殘損狀況勘查結果參見附表一至附表三所示。

前堂兩山清代改造的梁架，南山面梁架穿枋用通材，枋身保存基本完好，但前後檐部構造闕如。北山面梁架穿枋下層在中柱處由兩根材料對接而成，現已嚴重脫榫且局部朽蝕；上層雖爲通材但因不堪重負而折斷。

關於前堂的檁槫和屋桷，經實地檢查，檁條有五根端部腐朽嚴重，且檁身伴有較嚴重的白蟻危害。屋桷祇有30%左右規格較大、用材較好者疑爲明代原物，剩餘的70%規格雜亂，材質不一，多已腐朽，其中不乏近幾年補修屋面時補配的厚度僅2厘米的普通松木桷子板。

因前堂屋面歷史上曾屢經後人維修，現存屋瓦規格雜亂，明代勾頭滴水已不復見，所幸存的明清板瓦、筒瓦寥寥無幾。至於該宅創建之初的屋脊及脊獸也早已損毀無存，難覓踪影。

丘濬故居前堂斗栱、柱子、梁枋殘損狀況勘察結果一覽表（表一）

類別	構件名稱	所在位置	殘損狀況	殘損原因分析	殘損程度評價
斗栱鋪作	平槫下襻間斗栱	明間南縫西乳栿上	保存完好，僅駝峰西端殘一小角。	自然劈裂。	無本質性殘損。
	平槫下襻間斗栱	明間南縫東乳栿上	保存完好。		無本質性殘損。
	平槫下襻間斗栱	明間北縫西乳栿上	保存基本完好，但捧節令栱及上部替木整體向西傾斜6厘米。	平槫滾動，梁架脫榫所導致。	不構成本質殘損，可以歸安修復。
	平槫下襻間斗栱	明間北縫東乳栿上	斗栱結構保存基本完整，但作爲斗栱構件之一的眉梁梁身不存，僅殘留有梁項及耍頭。	眉梁梁項劈裂折斷。	斗栱失去結構依托，原有穩定性喪失，處於危險狀態。
	前後檐柱頭斗栱	前檐明間南平柱	櫨斗、一跳華栱、泥道栱、泥道慢栱、瓜子栱、柱頭枋、羅漢枋及散斗缺失，後代工匠改用短支柱支撐。	腐朽、蟻蛀損壞及後代工匠改造所致。	結構受力體系發生變化後工作狀態不穩定。結構可靠性很差，仍處於危險狀態。
	前後檐柱頭斗栱	前檐明間北平柱	櫨斗、一跳華栱、泥道栱、泥道慢栱、瓜子栱、柱頭枋、羅漢枋及散斗缺失，後代工匠改用短支柱支撐。	腐朽、蟻蛀損壞及後代工匠改造所致。	結構受力體系發生變化後工作狀態不穩定。結構可靠性很差，仍處於危險狀態。
	前後檐柱頭斗栱	後檐明間南平柱	櫨斗、一跳華栱、泥道栱、泥道慢栱、瓜子栱、柱頭枋、羅漢枋及散斗缺失，後代工匠改用短支柱支撐。	腐朽、蟻蛀損壞及後代工匠改造所致。	結構受力體系發生變化後工作狀態不穩定。結構可靠性很差，仍處於危險狀態。
	前後檐柱頭斗栱	後檐明間北平柱	櫨斗、一跳華栱、泥道栱、泥道慢栱、瓜子栱、柱頭枋、羅漢枋及散斗缺失，後代工匠改用短支柱支撐。	腐朽、蟻蛀損壞及後代工匠改造所致。	結構受力體系發生變化後工作狀態不穩定。結構可靠性很差，仍處於危險狀態。
	脊槫下襻間斗栱	各中柱柱頭上及中柱間柱頭枋上（共八垛）	均已無存，原結構方式有榫卯及可繼堂實物爲證，現狀以矮柱支撐。	殘損後被置換。	構成嚴重殘損點，須修復。

丘濬故居前堂斗栱、柱子、梁枋殘損狀況勘察結果一覽表（表二）

類別	構件名稱	所在位置	殘損狀況	殘損原因分析	殘損程度評價
木質中柱	中柱	明間南側	木柱材質良好，無明顯彎曲。但柱子下部60厘米範圍内白蟻蛀蝕爲空殼，敲擊有空鼓音。柱脚局部損壞，後補榫頭支頂力導致柱礎抵承面積大大減小，且伴有8.5厘米的向北錯位偏移。	白蟻在柱子下部築巢爲害。後人修補地栿卯洞時措施不當（在柱底腐朽和蟻蝕過程中形成側向局部抵承高應力區）。	構成嚴重殘損點，具有較大危險性。
	中柱	明間北側	殘損狀況與南中柱類同，但柱脚向南錯位偏移值達18.3厘米。	白蟻在柱子下部築巢爲害。後人修補地栿卯洞時措施不當（在柱底腐朽和蟻蝕過程中形成側向局部抵承高應力區）。	構成嚴重殘損點，具有較大危險性。
	中柱	北山墻梁架	柱根向東南方向錯位6厘米。柱身中部與梁尾交構卯洞一帶可查得受白蟻蛀蝕危害過的遺痕。敲擊局部有空鼓音。	外墻局部推力導致柱根位移。白蟻爲害致使柱心局部中空。	白蟻爲害構成殘損點，柱根位移須糾正。
	中柱	南山墻梁架	柱子下身出現長90厘米縱向裂縫一道，縫寬1至6厘米。柱子上身乳栿後尾入柱卯口以下70厘米範圍内中空，内藏白蟻所築柱心巢穴。柱上部有刀斧傷，略有殘損。	白蟻爲害，損壞柱心。柱底因局部腐朽使抵承面積變化，局部受壓裂縫。人爲刀斧損傷。	白蟻爲害構成嚴重殘損點。柱下身裂縫構成輕度殘損點。柱外表刀斧傷，不構成殘損點。

丘濬故居前堂斗栱、柱子、梁枋殘損狀況勘察結果一覽表（表三）

類別	構件名稱	所在位置	殘損狀況	殘損原因分析	殘損程度評價
梁栿枋材	月梁造乳栿	明間南縫東側	材質優良，無蟲蟻蛀蝕。梁端亦無腐朽。僅梁身南側有一長1米、高15厘米、最深3厘米的裂縫脫片現象。梁首尾輕度拔榫。	木材乾縮及斜紋受壓裂縫是主要原因。	已拼接加固，未形成殘損點。不影響構件自身受力。

梁栿枋材	月梁造乳栿	明間南縫西側	材質優良，無明顯蟲蟻蛀蝕現象。梁端輕微腐朽。梁首南側有材料心腐現象。心腐部位長55厘米，最大深度4厘米。梁尾拔榫5厘米。	木材缺陷、潮濕環境及雨水衝刷所致。	構件自身保存尚好，有輕度殘損點。
	月梁造乳栿	明間北縫東側	材質優良，基本無蟲蟻爲害，也無明顯損傷。梁首榫頭有輕微腐朽。	潮濕環境外加屋面漏雨衝刷所致。	不構成殘損點。
	月梁造乳栿	明間北縫西側	材質雖好，心腐現象較嚴重。梁的北面有一長85厘米、寬8厘米、深6厘米左右的心腐溝槽，伴有輕微蟻蝕遺痕。梁尾輕微腐朽并拔榫5厘米。	木材有缺陷并伴輕微白蟻蛀蝕。	構成輕度損傷，應進行白蟻滅治并施以局部鑲補術。
	月梁造劄牽（眉梁）	明間北縫東側	劄牽牽身已損壞丟失，僅存牽首及部分與襻間斗栱相互構爲一體的梁項。	劄牽劈裂損壞後，在梁架整體走閃、榫卯鬆脫狀況下墜落散失。	屬嚴重殘損點，須補配修復。
	月梁造劄牽（眉梁）	明間北縫西側	牽身尚屬完好，局部有乾縮縫隙，不礙大局。牽首向西位移約13厘米且下沉9厘米，致使牽尾拔榫，幾近墜落。	梁架走閃，榫卯鬆散所致。	構成嚴重殘損點。
	月梁造劄牽（眉梁）	明間南縫東側	除牽尾榫頭有輕微腐朽且拔榫4厘米外，無其他損傷。	構架整體變形所致。	僅構成輕微殘損點。
	月梁造劄牽（眉梁）	明間南縫西側	原有劄牽已不存，現存劄牽是後代工匠利用山面梁架原有局部損壞的月梁造乳栿改裝之物。但劄牽牽首原有要頭仍存。	劄牽損壞後被工匠以另一構件替換。	構成殘損點，須補配修復。

梁栿枋材	山面梁架穿枋與瓜柱、矮柱等	南山	後補穿枋保存尚好，但瓜柱材質欠佳，局部被白蟻蛀蝕且伴有輕度腐朽。置換檐頭斗栱的矮柱，功能單一，僅能起到支撐正心檁作用。撩檐槫因無斗栱支撐，現暫插入山牆維持，難以耐久。	構件材質欠佳。檐頭斗栱改造置換措施缺陷大。	存在多處嚴重殘損點，難以保存長久。
	山面梁架穿枋與瓜柱、矮柱等	北山	下層穿枋由一梁一枋對接而成。東側用舊枋木，現榫頭損壞嚴重；西側用舊圓梁，尾端插入中柱身，梁頭搭在檐牆上。前檐角柱上部架空不起作用。上層穿枋雖爲通材，但已受壓折斷。瓜柱柱身因遭雨水浸泡而腐朽。	梁架整體爲姑且拼湊之作。選材用料不當，加工製做不精，節點構造設計多不合理。	存在多處嚴重殘損點，難以保存長久。

5．可繼堂

（1）構造做法

可繼堂是瓊山丘族祖宅建築群體的正堂。此建築位於前堂後 7.4 米處，總面寬三間、12.93 米，通進深六桁（十三檁）、8.48 米，前後檐明間設雙開式板門，次間設直櫺方窗，四週砌造石牆圍護，是一座單檐硬山式筒板布瓦頂建築。其建築外觀總高度（自後院地面到正脊頂端）5.8 米。檐口高度僅 2.6 米。由此不難看出，爲體現尊卑有序的宗法觀念，作爲宗族聚居場所主體建築的可繼堂，其規模、體量都是比前堂明顯加高加大的。相比之下，這兩座建築通面寬相等，開間數相等，但可繼堂較前堂進深加大 4.06 米（接近前堂的兩倍），建築高度也增加了 1.8 米（當然可繼堂的功能、用途也與前堂明顯不同）。然而，值得注意的是，雖然可繼堂的建築體量遠遠高大於前堂，但其檐口的實際高度却祇比前堂高出 15 厘米。當然，丘濬故居的檐口位置不是隨心所欲地確定的，從 2.45 米到 2.6 米的檐口標高數據範圍的技術內涵值得倍加重視。根據我們的初步調查，從建築物的臺明地面算起，2.5 米左右的檐口標高尺度值正是海南地區三開間古代木結構單層民居建築爲抵抗臺風襲擊而習用的建築設計技術指標。

可繼堂臺基低矮，總高度祇有 24 厘米。前檐正中設自由式踏步一級。臺基四週用條石圍築，其外圍鋪以散水石板。現可繼堂各部牆體砌造比較混亂，用材各異，厚度不同，功能有別。例如，兩山牆內壁面與山柱中綫取齊，厚 43 厘米，料石、亂石混砌，而前檐墙與檐下石柱相交，厚34厘米，下身爲石墙，上身爲土坯墙。後檐墙却與後檐臺基邊沿對正（厚43厘米，料石與亂石混砌）。室内隔墙的厚度、用材、砌法也各不相同。這種現象説明後人爲了擴大室内面積，曾多次分割室内使用空間，改築、增築原有墙體。

在該建築平面柱網中，共有圓形木柱十二根、圓形石柱八根。中柱及前後金柱用木柱，前後檐柱則用石柱。各柱柱脚之下皆設有鼓形石礎。爲了防止地下濕氣的侵蝕及白蟻的危害，在需要設置柱間木地栿的部位，即先在礎石的相應位置預製礎耳，并在兩個相鄰柱礎礎耳對應之處安設一層石地栿（起土襯石的作用）。其上再用木地栿，從而在柱網的下部構成了一層聯繫緊密、堅固耐久、隔絶濕氣、防蟻防蟲的石造基盤。應該説古代匠師在可繼堂基礎設計建造方面的這種獨具特色的設計思想和技術措施是完善合理和深思熟慮的。

我們從該建築的平面布置現狀和各部結構做法不難準確瞭解該宅的使用功能。首先，可繼堂明間應是一個丘族祭祖和聚會議事的場所。其室内後金柱間設有木製屏壁，中央裝設屏板，上部祭奉祖龕，板前安放了供案，週邊陳設着椅凳。這都爲房主人營造了規模適度的空間條件和環境氛圍。其次，可繼堂明間還是一個丘族宅院建築群中由中院通向後院的過廳。其室内屏板的左右腋門及後檐明間的雙開式板門就是爲此而設置的通道。第三，可繼堂的左右次間是丘族房主人生活起居的場所。該宅兩次間正背兩面都不設門，但都設有方形直櫺窗，而進入次間的門扇安裝在明間前後門内的兩側。房主人在其中生活起居，既具備了舒適的使用空間，也提供了必要的私密性保障。

當然，必須明確指出的是，可繼堂在明代洪武初年創建之際，其平面布局與保存於今天的現狀是不盡相同的。應該説，以上所述的可繼堂平面現狀是丘族後裔繁衍發展到一定時期，客觀上需要較多較大日常生活使用空間而又一時無力建造新宅時，便拆建并改變原有墙壁位置，以最大限度地擴展老宅室内使用面積後的狀況。經過現場考察研究，從而確知了明代初年可繼堂原來平面布局狀況的如下綫索和結論：

其一，可繼堂前檐本是一個敞廊。可繼堂的大木結構是一個明栿式月梁造做法與草栿式月梁造做法雜間使用的構造體系。勘察中注意到：其明間左右兩側梁架看面及前檐插廊的乳栿、劄牽、斗栱構造等都是明栿式月梁造做法，而兩次間左右兩側的梁架看面則均爲草栿式月梁造做法。既然前檐廊步構架爲明栿式做法，却用前檐墙封堵後作爲室内空間，這是不符合一般建築設計基本邏輯的現象。它提示我們現存前檐墙應爲後代所砌造。細察現存前檐墙及墙面門窗裝修的造型和做法可知，其體現的是當地清末、民國時期的風格和時尚。根據綜合分析，認爲該宅建造之初，檐墙的位置應在老檐柱間，其前廊應爲敞開式檐廊。

其二，可繼堂明次間室内裝修原本皆用木製板壁。如前所述，在可繼堂的柱網體系中，共計使用了十二根木柱，即前檐老檐柱、室内中柱和後部内柱。勘察中從現存室内隔墙下脚殘壞處看到，在這些木柱之間的木製地栿之上，仍然殘存着曾經鑲嵌過木製板壁的立頰卯口和鑲板槽口。在兩次間的後金柱之間，雖然後人爲打通隔斷壁板，使前後室合爲一體，已將地栿拆除，但金柱柱礎礎耳的方向，明示了分割壁板的所在位置。根據板壁位置向上部梁架觀察，可以發現可繼堂原來的設計構思應為明間的作用是祭祖議事，構架裝修做法是明栿式月梁造法，週圍設板壁，室內面積是 22.6 平方米；兩次間的作用是生活起居，構架裝修做法是草栿式月梁造法，週圍設板壁，室內建築面積各是 19.6 平方米。

其三，可繼堂創建之初，明間後部設有門廳，次間用房前後分割，功能有別。據調查，瓊山丘族祖宅本是一組坐東朝西、按輩份、分軸綫、縱向排列、逐步擴展的宗族建築組群。丘濬故居可繼堂正是其中的一座兼具穿堂作用的主體建築。因此，其明間屏壁後部自然建有門廳，以便穿堂而入後宅院。此外，根據當地傳統居住習俗，女子與男子一般并不同室而居，兩次間後部用板壁隔出的較小房間正是專供女子使用的居室。現今後檐墻向後移建 95 厘米，使得兩次間和明間門廳的面積各擴大 4 平方米左右的使用面積。這是後人改造的結果。

總之，通過以上考察分析，基本搞清了可繼堂建造之初的平面布局格式、建築裝飾做法及居室使用功能。這為我們即將開展的文物保護工程提供了重要信息。

可繼堂的大木構架體系主要由四榀梁架組合而成。現存明間兩縫梁架的形式為擡梁式結構，與宋《營造法式》中所謂"十架椽屋分心前後乳栿用五柱"式類同，是一種較純粹的梁柱支承體系（現狀局部殘損，構架鬆散脫榫）。兩山梁架的形式為穿鬥式結構（其中南山面梁架的前檐廊步原有擡梁式結構的月梁式乳栿，劄牽仍然殘存至今，至為可貴）。從傳力方式上看，這是一種修繕時改造添加的不完全的檁柱支撐體系。從遺存結構看，雖然南北山兩縫構架主體的構造形式基本相同，用材規格基本相同，殘損程度也基本相同，但許多現象表明，這無疑是後人改築後的遺存。

綜觀可繼堂房屋構架不同部位的工程做法，可以粗略地分為四類：明間兩側與前檐廊下徹上露明，均採用明栿做法的月梁式結構；兩次間內部為非徹上露明的草栿做法月梁式結構；後檐門廳及兩次間內部採用的是乳栿瓜柱直梁式結構；再就是南北兩山面的穿鬥式梁架結構。以下逐一詳加分析：

首先，觀察前檐敞廊的梁架結構。由於可繼堂前檐插廊敞朗無遮擋，各部梁架結構細節都在人的視野之內，因此均採用月梁造明栿做法。其具體做法是，先在石質廊柱柱頭上與木質老檐柱之間架設混棱造劄牽一條，牽首出柱製成一跳華栱頭，牽尾入老檐柱身。此件兼有穩固柱身及承托柱頭斗栱正面出跳的雙重作用。再於柱頭斗栱與老檐柱間架設月梁造乳栿一條，乳栿尾製成斜項，榫頭插入老檐柱身。乳栿首被雕造成二跳華栱、斗栱耍頭、正心檁下襯方頭（三者通材、連體），側面精雕細刻，隱出栱眼及各類心斗、散斗、交互斗。乳栿首直接架設於廊柱柱頭斗栱的櫨斗口內。與乳栿首十字相交的橫向栱枋有泥道栱、泥道慢栱、正心榑下隨榑枋及撩檐榑下替木等。由此可知，前檐敞廊柱頭斗栱的構造類型為五鋪作雙抄偷心造組合，在乳栿背上正中設有矮駝峰及下平榑接縫處的襻間斗栱，斗栱類型為四鋪作單抄偷心造。這組斗栱的華栱和耍頭是利用上層月梁式劄牽的牽首雕造而成的，因此也是連體共生的。而泥道栱及泥道栱上替木則前者開上口，後者開下口，分別與華栱和耍頭十字交構，合爲一體。值得注意的是，爲了取得某種特殊藝術效果，廊步上層月梁也製成“眉梁”造型。測繪時發現，古代匠師在將梁尾斜項裝入老檐柱頭時，有意使梁尾的高度高於梁首3厘米（約1寸）左右。此外，廊下各縫梁架的正心綫上均裝有厚1.5厘米的隔板，用以封閉上部空間，從而使前廊四榀梁架既各自獨立，又相互呼應，各自構成自己的空間單元。

其次，觀察明間中廳的梁架結構。可繼堂明間中廳的梁架做法是先在前檐柱、後金柱與中柱之間架設柱下地栿和柱頭額枋，從而構成一榀梁架的骨幹，進而以中柱爲對稱軸，分別在柱額以上架設月梁式乳栿兩層和月梁式劄牽（眉梁）一層，運用榫卯組合構成屋架，而在柱額以下安裝門扇，裝設壁板，形成分割室內使用空間的壁體。下層月梁是一條三椽栿，梁尾出榫入中柱身，梁首雕造成老檐柱柱頭斗栱的兩層縱向栱及其上部耍頭（皆爲連體共生）。這組柱頭斗栱屬於把頭絞項造不出跳斗栱，縱向栱的第一層雕爲蔴葉頭形翼形栱頭，第二層斫爲單卷頭形，其端部隱出散斗，上承蔴葉頭狀耍頭。其橫向栱分別爲泥道栱、泥道慢栱、大替木，上承下部中平槫。第二層月梁的形制及做法與下層月梁類同，祇是由於梁身用材略小，梁首雕爲斗栱時祇雕出兩層構件，即第一層足材華栱和第二層單材耍頭。這層梁的梁首支座位於下層月梁背上，其上還設有矮駝峰及坐斗，用以承托上部中平槫下襻間斗栱。在這組斗栱中，橫向構件也祇有泥道栱、大替木共兩層斗栱構件。在二層月梁背上的襻間斗栱是由頂層劄牽首，即“眉梁”梁首與橫向栱組合而成的。由於斗栱結構做法均與前述一層月梁上斗栱相同，茲不贅言。需要説明的是，這層“眉梁”在構造上梁尾高於梁首5.5厘米，從而取得了梁架總體造型上的微妙變化。此外，每根中柱柱頭上還均設有櫨斗，上承丁華抹頦栱及與之相交的脊槫和隨槫枋。其中耐人尋味的是，古代工匠在梁架軸綫處鑲板時，一般位置均橫向順紋鑲嵌，惟有在脊部丁華抹頦栱及各襻間斗栱耍頭處鑲板時採用斜向鑲嵌、獨立用板的做法。這是否可以理解爲“叉手”和“托脚”古制的延襲和活用呢？值得人們倍加重視。

可繼堂明間後金柱處橫向設有屏壁一縫，其左右兩側開設腋門，正中上方設有祭祖神龕，屏壁前方擺設神案。這是房屋主人用以緬懷先賢、祭奉先祖的固定場所。這種古老的社會風俗和建築做法不僅在瓊山現存明清以來的古代民居建築正堂中廣泛存在，而且在海南許多地區現代的民居建築中仍然可以見到它的踪影。

第三，觀察可繼堂左右兩次間室內月梁造草栿構架和穿鬥式邊縫構架。可繼堂的左右次間可以看到明間梁架的背面和山面梁架的正面。明間梁架的背面，其構造形式與明間正面相同，但製作技法均採用草栿做法，即各部位梁栿用木鋸解平，并造出月梁造輪廓外形，然後組裝使用。這種做法無需刻意追求其外觀看面形象美醜，故不僅可以節省大量人力，而且也給工匠選材備料時提供了更大的選擇空間和活用餘地。在建築經濟方面，由此而節省的工程費用也是相當可觀的。所以，此做法在古建築非徹上露明造梁架結構中具有重要的實用價值和現實意義。

可繼堂南北兩山面梁架，目前各是一組後人改造添配的穿鬥式構架。其構架做法爲拆除并廢棄原有梁架構造中的所有柱頭斗栱及襻間斗栱，而代之以瓜柱（或偷柱）；拆除并廢棄原有梁架構造中的月梁、眉梁及矮駝峰等，而代之以四層穿枋；拆除并廢棄南北兩山原直徑較大的中柱，而代之以直徑較小、徑高比較大的新造山柱（原有山柱直徑 33 厘米，柱高 448 厘米，徑高比 1:13.6；新配山柱直徑 22 厘米，柱高 448 厘米，徑高比 1:20.4）。其具體做法是在前檐老檐柱與室內後金柱之上，穿過中柱設上下四層穿枋，構成穿鬥構架。各層穿枋的中部穿入中柱身，兩端穿入瓜柱（檐柱及內柱上代替柱頭鋪作的小柱）或偷柱（串立於穿枋之上的小柱）柱身。這樣，在前檐柱與後金柱範圍內（不含前後檐乳栿構架範圍）就形成了進深七架、使用四穿、落地三柱、偷柱四條的結構形式。而前檐廊步構架的北山面及後檐廊步構架的南北兩山面，均已被改造爲一根橫梁在下，上承一根偷柱，柱身貫以穿枋，承托正心槫和下平槫的結構形式。由於穿枋和橫梁均未出頭挑托檐部，故撩檐槫改由檐墻墻肩直接承托。

綜上所述，不難看出可繼堂南北兩山構架的後人修繕改造工程，顯示了如下工程特點：其一，以當時所流行的穿鬥式構架方式修繕改造了原有的擡梁式大木構架，從而使原構架的傳力方式發生了根本變化。其二，以盡量小的木料（如穿枋、小柱等）取代了原有結構中的大材（如月梁、斗栱等），從而節省了工料費用。其三，工程設計方案多有疏漏欠妥之處。如因梁架結構主體出檐無懸挑且與檐槫互不搭界，造成檐頭最先殘損，并導致屋蓋坍塌；因選用材質欠佳（海南木蓮等），大部分構件的蟻害程度明顯嚴重於明初原有構件等。

此外，應該指出的是，在後人改造過的可繼堂南北兩山面構架中至今仍然殘存着一些明初創建時的結構或構件。它們是前檐敞廊南側邊縫構架整體（殘損嚴重），南山梁架中的老檐柱、後金柱、前後檐柱以及原有各柱子下部的鼓形柱礎和石造地栿等，北山梁架中的前後檐柱、老檐柱、後金柱以及各柱下部的鼓形柱礎和石造地栿等。這都是此次文物保護工程中需要善加保護的重要遺存。

第四，觀察可繼堂後檐明間過廳及其兩次間內部梁架結構。明間屏壁後的過廳，創建之初採用了怎樣的梁架構造，現難以找到可靠資料爲證，暫存疑。保存於今的構造方式爲乳栿、瓜柱、劄牽組合式結構。乳栿直梁造，梁尾插入後金柱內，梁首穿過石質檐柱上部續接的短木柱之內。乳栿上瓜柱上承下平槫，柱頭縱向與劄牽相連，梁枋中央鑲嵌壁板。從瓜柱側面可以看到原來祖龕後部箱體的底部襻間木龍骨卯口，相應位置也存有成排的支條卯洞。這正是據以修復可繼堂祭祖神龕的可靠證據。爲了擴大室內空間，後檐墻向東移砌於臺明外緣後，石質檐柱以東又補砌了一段寬 58 厘米的短墻，短墻墻頭砌至屋頂，撩檐槫直接放置於後檐墻上，而原有檐部構造（如斗栱、枋材等）均已損毀無存。關於可繼堂明間過廳左右兩次間內的構架，面向明間一側者，如上所述。山面一側的梁架也早已被改爲直梁造乳栿，上設瓜柱、劄牽的結構形式。此外，次間後金柱間原有的壁板隔斷也已毀壞無存。從總體上看，可繼堂明間後部過廳的內部梁架結構也應是後人改造過的遺存，但從構造風格上分析，其改建年代應比移建外圍檐墻及改換兩山穿鬥式構架的時間爲早，疑是明末清初。

可繼堂現存的室內外下架裝修設施大都是後人維修時重新添配的。外檐裝修，前後檐明間皆設雙開式板門，兩次間檐牆中央設方形直欞窗（內部沿牆復設木質窗扇）。內檐裝修，在明間與次間間縫上的前後檐廊步皆設室內木板過門。明間左右內金柱間設木構屏壁及祭祖木龕，明次間縫梁架的各層梁間均鑲以裝板。明次間也以木造板壁間隔區劃空間。從現存明代地栿及立頰枋木上所殘留的鑲板溝槽可以得知，兩次間的四壁原先都是滿裝壁板的高檔裝修。不過，兩次間柱額以上的草栿造梁架區域是用甚麼形式的頂棚來遮擋視綫、區分空間的，一時尚缺乏有力的證據，難以判斷其構造方式。

經過認真勘察，在可繼堂梁架結構中（前堂同）無論內檐還是外檐，不管是明栿做法還是草栿做法，建築構件外表均未曾施繪過任何建築彩畫。由此推想，追求建築物構架款式的古樸美，追求建築物構件造型的圓和美，追求建築物總體風格的儒雅美，這或許正是元末明初古代匠師創作這組建築之際所遵循的審美藝術準則。

可繼堂的屋面爲單檐硬山式筒板布瓦頂做法。現狀屋面破損，局部坍塌，屋脊毀壞，脊獸無存。由現存於屋面的瓦件、屋桷、封檐板、連檐木等構件的工藝做法、造型風格及遺存於屋桷身上的瓦釘、鋸痕等現象分析，這一屋蓋瓦面上仍然遺存着歷經四次以上挑頂揭修後保存至今的古老構件。

（2）殘損狀況

以下將主要針對可繼堂的臺基、地面、墻壁、柱網、梁架、裝修、屋面等建築承重結構及其相關工程的殘損狀況和具體部位的詳細勘察結果作分類記錄。

由於可繼堂院外地面的不斷堆積和鋪墊，臺基外觀高出自然地面僅 10 餘厘米。臺面壓檐石及散水石凹凸不平，部分區域甚至低於院外地坪，或被雜土、碎石堆積物所掩埋。現室內明間地面已被改築爲水泥地面。兩次間地面則爲爐渣築打地面，其標高明顯低於明間。從柱礎礎盤位置分析，其標高接近於原始地面，部分破損處偶見土、砂、灰三合土地面的殘存物。由於年久失修，地面坑窪不平，酥鬆軟弱，現狀殘損嚴重。

雖說可繼堂的墻體均是後代工匠改築後的遺存，但因年久，墻身下部 1 米範圍內的墻皮多已酥鹼脫落，一些墻腳伴有局部坍塌現象。南次間中部的室內隔墻是用厚 25 厘米的磚坯兼用瓦渣砌造而成，現已塌毀 2/3。內金柱間的隔墻用土坯砌造，已坍塌 1/4，南北山墻因係亂石砌造而成，內壁上身大面積出現鬆散滑落現象。

現存十二根木柱中有九根爲明代原物。此類柱用格木製成，材質優良，相對於其六百餘年的高齡來說保存已屬較好，但局部也可見到白蟻危害過的孔洞、溝槽（如西北角前檐柱）或因白蟻蛀蝕而出現內部中空存在柱心巢的現象。後人補配的兩山中柱及東南角後金柱因材質較差，白蟻蛀蝕的程度更嚴重些。據初步統計，有 50% 的木柱應屬於嚴重受損狀態。前後檐火山巖圓形石柱保存均較完好，僅前檐北側角柱柱頭局部破損殘缺，但可以修補完好，不會存在結構隱患。

可繼堂的木結構屋架是出現險情最複雜和殘壞破損最嚴重的區域。其前檐敞廊下梁架斗栱，明間左右兩縫者保存較好，但南北乳栿背面及斗栱正心均存在被白蟻蛀蝕受損的溝槽及局部因水浸受潮而出現的腐朽區，個別部位朽壞深度達3厘米。而且廊柱與老檐柱間的乳栿下順栿劄牽均已不存。個別斗子、栱材、替木也毀壞無存。南北兩山面的廊下梁架，北山者已全部毀壞，并曾被後人草草改造爲直梁、瓜柱式構架，且已再度損壞。南山梁架，在後人修繕改造屋架時，原狀留存，幸免於難，保存到了今日。但其損壞狀態，實有風吹可塌之感。由於其下層劄牽已無存，故檐柱與廊柱之間的聯繫和檐槫、正心槫、下平槫的荷載均由乳栿承擔。而由乳栿首製成的斗栱端部腐朽嚴重，相關承槫構件如替木、交互斗均已腐朽散失，乳栿背上承托下平槫的襻間斗栱的駝峰、大斗、泥道栱也已散失（現以小支柱支頂維持），故二層月梁式劄牽隨時有可能傾覆，存在嚴重險情。

　　明間左右兩縫梁架的損壞狀況主要可分五種類型：第一類是榫卯鬆散及拔脫折斷現象。由於年久失修，各層梁架均有程度不同的鬆散走閃現象，榫卯隨之拔開，如北縫後檐金柱處的乳栿尾榫頭拔開達6厘米。第二種類型是斗栱殘損、檁條滾動現象。這兩縫明初梁架雖總體上保存較好，但個別部位斗栱殘損現象也是嚴重的，有些部位整組斗栱甚至早已殘損無存。如南縫二層乳栿背上的襻間斗栱均無存，而代之以斷面20×20厘米、高25厘米的墊木和另一塊墊板勉強維持現狀，乳栿端部的那組斗栱早已踪影全無，僅存的木支柱也全憑鐵鋦的咬合纔能得以存在。由於此類原因，各部槫條的滾動移位現象也自然較爲嚴重。後坡屋脊處瓦頂存在的寬達15厘米左右的通長撕裂險情就是由此造成的。第三種類型是白蟻危害、梁栿損壞現象。由於建造之初工匠多用原材料的無缺陷或少缺陷部位製作月梁看面，而以局部存在缺陷或瑕疵面製作月梁背面，這些部位恰爲白蟻鑽入木材內部蛀蝕爲害創造了條件，故蟻害往往首先發生在此處。此外，順着構件木材軸心修築蟻巢實施爲害的現象也爲數不少。這就形成外觀雖好、內部中空的隱患型構件。如明間前廊北縫乳栿、南縫東側下層三椽栿等均屬此類典型受損件。第四種類型是局部坍塌、臨時支頂現象。可繼堂南次間後坡屋蓋現已全部坍塌（佔整個屋面的1/6）。其主要原因之一就是由於明間南側梁架東段的斗栱殘損，致使整個二層月梁梁身下沉達20餘厘米，槫條端部失去原有支座而造成的。第五種類型是梁架構造中的構件散失和鑲板損壞現象。例如，明間後尾過廳上部的木造祭祖龕的箱體就早已損毀，僅留榫眼卯洞了。正心中柱上的丁華抹頦栱也已無存，祇有那倒爬着的櫨斗在孤獨地承托着上部的荷載。各層月梁中縫上鑲嵌的壁板，也多處出現了破損和脫落現象。

　　南北兩山穿鬥式梁架，雖爲後人補配結構，但損壞也很嚴重。其中南山面梁架由於第二層通間穿枋的前端折斷、下沉，導致整個構件向西歪傾，穿枋尾部（東端）將小瓜柱挑起25厘米，致使構架局部懸空，出現嚴重殘損險情。這榀梁架的後檐廊步架，由於後檐瓦頂已坍塌，失去了它的結構功用。後檐金柱柱心通體受白蟻蛀蝕，內部中空，也已盡失其結構功能。各部位瓜柱、偷柱大都出現了柱身腐朽、柱心中空等損壞現象。在梁架附近，爲防不測而臨時支頂的立柱、橫梁達十三根之多。此外，從南山構架的瓜柱及穿枋的柱頭上均可見到高度20厘米左右的墊木一層，其上承托槫條。墊木之下，隨槫枋卯口尚存，但隨槫枋早已丟失。據此可知，可繼堂的山面梁架改製成穿鬥構架以後，也曾歷經後人挑頂大修。

北側山面梁架中嚴重損壞的主要是上部兩層穿枋。損壞的原因主要在於用材品質欠佳（屬海南小葉胭脂木），抗白蟻能力較差，外加山面靠近墻體，潮濕腐朽亦促使其加快損毀。現狀是頂層穿枋西端受壓劈裂折斷，其下層穿枋也在中柱處折斷下沉。因這兩層穿枋均已損壞折斷，致使上平槫下沉達 20 餘厘米。此外，值得注意的是，後檐廊下梁架因瓜柱傾斜，剳牽拔榫，導致鄰近區域的槫木均發生了向前滾動和位移現象。爲防不測，現今在槫檁端頭及梁枋側面支頂了許多搶險性輔柱和支柱。以上所述詳勘結果參見附表四至附表六。

可繼堂的現存裝修大都殘損嚴重，亟待維修。就室內裝修而言，原有室內板壁、頂棚早已無存，保存至今的屏壁、祖龕、過門也多已破損。如後檐明次間之間的過門就僅存門框了，祖龕也早已損毀殆盡，祇留遺跡了。室外裝修保存狀況也不容樂觀。例如，前後檐板門雖存，但抱框破損，門板劈裂且下部腐朽。兩次間的直欞窗，其欞條多已不存，窗孔內壁使用的木板窗扇及推拉窗門保存也不齊全。這都有待實施維修保護。

可繼堂的屋面瓦頂是歷經後人多次維修後殘存至今的遺存。現已坍塌的瓦頂面積約佔整個瓦頂面積的 1/6 左右。瓦頂後坡脊部滑坡撕裂現象也很嚴重。屋頂正脊、垂脊及各部位脊獸、檐口勾頭滴水均已殘損無存。瓦頂所用筒板瓦 90% 是後代添配之物，其中約有70% 是近年來房主人爲遮蔽風雨而鋪裝的新瓦件。屋面桷子板也有 80% 左右是後人更換添配構件，其中有 50% 左右爲厚度近 2.5 厘米且質量較差的新配松木桷子板。因此，對屋頂實施修繕前還應採集瓦件樣品，進行必要的對比研究、分類鑒選和精心設計後方可進行。

丘濬故居可繼堂斗栱、柱子、梁枋殘損狀況勘察結果一覽表（表四）

類別	構件名稱	所在位置	殘損狀況	殘損原因分析	殘損程度評價
前坡屋架斗栱鋪作	柱頭斗栱	前檐明間南廊柱上	撩檐槫下替木、一跳華栱及上部散斗缺失。泥道慢栱及上部散斗缺失。斗栱正心中央有 20×32 厘米、深 3 厘米的嚴重腐朽區并伴有蟻害現象。	斗栱年久失修，屋面長期漏雨導致腐朽，也爲白蟻危害創造了便利。	構成嚴重殘損點，但可剔補修復。
	柱頭斗栱	前檐明間北廊柱上	華栱頭殘損嚴重，散斗缺失多枚。局部有輕微腐朽并伴有蟻害現象。	白蟻危害是造成這組斗栱殘損的主因，屋面漏雨造成構件表面腐朽。	雖有局部損壞，但在廊下斗栱鋪作中屬保存最好的。

前坡屋架斗栱鋪作	柱頭斗栱	前檐南次間南角柱上	櫨斗損壞。替木、泥道栱、泥道慢栱及部分散斗缺失。斗栱耍頭、華栱及正心部位有輕度腐朽。斗栱週圍長滿墻頭藤草。	年久失修、環境濕熱是主要原因。	構成重度殘損。
	柱頭斗栱	前檐北次間北角柱上	整組斗栱已不存,被後人以短柱所置換。但現狀再度損壞且難以爲繼。	後人修繕時對原結構進行了局部改造和置換。	是前檐廊柱斗栱中的重要殘壞部位。
	襻間斗栱	前檐明間南乳栿上	保存基本完好。		無明顯殘損點。
	襻間斗栱	前檐明間北乳栿上	保存基本完好。		無明顯殘損點。
	襻間斗栱	前檐南次間南乳栿上	矮駝峰、櫨斗、替木、替木下散斗及劄牽縫上的木質鑲板缺失無存。	年久失修。	構成重要殘壞部位。
	襻間斗栱	前檐北次間北乳栿上	整組斗栱被穿鬥式構架中的瓜柱所取代,失去原有結構功能,現狀再度損壞。	構件材質低劣,構架組合欠合理,年久失修。	構成重要殘壞部位。
	襻間斗栱	前檐明間南側老檐柱上	保存較好,僅部分散斗無存。	缺乏維護。	構成輕微殘損點。
	襻間斗栱	前檐明間北側老檐柱上	保存較好,僅有部分散斗無存。	缺乏維護。	構成輕微殘損點。
	襻間斗栱	前檐南次間南邊老檐柱上	整組斗栱被墊板和瓜柱所取代,很大程度上失去了原來的結構功能,現狀殘壞嚴重。	斗栱依山墻壁體而構,潮濕陰暗,易受屋面滲水及白蟻危害。	構成嚴重殘損點。
	襻間斗栱	前檐北次間北邊老檐柱上	現存結構爲後人更換之物,換柱時去除了原有斗栱,使柱子加長,直通下層中平榑腹部,原有斗栱結構功能及工作狀態改變。	依山墻壁體而構,潮濕陰暗,易受屋面滲水及白蟻危害。	構成嚴重殘損點。

前坡屋架斗栱鋪作	襻間斗栱	前檐明間南縫三椽栿上	保存基本完好		無明顯殘損點。
	襻間斗栱	前檐明間北縫三椽栿上	保存基本完好		無明顯殘損點。
	襻間斗栱	前檐南次間邊縫三椽栿上	整組斗栱被後人以穿鬥式梁架的偷柱所取代，原有斗栱機能改變，現偷柱端部腐朽，另加墊木承托上層中平槫。	結構依山墻壁體而築，潮濕陰暗，通風差，易受屋面滲水及白蟻的危害。	構成嚴重殘損點。
	襻間斗栱	前檐北次間邊縫三椽栿上	整組斗栱被後人以穿鬥式梁架的偷柱所取代，原有斗栱結構機能改變。因年久失修，偷柱上身殘損嚴重且傾斜。	結構依山墻壁體而築，潮濕陰暗，不通風，易受屋面滲水及白蟻的危害。	構成嚴重殘損點。
	襻間斗栱	前檐明間南縫二椽栿上	保存基本完好。		無明顯殘損點。
	襻間斗栱	前檐明間北縫二椽栿上	保存基本完好。		無明顯殘損點。
	襻間斗栱	前檐南次間邊縫二椽栿上	整組斗栱被後人以穿鬥式梁架的偷柱所取代，原有斗栱機能喪失。因偷柱有下沉和傾斜現象，上部檩條滾動約8厘米。	第三層穿枋因受潮腐朽及白蟻蛀蝕，已斷爲三節，導致偷柱下沉。	潛在危險性大。
	襻間斗栱	前檐北次間邊縫二椽栿上	整組斗栱被後人以穿鬥式梁架的偷柱所取代，原有斗栱機能喪失，傳力方式改變。因下部穿枋腐朽損壞，偷柱傾斜并伴有下沉，危在旦夕。	結構依山墻而築，潮濕陰暗，不通風，易受屋面滲水及白蟻的危害。	構成嚴重殘損點。
	丁華抹頦栱	明間南縫中柱上	柱頭櫨斗尚存，但被倒扣在柱頭之上，其上另加墊木等承托脊槫。	斗栱損壞後，隨意支墊。	構成嚴重殘損點。
	丁華抹頦栱	明間北縫中柱上	斗栱已損毀無存，僅用墊木取而代之。	斗栱損壞後，後人隨意支墊修理。	構成嚴重殘損點。

前坡屋架斗栱鋪作	丁華抹頦栱	南次間邊縫中柱上	在中柱上墩接短柱,加高柱身以取代原斗栱。	原斗栱位居正脊端部,且依墻尖而構,易遭屋面滲水及白蟻危害。	構成嚴重殘損點。
	丁華抹頦栱	北次間邊縫中柱上	整組斗栱已被穿鬥式構架中柱上所接續的短柱所取代。在傳力方式上被改爲無過渡結構的完全式柱樑支承結構,脊樑的穩定性缺乏保障。	原斗栱位居正脊端部,也是與垂脊交構接口處。易滲雨水,負重較大,定時維護不够,難以耐久。	構成嚴重殘損點。
後坡屋架斗栱鋪作	柱頭斗栱	後檐明間南廊柱上	不設斗栱而以短柱接補於廊柱頭上臨時支撑,爲近人所添構件。其柱根受到乳栿的推力向東閃出廊柱頭 5 厘米,而柱頭向西側倒傾約 8 厘米。此縫梁架以南的屋蓋已坍塌。	年久失修,在外力作用下構架傾閃,拔榫位移,出現險情。	構成嚴重殘損點。
	柱頭斗栱	後檐明間北廊柱上	不設斗栱而以短柱上設置替木,上承正心樑,現樑條向東滚動位移 16 厘米,並導致鑲板撕裂 13 厘米。	年久失修,屋蓋整體滑坡。	構成嚴重殘損點。
	柱頭斗栱	後檐南次間南角柱上	不設斗栱,而以木造短柱接續在石柱柱頭上代替,現已完全損壞。僅存的短柱已成爲蜂窩狀白蟻巢穴。節點損壞是屋蓋垮塌的重要原因。	木質腐朽及白蟻危害導致節點完全損壞。	構成嚴重殘損點。
	柱頭斗栱	後檐北次間北角柱上	石柱上不設斗栱,而以木質短柱接補代替。現短柱上又被後人加墊了一層高 25 厘米的墊墩,成爲復合接續柱(是後人爲擡高屋面兩端標高採取的措施)。現柱身向西位移 2 厘米,傾斜 4 厘米,但樑條却向東滚動 6 厘米。	梁架走閃使短柱位移,强大外力(如臺風等)使屋面滑坡,檁條滚動。	構成嚴重殘損點。

後坡屋架斗栱鋪作	襻間斗栱	後檐明間南乳栿上	不設斗栱而以瓜柱承托下平槫,因構架損壞,瓜柱頭向東傾斜13厘米,其狀可危。此縫梁架以南的次間屋蓋已坍塌。	因年久失修,屋蓋梁架位移,橫向栱材損壞,槫榫卯鬆散,槫端支座破壞。	構成嚴重殘損點。
	襻間斗栱	後檐明間北乳栿上	不設斗栱,而以瓜柱承托下平槫。槫身向東滾動5厘米,柱身向東傾斜3.5厘米。	年久失修,構架鬆散,屋面整體下滑。	構成輕度殘損點。
	襻間斗栱	後檐南次間南乳栿上	不設斗栱,而在乳栿上設瓜柱承托下平槫。目前節點構造盡毀,僅殘留瓜柱一根,瓜柱腐朽嚴重,內部中空,白蟻危害也極爲嚴重。	木質欠佳,遭雨水滲漏浸泡後腐朽,且伴有嚴重蟻害。	構成嚴重殘損點。
	襻間斗栱	後檐北次間北乳栿上	不設斗栱而以瓜柱承托下平槫。現瓜柱保存尚好,但向東傾斜4厘米。槫條也向東位移26厘米,今人已用支柱臨時支頂,以防屋蓋垮塌下來。	因年久失修,構架節點損壞。在外力作用下槫條出現位移。	構成嚴重殘損點。
	襻間斗栱	後檐明間南側後金柱上	梁端製成的縱向栱材腐朽,蟲蛀嚴重。斗栱橫向栱斗、替木全已散失。櫨斗蟻蝕中空,損壞嚴重。	節點榫卯腐朽折斷,白蟻蛀蝕嚴重,木材有節疤等缺陷。	構成嚴重殘損點。
	襻間斗栱	後檐明間北側後金柱上	泥道栱、泥道慢栱、替木及部分散斗無存。另加側面小輔柱一根支承槫底。輔柱向東傾斜3厘米,槫身亦向東滾動位移。	年久失修,屋面整體下滑。	構成嚴重殘損點。
	襻間斗栱	後檐南次間南邊後金柱上	不設斗栱,改在金柱上續接短柱承托槫槫。現節點已完全損壞。因短柱與第二層穿枋尾相交,而穿枋頭折斷下沉,使短柱倒懸起20厘米。	因山面梁架破損,致使屋頂漏雨,白蟻危害同時加重,并形成致命的惡性循環。	構成嚴重殘損點。

後坡屋架斗栱鋪作	襻間斗栱	後檐北次間北邊後金柱上	不設斗栱,而以後金柱直承檁槫端頭。後人爲提高屋面兩端的高度,另加設墊墩。但墊墩向東傾斜近45度,槫頭位移達半槫徑以上。今人以支柱臨時支頂,維持殘狀。	年久失修,又不是榫卯結構,在外力作用下自然易於變形位移,出現險情。	構成嚴重殘損點。
	襻間斗栱	後檐明間南縫三椽栿上	斗栱已完全損壞無存,今人以短柱、鐵錒釘等支承加固上部槫端,期望明間一側瓦頂不致坍塌。但因支護不力,其狀岌岌可危。	年久失修、滲雨腐朽及白蟻危害是導致損壞的主要原因。	構成嚴重殘損點。
	襻間斗栱	後檐明間北縫三椽栿上	梁項、華栱、卷頭、襯方頭均明顯損壞,斗栱上部槫條向下(東)滾動位移11厘米,另附有小輔柱一根承托槫端腹部。	年久失修,榫卯鬆動,屋面整體下滑。	構成嚴重殘損點。
	襻間斗栱	後檐南次間邊縫三椽栿上	不設斗栱,改用穿門式梁架二層穿枋上偷柱支撐槫頭。現節點構造損壞,僅餘的偷柱向東傾斜6厘米,且腐朽、蟻害并生。	屋面漏雨,木件朽壞,白蟻蛀蝕及構架整體在外力作用下造成損壞。	構成嚴重殘損點。
	襻間斗栱	後檐北次間邊縫三椽栿上	不以斗栱支撐,而以穿門式構架的二層穿枋上偷柱支頂槫頭。現偷柱向東傾斜4厘米,偷柱上另加墊墩又向東北傾斜3厘米(偷柱柱頭有輕度腐朽)。槫身向東位移8厘米。	年久失修,且節點不用榫卯,結構不牢固。在外力作用下發生險情。	構成嚴重殘損點。
	襻間斗栱	後檐明間南縫二椽栿上	斗栱已損壞無存。今人以短方柱臨時支撐槫端。短柱向東傾斜12厘米。危狀難以言表。	年久失修,腐朽、蟻害、榫卯折斷、梁架走閃是其主要原因。	構成嚴重殘損點。

		後檐明間北縫二緣栱上	斗栱中除替木、華栱、矮駝峰外均殘損嚴重。因眉梁（劄牽）無存，縱向栱自然缺失。現暫以板狀叉手及輔柱加固維持。	眉梁因白蟻危害及首尾腐朽折斷而損毀。	構成嚴重殘損點。
後坡屋架斗栱鋪作	襻間斗栱	後檐南次間邊縫二椽栱上	不設斗栱，後人以穿鬥式構架第三層穿枋上的偷柱支撐槫頭。現屋蓋坍塌，槫身尚幸存。但另有一支柱輔助支撐、防止槫身墜落。	現場分析認爲，除了節點構件的腐朽、蟻害等，槫頭因白蟻蛀蝕，內部中空而受壓碎裂正是導致屋頂坍塌的重要原因。	構成嚴重殘損點。
	襻間斗栱	後檐北次間邊縫二椽栱上	不設斗栱，以第三層穿枋上偷柱承上平槫。三層穿枋因腐朽、蟻害現已斷爲兩節，致使偷柱形若懸柱。如不是今人所設臨時支柱支頂槫身，此節點早已坍塌損壞。	穿枋選材欠佳，腐朽及蟻害嚴重。	構成嚴重殘損點。

丘濬故居可繼堂斗栱、柱子、梁枋殘損狀況勘察結果一覽表（表五）

類別	構件名稱	所在位置	殘損狀況	殘損原因分析	殘損程度評價
木質立柱	中柱	明間南側	保存基本完好，僅卯口局部有輕微腐朽。		無明顯殘損點。
	中柱	明間北側	保存基本完好。		無明顯殘損點。
	中柱	北山墻梁架	柱子上段因白蟻蛀蝕而局部中空，柱頭、柱根局部腐朽。	選材欠佳，位置潮濕陰暗，利於白蟻危害。	構成嚴重殘損點。
	中柱	南山墻梁架	柱子與穿枋交接卯口內部有中空，柱根有明顯腐朽且伴有蟻害。	選材欠佳，位置潮濕陰暗，利於白蟻危害。	構成嚴重殘損點。
	前檐柱	明間南側	保存基本完好。		無明顯殘損點。
	前檐柱	明間北側	保存基本完好。		無明顯殘損點。

類別	構件名稱	所在位置	殘損狀況	殘損原因分析	殘損程度評價
木質立柱	前檐柱	北山墻梁架	柱子通體因蟻蝕而中空，柱子外皮約 1/3 已因蟻蝕而無存，且與中空部位形成通槽。	環境潮濕，木質欠佳，白蟻危害，加之長期缺乏日常保養。	構成嚴重殘損點。
	前檐柱	南山墻梁架	柱子上身內側有腐朽現象，白蟻蛀蝕較嚴重。柱心局部有中空現象，柱根輕微腐朽。	環境潮濕，木質欠佳，白蟻危害，長期缺乏日常保養。	構成嚴重殘損點。
	後金柱	明間南側	保存基本完好，局部有輕微腐朽和白蟻蛀蝕遺痕。		無明顯殘損點。
	後金柱	明間北側	保存基本完好。		無明顯殘損點。
	後金柱	北山墻梁架	柱身有白蟻危害遺跡，柱子上身約 1/3 處，順卯口出現順紋劈裂。柱身向東明顯傾斜。	構架因外力作用，扭閃變形時導致柱身劈裂。陰暗潮溫環境有利於白蟻危害。	構成嚴重殘損點。
	後金柱	南山墻梁架	柱身因白蟻蛀蝕，有 1/2 中空，且內部有柱心蟻巢。柱身有局部柱皮外殼缺損，柱根有腐朽伴蟻蝕缺損。	木質欠佳，白蟻危害，加之長期缺乏日常保養。	構成嚴重殘損點。

丘濬故居可繼堂斗栱、柱子、梁枋殘損狀況勘察結果一覽表（表六）

類別	構件名稱	所在位置	殘損狀況	殘損原因分析	殘損程度評價
梁栿枋材	前廊月梁造乳栿及劄牽	明間南縫	乳栿南側有一寬 10 厘米左右、深 4 厘米左右、長 134 厘米的木材軸心腐朽溝槽，伴有蟻害。乳栿首正心有輕度腐朽區。劄牽保存基本完好。	木材缺陷和白蟻危害是主要原因。	構成嚴重殘損點，但皆可剔補修復。
	前廊月梁造乳栿及劄牽	明間北縫	乳栿北側有寬 12 厘米左右、深 5 厘米左右、長 105 厘米的木材軸心腐朽中空溝槽并伴有蟻害。上方劄牽保存基本完好。	木材缺陷和白蟻危害是主要原因。	構成嚴重殘損點，但可以剔補修復。

梁栿枋材	前廊月梁造乳栿及劄牽	南山面邊縫	乳栿端部受雨水衝刷腐朽嚴重并伴有蟻害，乳栿尾入柱榫頭有輕度腐朽。劄牽梁身因自身缺陷有通體順紋裂縫。	受雨水衝刷導致構件腐朽。潮濕環境易導致蟻害發生。構件自身存在缺陷。	構成輕度殘損點。
	前廊月梁造乳栿及劄牽	北山面邊縫	原有結構已完全損壞無存。後人所改造的結構也已嚴重損壞。	邊縫梁架依山墻而築，潮濕陰暗，易受白蟻危害，易腐朽損壞。	構成嚴重殘損點。
	後廊直梁造乳栿及劄牽	明間南縫	乳栿外表可見白蟻及木蟲曾經蛀蝕的衆多孔眼。乳栿原有端頭已損毀，現榫頭腐朽。劄牽尾部拔榫3厘米，劄牽向北偏斜歪傾。本縫梁架以南屋蓋坍塌。	構架整體在外力作用下變形走閃，鬆散拔榫。構件材質較差。	構成嚴重殘損點。
	後廊直梁造乳栿及劄牽	明間北縫	乳栿的大約1/2被白蟻順原木髓心蛀空，乳栿首殘，乳栿榫頭殘損折斷并已拔榫。劄牽尾拔榫6厘米，可見輕微白蟻蛀蝕遺痕。	材質欠佳，白蟻危害，後人保養不力等。	構成嚴重殘損點（乳栿殘損部位在栿底中央，險情嚴重）。
	後廊直梁造乳栿及劄牽	南山面邊縫	乳栿通體白蟻蛀蝕嚴重，栿尾榫頭已損壞。栿首及栿身伴重度腐朽，青苔滿身。劄牽早已毀壞無存。	選材不當，構架草率，環境陰濕，蟻害猖獗。	構成嚴重殘損點。
	後廊直梁造乳栿及劄牽	北山面邊縫	乳栿尾部入柱榫頭有輕微損壞。栿首端部殘。乳栿及劄牽首尾均有拔榫現象（拔榫長3～7厘米）。	構架整體因年久失修而鬆散。後人改建時破壞了乳栿端部構造。	構成嚴重殘損點。
	月梁造三椽栿	明間南縫束側	三椽栿正面約有55％存在木材疤節、白蟻蛀蝕孔洞及局部腐朽或局部裂縫現象。背面的35％也可見到疤節孔洞、腐朽、裂縫等現象。梁首所雕栱材嚴重損壞，但斜項幸存。	原材料中存在較嚴重的先天缺陷，後天伴有白蟻蛀蝕。	構成嚴重殘損點多處。

梁栿枋材	月梁造三椽栿	明間南縫西側	三椽栿梁背上蟻蝕、腐朽相伴而生，木質損壞深度達10餘厘米。其餘部位保存基本完好。	原材料有輕度缺陷，并被白蟻所蛀蝕。	構成嚴重殘損點。
	月梁造三椽栿	明間北縫東側	保存基本完好。		無明顯殘損點。
	月梁造三椽栿	明間北縫西側	保存基本完好。		無明顯殘損點。
	月梁造二椽栿	明間南縫東側	梁首、梁尾均嚴重損壞無存，僅存的梁栿中段長祇有原來長度的1/2左右。	屋面滲水和白蟻危害是主要原因。	構成嚴重殘損點。
	明梁造二椽栿	明間南縫西側	保存基本完好。		無明顯殘損點。
	月梁造二椽栿	明間北縫東側	梁首斗栱斜項朽爛損壞。梁尾斜項榫頭局部缺失，梁背面有多處疤節孔洞及白蟻危害痕迹。	原材料有局部缺陷，曾遭屋面滲水和白蟻危害。	構成嚴重殘損點。
	明梁造二椽栿	明間北縫西側	保存基本完好。		無明顯殘損點。
	上平槫下月梁造劄牽（眉梁）	明間南縫東側	早已無存。		構成嚴重殘損點。
	上平槫下月梁造劄牽（眉梁）	明間南縫西側	眉梁尾部斜項（即小栱頭）缺。背面有順紋裂隙。其餘部位保存尚好。	木材橫向裂縫導致小栱頭分裂脫離而丟失。	構成輕度殘損點。
	上平槫下月梁造劄牽（眉梁）	明間北縫東側	早已無存。		構成嚴重殘損點。
	上平槫下月梁造劄牽（眉梁）	明間北縫西側	保存基本完好。		無明顯殘損點。

梁栿枋材	山面梁架穿枋、短柱、偷柱等	南山	二層穿枋西端有一長1.2米的白蟻蛀蝕溝槽，溝槽最寬處12厘米，最深處5厘米，穿枋端部損壞，陷落於第一層穿枋背上，并使整個梁架發生嚴重扭閃和變形。各層穿枋間的瓜柱、偷柱大都存在程度不同的腐朽和蟻害現象。	構架選材欠佳，抗腐朽、抗白蟻能力不強。構架緊依山墻而建，潮濕陰暗，易遭屋面滲水的浸泡。梁架穿枋規格較小，安全寬裕度不足，梁架節點設計有缺陷，自身穩定性和抗變形能力差。	構成多處嚴重殘損點。
	山面梁架穿枋、短柱、偷柱等	北山	二層穿枋端部有一疤節孔洞，穿枋背面有輕度腐朽。三層穿枋因腐朽及蟻害，自中柱處斷爲兩節無法繼用。頂層穿枋也已折斷無法繼用。各部位穿枋皆有端部拔榫現象。各部位瓜柱、偷柱端頭皆有爲增加榑頭標高而續加的圓柱形短墊墩。這是後人再次挑頂維修時所加設的新件。前後檐廊下邊縫梁架或拔榫，或折斷，或朽壞，難以維持長久。	構架選材欠佳，抗腐朽、抗白蟻能力不強。構架緊依山墻而建，潮濕陰暗，易遭屋面滲水的浸泡。梁架穿枋規格較小，安全寬裕度不足，梁架節點設計有缺陷，自身穩定性和抗變形能力差。	構成多處嚴重殘損點。

6. 院落環境

（1）前院現狀

丘濬故居前院中央自東向西造有甬道一條，將庭院分爲左右兩個區域。甬道地面以水泥砂漿抹面，中部造出一個直徑2.3米的圓盤，圓盤的南側另支出一條較窄（約75厘米）的便道通向西南角的院門。由於前院左右兩側均已闢爲菜園，植有各式蔬菜、番薯等，而甬道的地面標高還略低於菜園的地面標高。爲了保護甬道地面免受水浸，甬道兩邊均用料石砌造了凸起向上的擋水邊棱。就現狀而言，因院內垃圾雜物堆積無序，加之缺乏維護疏導，所以院內地表排水是雜亂無章和存在隱患的。

在前院東北偶，即前堂北次間方窗前，植有一株幹徑25厘米的人心果樹，樹冠豐美高大，四季翠綠常青，但據鑒定，樹齡不大，係後人補種植物。

（2）後院現狀

後院中央也建有一條貫通前堂與可繼堂的甬道，甬道內寬1.4米，兩邊各砌造了凸起30厘米的邊坎，甬道地面及邊坎頂面均用水泥砂漿抹面，顯係房主人新近修築之物。庭院左右兩側地面，現大都被開闢爲菜園，其內種有蔬菜瓜果。在可繼堂的南北次間檐頭之下，堆有許多建築石材及部分柱礎石、短石柱等建築殘件。後院菜園中還植有番木瓜、旅行蕉、鐵紅樹等熱帶植物。但其樹齡均不大，個頭矮小，也是後人補種的植物。

在可繼堂北次間相對位置，原有廂房基址及其殘垣斷壁依稀可見。據金花村85歲高齡的丘五娘（瓊臺丘族傳人）老人回憶，可繼堂後院南側過去也曾建有廂房，兩座廂房左右對稱，均是房主人的廚食儲藏用房，惜因年久失修而逐漸坍塌，其基址也因開闢菜園而被房主人所清除。

後院院落排水不成體系，每逢雨水集中降落時，便自然匯集於前堂後檐檐下，然後通過暗設於前堂臺基內的水道流向故居前院。由於後院祇有一個排水出口，往往出現雨水被堵、排水不暢、房基水浸現象。

（四）建築蟻害狀況及其構件木材品質

海南瓊山地處熱帶，濕潤蒸燠，高溫多雨，水系密布，濱海臨江，風光秀麗。在這樣的自然地理環境之中，白蟻對當地各類建築的蛀蝕和危害由來已久且十分猖獗。對於土木結構的房屋建築而言，素有“十室九蛀”之說。當地清宣統三年《瓊山縣志》卷十二記曰：“蟻有飛蟻、木蟻、黑赤蟻、白蟻數種。其脚長而善走者名長脚蟻。惟白蟻無所不蝕，其害尤甚。雜記云：粵東淫熱，最多白蟻，新構房屋有不數月而爲其蝕壞傾圮者……”白蟻對人類生活的危害程度由此可見一斑。

爲了準確掌握丘濬故居現存文物建築的蟻害狀況以及不同木材品質的構件的自身抵抗白蟻侵蝕能力和抗腐朽能力的差別，并爲修繕工程技術設計工作提供可靠的科學依據，我單位會同廣東省昆蟲研究所的白蟻防治專家和海南省林業局的木材分類學專家（註四），多次深入實地進行專題調研。現將所取得的成果綜合叙述如下：

1. 白蟻危害狀況勘察

（1）地理位置及自然環境

丘濬故居座落在瓊山縣府城鎮金花村。瓊山位於海南島北部，南渡江下游，區域面積2068.4平方公里。地處北緯19°32′—20°05′，東經110°11′—110°41′之間。北與省會海口接壤，東臨文昌縣境，西與澄邁縣交界，南與定安縣毗鄰，東北部面臨瓊州海峽。

宋元明清以來瓊山縣一直被譽爲海南寶島上的“瓊州第一縣”。瓊山境內以臺地爲主，這裡“土壤平衍，山無險峻”。其地形大勢，西北部與東南部較高，東北部和南渡江沿岸低平，海拔高度在30～222米之間。因這裡地處熱帶北緣，屬熱帶海洋性季風氣候，故其自然環境特徵爲日照充足，年平均氣溫23.3—23.7℃；雨量充沛，年平均降雨量1690—2112毫米（雨季集中在5～10月）；河流縱橫，海島最大的河流南渡江流經境內九個鄉鎮（還有集雨面積達100餘平方公里的河流五條，集雨面積達50平方公里的河流十餘條）；植被豐茂，一年四季作物林木鬱鬱蔥蔥，一望無際。此外，有百餘公里海岸綫綿延不斷，百餘座大小水庫、池塘遍布城鄉，水資源也極爲充裕。

從生態環境學的角度觀察，白蟻（Tsopiere）爲喜溫昆蟲，常以木質纖維素爲食。海南溫熱的氣候、濕潤的大地、茂密的林木、深厚的土壤、豐富的水源等自然環境條件，恰好造就了適宜於白蟻生長繁殖的客觀環境。蟻害遂成了千百年來當地大量傳統石木結構建築和民居的巨大危害。

（2）蟻害狀況及分布規律

丘濬故居始建於元末明初，原有建築規模宏大，爲多進式院落。相傳丘濬在世時曾有"丘氏十八屋"之說，但保存至今的故居院落佔地面積僅632平方米。現存建築遺存有院門、前堂、可繼堂及後院右側廂房基址等。其他史書記載和傳說中的建築物早已蕩然無存。

爲查明丘濬故居文物建築的蟻害狀況，工作過程中主要使用了如下方法進行詳細勘察：

其一，觀察分析法。通過對房屋構造及建築構件上蟻路走向等的細心觀察，瞭解記錄因蟻害原因而造成的柱身下陷、柱身孔洞、梁栿損毀、檁條彎垂、屋桷折斷、墻體鼓閃、地面隆起的範圍和程度，然後綜合分析搞清蟻害現狀。

其二，敲擊探查法。逐一採用膠皮木錘或圓頭木錘敲擊建築物的柱子、梁栿、斗栱、木枋，通過音響變化，辨別構件內部有無空洞，然後視情況需要或進行開口探查，或進行局部取樣，分類記錄，統計分析掌握內部蟻害程度。

其三，調查詢問法。利用白蟻在不同季節、不同時間、不同溫度條件下，生活繁殖習性不同的特性，對丘濬故居院內久居的丘氏族人及院內住戶進行逐一坐談詢問，借以掌握故居院內白蟻危害的主要部位、分布範圍、白蟻種類、防治歷史及蛀蝕建築、影響人居生活的主要表現等。

通過認真勘察，得知丘濬故居白蟻危害狀況及危害特徵主要表現在以下幾個方面：

①在故居建築之中曾有大量白蟻孳生爲害，嚴重危及結構安全。據實地勘察所見，丘濬故居的白蟻危害由來已久且仍在孳生泛濫。通過可繼堂、前堂的墻體探查孔，見到大量身長約1厘米左右的大白蟻及不可計數的小白蟻。從柱頭、柱根、柱身、檁條內部及構造節點處墻體內部，發現了多座長軸40餘厘米、短軸20餘厘米的橢圓形蟻巢（有柱心巢、檁心巢、墻心巢、地下巢等）。蟻巢由多重褐色或暗褐色巢片構成，狀如蜂窩，有的蟻巢外部裹有黃色泥殼。

由於白蟻的蛀蝕危害，故居建築墻體起鼓坍塌，榫卯結構損壞，構件中空折斷，甚而在外力作用下導致可繼堂左次間構架及屋面大面積塌落，嚴重影響了這兩座明代建築的整體結構安全。其狀岌岌可危。

②由於白蟻侵害日久，致使建築的柱額、梁檁內部損壞，嚴重危及構件安全。因土木棲白蟻以木材中的纖維素爲食料得以生存，所以丘濬故居建築中的白蟻大多以木營巢，久居於木構件之中，孳生繁衍，侵害不絕。調查中發現，許多構件，如檁條、柱頭、柱身、梁栿、枋木、斗栱等雖位在高爽之處，但蟻害卻頗嚴重，許多部位內部已被蛀蝕一空，僅

剩構件表皮（因家白蟻畏光，故一般不侵害木構件外表），所以其建築構件不易直觀察覺的潛在危險性很大。經勘察測算，故居建築的柱、額、梁、檁等大型構件被白蟻局部或大部嚴重食空。其中有巢穴的就達到構件總量的 30％以上。

此外，由於海南溫熱多雨，而家白蟻恰有喜溫好濕的習性。沿着這條綫索觀察分析，還可發現，故居建築地栿石上的木地栿及柱礎石上的柱脚部位以及與山牆相依而構的柱、額、梁、枋等山面木構架均呈現受潮腐朽與白蟻侵害相伴而生的特徵。這是山面梁架因受損嚴重曾被後人改造重築的主要原因。

（3）白蟻種屬及其習性特徵

據現場分析及採樣鑒別，丘濬故居（含丘氏祖祠）曾被土木棲家白蟻屬（Coptotermes）危害過。這種白蟻當地俗稱家白蟻。經對故居建築木構件內部所見家白蟻巢穴分析得知，該白蟻曾因人爲或其他原因致死過（詳情暫難考證）。家白蟻屬犀白蟻科，是土木兩棲性白蟻，也是中國南方地區危害房屋建築物最嚴重的白蟻。此類白蟻通常喜歡棲於黑暗潮濕、木材集中的地方。其成年群體的數量常有幾萬至幾十萬頭之多，爲害甚烈。在年代久遠的土木結構建築之中，白蟻常在牆體內部、門楣上部、梁檁之中，牆地交接部位築巢。丘濬故居的蟻巢分布特徵恰恰證明了這一規律的存在。家白蟻的食性十分複雜，竹木家具、圖書檔案、建築構件、倉庫商品、塑料電纜等含纖維質的物品無所不及。白蟻屬社群性昆蟲，是華南地區房屋建築的大敵，許多文物古迹、寺院樓亭常遭家白蟻的致命危害，所以應慎重對待，盡早滅治根除。

在丘濬故居（含丘氏祖祠）的院落土根及地面三合土層之中，均發現有活的土白蟻屬（Odontotermes）存在。經鑒定分析，爲海南土白蟻〔Odontoternes，hainanensis（light）〕。這類白蟻主要棲居於土根之中。其巢群結構複雜，群體龐大，通常由一個主巢和多個副巢組成，其間用地下蟻道貫通往來。這類白蟻主要危害農林作物，如木薯、甘蔗、花生、藥材及庭院綠化植物如樹苗、花草等，但危害房屋木構件（如木門框、窗框、木地板）及埋地塑料、土坯牆體、三合土地面等的現象亦不鮮見。因此，清除殺滅海南土白蟻的工作也刻不容緩。

2.構件木材品質鑒定

（1）構件木材品質不同，白蟻危害程度有別

在對丘濬故居明代初年文物建築和丘氏祖祠清代後期文物建築進行現場考察和對比分析時，有兩種現象引起了我們的高度重視。其一，同樣是可繼堂的大木構件，已有六百餘年歷史的明代原件，總體上看却普遍較僅有二百年左右歷史的清代補配件的蟻害損傷程度明顯輕微，遭雨水衝刷部位和潮濕部位的構件朽壞程度也明顯輕微。其二，在同樣的外部自然環境條件之下，建於清代中後期的丘氏祖祠建築的大木構架蟻害纏身，瀕臨倒塌。而建於明代初期的丘濬故居建築，蟻害多發部位明顯集中於晚期添配構架區（導致可繼堂屋頂局部坍塌的主要原因也在於此）。究其原因，答案應是不同品質的木作建築構件，對其白蟻危害的自身抵抗能力和構件防腐耐久性能有着顯著的區別。在海南省林業局木材學資

深專家的協助下，我們有計劃地對建築物的典型構件進行了編號取樣、種屬鑒定、測試分析和對比研究，從而得出了不同時代的木作構件的木材種屬、原產地域、抗蟻性能、抗腐性能、耐久性能、受力特徵等的科學結論。

（2）送檢標本的採集原則和採集方式

爲了科學準確地做好丘濬故居和丘氏祖祠大木構件的木材品質鑒定分析工作，在採集送檢樣本時我們遵循了如下原則：

①標本採集工作，由文物主管單位和勘測調研單位的三位以上代表同時在場進行，以保證其嚴肅性和真實性。

②標本採集範圍，兼顧白蟻危害輕微和危害嚴重的兩類構件，并覆蓋明代建築構件和清代建築構件兩個時段，以增强其系統性和全面性。

③標本選擇方法，實行事先計劃編號，事中記錄在案，事後整理歸檔的制度，以體現其科學性和準確性。

此外，在實際採集過程中，還十分注意保護文物建築整體安全和構件安全，盡力減小樣品體積，確保文物構件不受破壞。

（3）被檢標本品質鑒定結論

經過認真鑒定分析，丘濬故居、丘氏祖祠等建築木作構件的木材品質鑒定結論可歸納概括於下列表格之中（表七）。這一結論對於即將開展的丘濬故居文物建築維修保護工程有着至關重要的參考價值。

丘濬故居、丘氏祖祠主要建築構件木材品質鑒定報告（表七）

被檢標本編號	被檢標本製作時代及其建築構件名稱	木材品質檢驗鑒定結果					
		中文名稱	土名及俗名	拉丁文名稱	歷史名稱	原產地名	木材特性
一	故居可繼堂屋桷（明代初年）	格木（東京木）	產區稱"鐵梨"、"鐵木"等。	Erythrophleum fordii oliv	宋朝稱"石鹽"，明代稱"鐵力"。	越南	
二	故居可繼堂斗栱之散斗（明代初年）	格木（東京木）	產區稱"鐵梨"、"鐵木"等。	Erythrophleum fordii oliv	宋朝稱"石鹽"，明代稱"鐵力"。	越南	較重硬而強度甚高，變形小且不易開裂，極耐久但加工略難，抵抗白蟻性能優良，是理想的家具和建築用材。
三	故居可繼堂前廊乳栿（明代初年）	格木（東京木）	產區稱"鐵梨"、"鐵木"等。	Erythrophleum fordii oliv	宋朝稱"石鹽"，明代稱"鐵力"。	越南	
四	故居前堂明間南側中柱（明代初年）	格木（東京木）	產區稱"鐵梨"、"鐵木"等。	Erythrophleum fordii oliv	宋朝稱"石鹽"，明代稱"鐵力"。	越南	

五	故居可繼堂山面穿門式構架中木枋（清代晚期補配）	盤殼櫟	青岡	Quercus Patelliformis chun	海南	木材較輕軟，抗蟻性能較差。
六	故居可繼堂後檐明間殘存板門門扇（清代晚期補配）	香樟	樟木	Cinnamomum	海南	木材緻密，宜製家具，有一定的防蟲、防蟻性能。
七	祖祠後堂室內前金柱（清代中後期建造）	海南木蓮	綠楠	Manglietia hainanensis Dandy	海南	材質較輕軟，抗蟻蝕性能較差。
八	祖祠後堂前檐搭牽（清代中後期建造）	小葉胭脂	胭脂	Artocarpus styracifolius Pierre	海南	材質輕軟，抗蟻蝕性能很差。
鑒定說明	1. 從越南進口的格木稱"東京木"，簡稱"京木"。 2. 據調查，現今海南島內東京木樹種所存已極稀少，目前僅定安縣境內尚存有四株此種大樹，但已列爲國家重點保護樹種。 3. 當前，用原古樹名木修繕丘濬家室古建築是不容易辦到的，但可以用木莢豆木材做桁條、木板、門窗，而用坤甸木材製作屋架、斗栱及梁枋屋桷。這兩種木材，均有很好的耐久性和抗壓抗腐性，也能够抵抗地棲性白蟻的蛀蝕，且富有裝飾性。					

送檢單位：<u>瓊山縣博物館、山西省古建所</u>　　　鑒定單位：<u>海南省林業局</u>

送檢人員：<u>黃　健（縣博物館副館長）</u>　　　鑒定人員：<u>符國瑗（高級工程師）</u>

　　　　　<u>吳　銳（古建所高級工程師）</u>

送檢時間：<u>公元 1992 年 12 月 26 日</u>　　　完成時間：<u>公元 1993 年 1 月 1 日</u>

（五）勘察結論與殘損狀況等級鑒定

通過以上各節的論述，我們已對本次勘測工作中所掌握的丘濬故居前堂、可繼堂以及其他構築物的承重結構和相關工程中所存在的各類殘損狀況有了一個較爲全面系統的瞭解。經過對故居建築的屋架結構、柱額梁枋、斗栱鋪作、屋蓋瓦頂、墻體裝修等各部位所普遍存在的多種殘損病狀的殘損範圍、殘損程度、殘損數量及其相互關係進行現場檢查和綜合分析，我們認爲故居建築的主要損壞現象和結構可靠性狀況可以概略地歸納爲如下幾個方面：

第一，前堂、可繼堂的屋架結構體系均已年久失修，嚴重損壞。其主要承重構件——柱、額、梁、枋存在許多嚴重的白蟻蛀蝕、受潮腐朽、劈裂折斷、構件缺失等險情和病害，并已引發了局部坍塌（可繼堂南次間屋架）現象和廣泛的連鎖損壞現象。

第二，前堂、可繼堂的山面梁架雖爲後人改造的結構，但因結構設計和木材選擇不當，均已再次呈現出梁枋折斷和構件坍落現象。這部分承重構架已處於嚴重危險狀態，隨時可能發生意外事故。

第三，前堂、可繼堂的斗栱鋪作早已不存和嚴重殘損者約佔總鋪作數量的 2/3 左右。因歷史上斗栱損壞時，後人多以短柱置換法替代其原有結構功能。這類不當維修在梁架結構的構造節點中留下了大量的構造隱患和不良影響。勘察時發現的許多嚴重殘損點均與這種隱患有關。這種構造做法和由此導致的殘損點嚴重影響着建築物的結構安全。

第四，故居建築六百餘年來曾飽受蟲蟻危害。勘察中不僅發現了許多木構件上存在的蛀孔、溝槽等蟲害、蟻害殘損點，而且發現了仍然生存着且正在實施危害的活着的海南土白蟻。白蟻危害對這處木結構古建築的結構安全構成了嚴重的威脅。

第五，爲了擴大室內使用面積，後人曾將前堂、可繼堂的原有檐墻拆建移位於前後檐撩檐槫下。這就使原來木構架中的柱網體系失去了墻體的扶助作用和穩固作用，又因部分襻間枋和柱額曾被近人鋸斷另用，建築物的木構架體系的原有穩定性已受到了嚴重破壞，在外力作用下（如臺風、地震等）柱子傾斜歪閃、梁架拔榫鬆散、檩條滾動位移現象隨之發生。據房主人和當地文物管理部門觀察，近年來這類損壞現象的發生、發展速度呈與日俱增之勢。

第六，前堂、可繼堂的屋蓋瓦頂局部坍塌、滑坡撕裂、凹陷漏雨、屋桷朽壞、檩槫損毀等現象并存。在海南濕熱多雨的自然環境中，雨水的不斷衝刷無疑對文物建築的安危將帶來致命的危害。

第七，故居建築的現存墻體多已出現破損、坍塌現象，裝修也存在嚴重的腐朽、缺損現象。室內地面高低不平，剝蝕嚴重。室外堆積雜亂，排水不暢。這些現象均直接影響着日常使用和文物管理工作。

第八，可繼堂南山墻與丘氏祖祠的後堂相依而建，共用一堵山墻。因可繼堂南次間屋架現已坍塌 1/2，且南山面構架也已岌岌可危，所以可繼堂的安危也直接關係着丘氏祖祠正堂的安危。

鑒於以上所述原因，我們認爲丘濬故居的現存建築由表及裡廣泛存在着嚴重的殘損病害和構造險情。可以説，其承重結構整體上已處於構架損壞、局部坍塌、瀕臨傾覆的危險狀態。其相關工程的許多方面也已處於殘缺不全、損壞嚴重、不能正常使用的嚴重境地。

根據中華人民共和國國家標準《古建築木結構維護與加固技術規範》（GB50165－92）的有關規定，可以判定丘濬故居現存建築爲 IV 類殘損建築。考慮到其建築物的整體結構的可靠性與安全性均處於嚴重危險狀態，且隨時可能發生意外事故，導致更大範圍的殘壞和坍塌，建議立即採取相應的搶險加固和修繕保護措施，借以贏得時間，早日實施維修，確保其轉危爲安，永存於世。

（六）對故居建築修繕保護工程的幾點建議

為使故居建築能夠得到恰當、妥善、科學、有效的修繕保護，特針對即將開展的文物建築專項修繕保護工程提出如下保護意見，供有關方面參考。

第一，丘濬故居前堂、可繼堂均屬瀕臨傾覆的危險建築。因此，在正式實施修繕保護工程前，應本着"先救命，再治病"的搶險原則，採取緊急措施先行對發生險情、即將坍塌的殘壞部位進行必要的支頂救護和搶險加固，從而為編制文物保護工程設計文件贏得一段寶貴時間。

第二，保護文物古跡就是保護歷史文明。因此，實施文物保護工程，將丘濬故居真實、完整地留傳給後人，這正是我們的職責和使命。建議當地文物主管部門，盡快依據《中華人民共和國文物保護法》及其相關法律法規要求，委托專業設計單位着手研究和編制丘濬故居文物建築修繕保護工程實施方案，并按照國家文物保護工程法定工作程序積極組織方案論證、申報、審批事宜，切實做好各項前期準備工作，爭取盡早動工修繕。

第三，從本文各項論述可知，丘濬故居現存建築的承重體系及相關工程普遍存在嚴重的殘損病患。採取普通挑頂維修、局部補強方案，或抽梁換柱、防護加固方案均難以從根本上全面解除隱患。例如，暗藏在梁栿、立柱、木枋、槫額內部的蟻患及蟻巢，如不落架解體、逐一處置，要想鏟除病根、確保耐久，恐怕是難以做到的。有鑒於此，建議遵循千百年來我國土木結構古建築的傳統維修技術經驗，採取落架大修、恢復原狀的方案，開展本次維修保護工程。

第四，需要指出的是，前堂、可繼堂的山面邊縫穿鬥式梁架都是大部經過前人改造，而現今各類險情又最集中的區域（本次勘察測繪時，找到了原來山面擡梁式構架形式的物證資料）；前人採用短支柱置換去除原有斗栱鋪作的做法也廣泛地存在於前堂、可繼堂的梁架結構之中。這類歷史上修繕工程的不當干預，仍然蘊含着各類結構隱患。對於這些難以長期存續下去的結構體，應該採取怎樣的維修加固措施纔更加符合文物保護原則？建議編制修繕工程設計方案時，就此展開更加縝密的研究分析和科學論證，從而作出正確可行的抉擇。

第五，白蟻危害是丘濬故居文物建築出現險情的重要原因之一。必須徹底滅治白蟻。在本次現狀勘察過程中發現，在同樣的自然環境條件下，許多明初建築構件的白蟻蛀蝕程度却遠遠輕於清代中後期補配的構件。通過多學科專家會診分析得知，這種現象表明科學選材，選用抗蟻性能優良的木材，正是這組明代民居建築得以保存至今的建築技術要素之一。因此，在即將開展的此項文物保護工程中，能否將科學選材列為重要技術環節，能否與木材學、昆蟲學專家携起手來共同提出一個立足久遠的綜合滅蟻、防蟲、防腐方案，將事關工程的成敗得失，對此切不可掉以輕心。

第六，丘濬故居現存建築的梁架結構細部構造節點、內外檐裝修形式以及屋頂脊飾瓦件均已殘缺不全，損壞嚴重。爲使修繕工程方案真正符合修復有據、準確合理、縝密細致、切實可行的工程原則，建議當地文物主管單位組織工程設計人員帶着問題和疑點對海南瓊北地區現存的與丘濬故居建築同時期、同類型的文物建築開展一次資料蒐集和專題調研工作。

此外，積極創造條件，切實做好丘濬故居院落内部和週邊景區的環境整治工作，也是不可忽視的重要問題。

公元 1993 年 1 月 15 日

註　釋

一　公元 1994 年 1 月，海南省瓊山縣改名爲瓊山市。本文寫於公元 1993 年 1 月 15 日，故文中仍保留瓊山縣稱謂。

二　公元 1994 年，丘濬故居已被海南省人民政府公布爲省級重點文物保護單位。公元 1996 年，丘濬故居經國務院批准公布爲第四批全國重點文物保護單位。

三　丘濬出生年月有二説。據丘仁義先生家藏民國初年所刻的《丘氏族譜》所載爲"洪武乙卯年十二月十八日"，即明洪武八年（公元 1375 年）出生。兩説相差六年。若按此説丘濬享年六十二歲。

四　主要技術代表爲白蟻防治專家謝杏揚先生（廣東省昆蟲研究所高級工程師、廣東白蟻學會秘書長）、木材分類學專家符國瑗先生（海南省林業局教授級高級工程師）。

二　丘濬故居修繕工程設計説明書

（一）修繕緣起與設計依據

丘濬故居坐落在海南省瓊山縣府城鎮金花村。這是一組海南省已知現存建造年代最早、文物價值最高的木結構歷史名人故居建築。海南建省之初，當地政府就將其列爲重點文物保護單位加以特別保護。經實地勘察和現場測繪，這組文物建築因年久失修以及自然力和人爲作用造成的損壞，目前殘損嚴重、局部坍塌、險情頻生、岌岌可危，亟待全面修繕，徹底保護。

對於丘濬故居的殘損情況，國家文物局、海南省文物保護管理辦公室、瓊山縣人民政府、瓊山縣文化局等文物主管部門均極爲重視。從公元 1992 年底開始慎重組織調查，認真部署勘測，積極安排各項前期研究和準備工作，決定盡快對丘濬故居實施文物修繕保護工程。山西省古建築保護研究所應瓊山縣文化局之邀，會同海南省文管辦，共同組織技術人員進行現場勘測調研，掌握了必要的技術資料，在此基礎上擬就了本修繕保護工程施工圖設計方案。按照國家法定文物保護管理工作程序要求，本方案申報上級文物主管部門審定批准後將作爲該項文物保護工程的直接施工依據付諸實施。

編制擬定本項文物修繕保護工程實施方案的主要科學依據如下：1. 公元 1982 年 11 月，《中華人民共和國文物保護法》；2. 海南省文物保護主管部門有關文物保護工作的規定和要求；3. 公元 1993 年 1 月，山西省古建築保護研究所、海南省文管辦《瓊山丘濬故居保存現狀勘測調研報告》；4. 公元 1993 年 1 月，山西省古建築保護研究所《丘濬故居價值評估與修繕保護管理目標》；5. 公元 1993 年 1 月，山西省古建築保護研究所、海南省林業局符國瑗《丘濬故居、丘氏祖祠主要建築構件木材品質鑒定報告》；6. 公元 1993 年 2 月，山西省古建築保護研究所、廣東省昆蟲研究所謝杏揚《瓊山丘濬故居蟻害狀況勘察及滅治防護措施》；7. 公元 1992 年 12 月，山西省古建築保護研究所、海南省文物保護管理辦公室、瓊山縣博物館《海南省瓊山、定安等縣元明時期文物建築遺存調查資料》（筆記）；8. 公元 1992 年 12 月，在瓊山縣縣政府召開的《丘濬故居殘損狀況勘察測繪成果彙報研討會》會議紀要等。

本方案的設計文件主要包括修繕保護工程設計圖紙、修繕保護工程設計説明書、修繕保護工程預算書等三項文本資料。鑒於文物建築修繕保護工程與新建築建設工程的顯著不同之處就在於文物修繕保護工程的設計文件常會因爲施工過程中發現的暗藏於文物建築結構體内部的新信息、新情况而需要變更設計或優化設計,故此,設計單位將本着注重質量、跟踪服務的宗旨,精心做好這項文物修繕保護工程施工過程中的全程技術服務工作。

兹將丘濬故居修繕保護工程設計意圖和技術要點分述於後:

(二)工程目標與修繕原則

爲使丘濬故居文物建築能够得到全面徹底、恰當有效的修繕保護,本項目確定了如下工程目標和修繕原則:

1. 工程目標

①保護和修繕丘濬故居文物建築,忠實地保存和傳遞其元末明初所特有的結構特徵、建築風韻、歷史信息及其文化價值。

②保護和整治丘濬故居的庭院環境,忠實地保存和傳遞其元末明初特有的建築布局特點和院落景色(對於庭院中遺存的廂房基址,僅作現狀保存,上部已毁構造不再復建),使其歷史、藝術、科學及人文情感等歷史信息傳於後人。

③綜合治理,標本兼顧,全面修繕,立足於徹底排除存在於建築體内的各類殘損險情和結構隱患。

2. 修繕原則

①所有工程技術措施都必須遵守《中華人民共和國文物保護法》關於"不改變文物原狀"的原則。

②認真開展疑難問題的多學科聯合攻關,所有技術措施均堅持必要性原則、可逆性原則和可識别性原則。

③對於雖已損毁,但有充分修復依據的結構部位或建築構件遵行審慎修復的原則,同時使修復部位具有"修舊如舊"的風貌。而對於殘損嚴重的構件,均首選切實有效的技術加固措施進行剔補修復,盡量使其真實可靠地保存、延用下去。

(三)工程項目與修繕内容

經文物主管部門和勘察設計單位反覆研究,鑒於丘濬故居的殘損現狀,本次修繕保護工程的子項目和修繕内容確定如下:

1. 工程項目

①故居前堂修繕保護工程。

②故居可繼堂修繕保護工程。

③故居院門修復工程。

④故居照壁墻及院墻修復工程。

⑤故居後院北廂房遺址保護及庭院環境整治工程。

⑥故居庭院地表水排水系統整治及花木保護栽植工程。

以上共計六個分項工程。

2．修繕內容

經過細致分析和慎重研究，本設計確定的各分項工程主要包括如下具體修繕內容：

（1）故居前堂修繕保護工程

①基礎與臺基。據勘測，前堂基礎無明顯變形下沉跡象，各部柱礎保存較好。對此，施工中不宜撓動。臺基壓檐石雖多鬆動移位，但結構完整，以修整歸位爲主，局部補充完善。室內水泥地面及爐渣地面殘損嚴重，保留完整的檔案記錄資料後予以清除，然後沿襲殘存的早期土、砂、灰三合土地面做法築打修復。臺基外緣散水延用原有條狀石板鋪墁，缺者補充完整。

②屋身與裝修。現存前堂檐墻及內部隔墻均爲後人改築之砌體，現狀殘損嚴重，局部坍塌，難以爲繼。此次修繕時，依據現場探查發掘所得遺跡和分析結論，按原作樣式修復。其構造形制詳見前堂設計圖所示。八根石質檐柱保存尚好，原位繼用，但四根木質中柱，因局部蟻蝕中空、柱根腐朽、柱身劈裂等原因，需視具體需要進行清除蟻巢、滅殺白蟻、防腐修損、墩接加固等修繕保護。中柱修補加固後，屋身柱網構架需進行系統的糾偏歸位和抄平拔正工作，從而確保爲上部屋架構築一個堅實可靠的構架體系。前後檐明間板門現雖殘損不全，但正面者尚存門墩石、地栿石、門框、門板、門額等構件，背面板門之高廣尺度依此爲參考，設計修復。兩次間前後直櫺方窗雖爲後配之物，但因明代原來做法欠詳，窗的構造樣式仍然延用現存形制。外觀爲直櫺窗，內部設以木板窗扇，缺者補之，殘者修之，力求滿足現狀保存、繼續使用的要求。室內明次間間縫上隔斷做法，據勘察時所見殘存於中柱上的卯口及遺痕，前槽原爲板壁，後槽裝有板門，茲據以修復。據現場考察，前堂內部屋架皆爲徹上露明造做法，室內不設板壁及棚閣。修繕時，墻體內外壁面仍然按照當地傳統習俗，通抹乳白色紙筋蚌殼灰砂泥罩面。此種工程做法屬當地傳統民居室內外裝修的中檔做法。

③梁架與屋蓋。前堂梁架結構中的各部月梁梁項多已出現劈裂甚至局部折斷現象，梁身多有白蟻蝕壞部位。由於遺存珍貴，對此皆須採取剔補、拼接等方式精心加固修復後繼續使用，不得更換。南北兩山面後人更換的兩縫梁架，因現狀嚴重損壞，加之原結構中前後檐檐頭斗栱構造闕如，僅以短支柱支頂正心槫底。從整體上看，構造缺陷嚴重，無法繼續維持，取得完整的現狀資料後，根據勘測中發現的原有山面梁架乳栿遺存以及現存山面各柱榫卯構造，參照明間左右兩縫梁架做法予以修復。早已損毀的四組乳栿上襻間斗栱，依據前堂現存同類斗栱實物修復配齊。脊槫下襻間斗栱皆損毀，根據前堂斗栱用材、襻間

斗栱處短支柱的高度、槫身下部榫卯遺存、可繼堂襻間斗栱實物做法以及瓊山、定安二縣現存明代所建諸牌坊的襻間斗栱形制等勘察測繪資料設計修復。前後檐柱上基本保存的四朵柱頭斗栱需修配完善，損毀無存的四朵需整體修復。修復設計的依據是斗栱材栔模數、斗栱遺存構件、斗栱上隱出的各部榫頭卯口、可繼堂現存檐頭斗栱做法形制以及瓊山縣、定安縣現存的同時代、同類型建築上斗栱構造實物遺存等。其具體結構形制及尺度要求，詳見施工設計圖及《丘濬故居前堂各類斗栱構件統一尺寸一覽表》（表一、表二）。損壞或損毀的眉梁均參照前堂現存實物修配齊全。

丘濬故居前堂各類斗栱構件統一尺寸一覽表（表一）

斗子（檐頭斗栱）　　　　　　　　　　　　　　　　　　　　　單位：厘米

名稱	上寬	下寬	上深	下深	耳高	平高	欹高	總高	顱深
櫨斗	21	14	28	21	7	1	6	14	1
散斗	15	10.5	14	10	3	1	3	7	0.5
交互斗	15	10.5	15	10.5	3	1	3	7	0.5

丘濬故居前堂各類斗栱構件統一尺寸一覽表（表二）

栱材（檐頭斗栱）　　　　　　　　　　　　　　　　　　　　　單位：厘米

名稱	栱長	材寬	材高	上留	平出	栱眼（長×深×高）	備註
泥道栱	44	7	9.5	0	3	6×0.5×6	足材高 13.5
泥道慢栱	64	7	9.5	0	0	16×0.5×6	足材高 13.5
影栱	44	7	9.5	0	5	6×7×2	
瓜子栱	44	7	9.5	0	5	6×7×2	
一跳華栱	27.25	7	9.5	0	2	11.5×0.5×6	足材高 13.5
二跳華栱	49.25	7	9.5	0	10	11.5×0.5×6	足材高 13.5

　　前堂屋架梁栿枋材，凡內部出現蟻蝕中空或外部出現受潮腐朽之處，盡量修補加固後繼用，但解體落架後若發現殘壞嚴重、影響結構安全者，經研究批准後，方可參照原件做法及形制複製安裝。屋架中的駝峰、替木、斗子、栱材皆需設法加固修補後原件繼用，一般不得更換。鑒於屋桷多已漚損或被後人更換，幸存的部分明代原件和清前期配件，其端部也多已出現損壞現象。修繕時須逐一檢查認定，可繼用者修補加固後原位歸安，難以維持繼用者，用同質地的木材，按明代屋桷的形狀、規格、工藝複製并進行白蟻防治處理後安裝使用。近人所添加的雜桷，留存記錄資料後不再使用。爲提高屋蓋上部的整體剛度和

抗變形能力，施工時在每間間口之內暗設"拉杆椽"性質的屋桷四道，從而使屋桷與榑條固結起來，確保安全耐久。

前堂屋面做法與內陸不同，屋面底瓦（板瓦）及上部筒瓦均直接瓦裝於斷面矩形的屋桷兩肩上。這種做法往往由於屋桷兩肩與瓦背之間的摩擦力不足，而出現大面積滑坡現象，并形成一種質量通病。前堂、可繼堂均存在此類現象。針對這一問題，此次動工修繕時，應在屋桷背上採用暗設絆腳鐵釘、增添連接鐵活等方法，使屋桷與瓦面相互牽扯，固爲一體，從而在防止屋面滑坡方面起到良好作用。

按照本工程的既定目標，前堂屋面筒瓦、板瓦皆依現存明代原件規格布設。屋脊、吻獸、勾滴等各類瓦件則依據與前堂同時期、同類型、具有確切記年的定安縣明代解元坊上石刻史料設計修復。山花博風用當地傳統灰塑方法塑造，但施工中如發現有關前堂脊飾瓦件及山花博風的實物殘片或實物遺存，則須據以進一步調整和優化本設計。

（2）故居可繼堂修繕保護工程

①基礎與臺基。可繼堂基礎與臺基目前并未發現明顯損壞跡象，施工時無需撓動。但因後院墊土及堆積物較多，導致自然地面相對變高，原有臺基掩埋過半，施工時須據發掘資料和庭院排水設計所需尺度合理調整室內外地面相對高差，以免因雨水入室或雨水積存而產生危害。詳見丘濬故居橫剖面設計圖所示。

丘濬故居的庭院地表水是自後院而中院、而前院、而院外依次排泄的。爲使地表水排泄順暢，前堂和可繼堂的臺基之內均暗設有排水溝槽。修繕施工時，應對此實施維修疏浚，并在其外圍加設防滲止漏墊層，以免雨水下滲危及基礎。

臺基壓檐石及週邊散水石年久失修，凹凸不平，應修整歸平。後院積土應予清除，恢復其原來地面標高。修復後的臺基出地總高30厘米，其中臺基淨高24厘米，散水石板斜面垂高6厘米。明間前後各設自由式踏步石一級。室內地面，據發掘所示，原爲紅壤、海沙、蚌殼灰三合土築打地面。修繕時對後人改築的水泥地面及爐渣地面拍照、記錄、留取部分標本資料後予以清除，然後採用傳統配方和傳統工藝復築爲三合土地面，要求地面成型厚度爲5～8厘米，地面上皮標高與柱礎石的礎盤取平。

②屋身與裝修。可繼堂現存牆體，特別是前後檐牆及室內隔牆均爲後代工匠移築、添造或重新砌造之物。總體上看，現狀殘損坍塌嚴重，無法長久維持繼用。考慮到該建築的木結構主體仍爲創建時的原有構造，而各部位牆體的原來位置和做法經過局部發掘探查，也已找到結構榫卯、鑲板溝槽、地栿、柱額等原作的可靠遺跡（諸如，一、山牆內皮與山柱立頰內皮取齊，立頰、地栿、柱額之間鑲裝板壁的槽口仍存於牆內。二、堂內兩次間金柱之間裝設板壁的地栿尚存，礎耳仍在），本方案決定按原狀修復。用木製板壁分隔室內空間。這是海南明清以來民居建築中較高等級的室內裝修做法，也是海南建築史上難得的早期建築實例。

可繼堂後檐的八根圓形石柱，保存基本完好，應原物繼用。對其餘十二根木柱中的殘損嚴重者，凡可採用剔補、墩接、加設鐵箍等方法修繕繼用者均不得更換；確屬損毀無法繼用者，方可採用抽換修復法實施維修。山面邊縫梁架中經後人添配的山柱，規格細小，損壞嚴重。此次修繕應按其下部鼓形柱礎石所顯示的原有柱徑尺度，并參照同類實物做法復原歸安。山墻內皮與山柱立頰外皮取齊，這是當地明清以來習用的山墻砌造手法，應保留延襲。

可繼堂是一座梁架結構中大木構件明栿做法與草栿做法兼而用之的古代民居建築。其明栿月梁造區域包括明間兩側構架看面和前檐廊步構架。根據現場探查及分析論證，可繼堂的前檐插廊原來應爲敞廊，是後人爲擴大室內使用面積纔將前檐墻移築於廊柱下的（考察發現：一、被墻體包砌起來的前檐廊柱柱礎均爲露明造鼓形柱礎。二、在前檐兩次間石質廊柱頭處曾開有架設柱額的卯口。三、該建築的前檐柱柱礎石及廊柱柱礎石個別部位曾被後人調換過，因此出現了柱礎石礎耳位置方向不合邏輯的現象）。有鑒於此，本次修繕工程決定恢復其前檐敞廊的本來面貌。

修繕後的可繼堂明間仍應保持明栿做法。修繕時，據勘察所得依據，明次間間縫上恢復木製板壁做法。後金柱間的屏板左右分設腋門，其上方亦據各部位榫卯及遺痕修復祖龕。明間後廳兩側各設木質便門通向次間後室。兩次間後室與前室之間，亦於後金柱處設板壁分割。山面邊縫構架均於縫心處鑲裝板壁，從而形成三面鑲裝板壁，正面、背面檐墻上設方窗採光，便門位於一隅的室內外空間劃分格局。

可繼堂共設出入房間的前後大門兩副（大規格雙開式板門）、室內使用的便門六副（小規格雙開式板門）。本工程均依據殘存於今的門下地栿構造、門軸孔的距離、門板門幅尺度及其相關構件榫卯資料，經考察分析後設計修復（詳見有關設計圖）。兩次間前後直欞方窗，原來形制欠詳，應現狀保護，并適當予以修整完善。前後檐墻內外壁面，按照墻面原有做法披抹乳白色紙筋、蚌殼灰砂泥護面。

③梁架與屋蓋。可繼堂前檐敞廊下月梁造乳栿背面的白蟻蛀蝕溝槽及受潮腐朽部位，均採用剔補法實施維修，不宜更換。各部位毀棄無存的剳牽、斗子、替木、栱材均修配完整，恢復原制。前檐廊下南北兩山邊縫處構架，按南山殘存構架做法，以缺者補之、殘者修之爲原則，恢復原狀。襻間斗栱中已散失無存的駝峰、大斗、泥道栱，均需補配齊全。

明間左右兩縫梁架，北縫較南縫保存完整。針對勘測調研時歸納的五種殘損類型，榫卯鬆散拔脫者立木整架時整修歸位。榫卯折斷或腐朽者要逐一視損壞狀況採取技術措施，剔除朽壞，接補殘缺，盡量令各梁栿、枋木得以保存，并確保恢復原有功能，發揮原有作用。對於局部殘損的襻間斗栱實施局部修復。對於殘損無存的襻間斗栱則依據同類實物和設計文件要求修復完整。各部位檁條滾動現象，在重新立木時須糾正歸位，釘結牢固。對於因白蟻危害而造成的梁栿損壞之處，除了盡力清除表面殘損和徹底滅治蟻患，還須努力查清隱藏在大型構件內部的蟻巢、蟻害，并實施根治和修理（具體措施詳見下節專項設計說明）。對於梁架構造中的其他構件散失現象均修配完整，梁架縫上的鑲板損壞現象也須修補完好。

鑒於可繼堂南北兩山面後人改築的穿鬥式梁架存在構造缺陷且已到了嚴重損毀難以爲

繼的程度，而勘察測繪時又找到了這兩縫樑架本爲擡樑式月樑造草栿做法的準確依據。本方案決定按原狀修復。其構造形制及規格尺度詳見有關工程設計圖所示。

可繼堂各部位的樑栿、斗栱，保存實物者盡量原件加固後繼用，局部缺損者按照設計圖所示規格及藝術形式製做修配。需要注意的是：一、各部位貼耳斗皆爲隨樑栿製成的隱刻斗。二、貼耳斗及隱出心斗僅在明栿一側出現。三、各層月樑首尾斜項（小栱頭）、要頭等構件，僅在明間左右看面一側有刻深（明栿做法）。四、各樑栿首尾縱向栱材，除個別小栱頭外，皆與樑栿連體隱刻而成。前檐插廊檐頭斗栱現均包砌於墻頭之內，其中明間南平柱上斗栱及西南角柱上斗栱保存較完整，是修復這類斗栱的重要參照體。不同部位的栱材、斗子的規格尺度及形制特徵，詳見《丘濬故居可繼堂各類斗栱構件統一尺寸一覽表》（表三、表四）。

據現場勘測，可繼堂屋桷斷面規格約合一材，屋面用桷數量與瓦壟數量相同。爲加強屋面整體性，并防止屋面大面積滑坡，施工時要按上述前堂工程做法，設置"拉杆椽"，釘置絆腳釘，綁紮防滑絲，并請有豐富經驗的老匠師操作宨瓦。必須做到底瓦疏密得法，筒瓦壟直坡圓，整體曲綫優美，堅固不漏耐久。

可繼堂的屋面脊飾和吻獸件現已無存，本方案暫據當地定安縣南山村明代亞元坊的相關構件形制設計修復（正脊、垂脊、吻獸、瓦件皆用灰色布瓦）。筒瓦、板瓦依據現存明式典型件翻模燒造，添配完整。溝頭滴水因無完整件流傳至今，參照當地有確切記年且與可繼堂時代相同的構件複製添配。山花博風採用當地傳統的灰塑方法塑製。

以上設計修復項目，凡施工過程中發現有關實物遺存或其原狀依據，均需立刻報告文物主管單位和設計單位，以便據以調整和優化設計。

丘濬故居可繼堂各類斗栱構件統一尺寸一覽表（表三）

A. 各類大斗 單位：厘米

位置名稱	上寬	下寬	上深	下深	耳高	平高	欹高	總高	顱深	備　註
堂內中柱上柱頭櫨斗	29	19	29	19	6	1	6	13	1.5	可繼堂柱頭櫨斗、樑架坐斗皆爲獨立木製構件。
堂內二層月樑（二椽栿）樑背駝峰上坐斗	22	12	26	16	6	1	6	13	1.5	可繼堂柱頭櫨斗、樑架坐斗皆爲獨立木製構件。
堂內底層月樑（三椽栿）樑背駝峰上坐斗	20	10	29	19	7	1.5	7	15.5	1.5	可繼堂柱頭櫨斗、樑架坐斗皆爲獨立木製構件。

堂內老檐柱柱頭上櫨斗	33	23	31	21	7	1.5	7	15.5	1.5	可繼堂柱頭櫨斗、梁架坐斗皆爲獨立木製構件。
前檐插廊底層月梁（乳栿）梁背駝峰上坐斗	24	14	29	19	7	1.5	7	15.5	1.5	可繼堂柱頭櫨斗、梁架坐斗皆爲獨立木製構件。
前檐廊柱柱頭櫨斗	29	19	29	19	6	1	6	13	1.5	可繼堂柱頭櫨斗、梁架坐斗皆爲獨立木製構件。

丘濬故居可繼堂各類斗栱構件統一尺寸一覽表（續表三）

B. 各類散斗、交互斗　　　　　　　　　　　　　單位：厘米

位置名稱	上寬	下寬	上深	下深	耳高	平高	敧高	總高	顱深	備　　註
堂內梁架栿首與襯方頭間散斗	8	7	14.5	8.5	3	1	3	7	0.5	係隨栿首隱刻的貼耳斗，僅明栿做法一側出現。
堂內老檐柱斗栱栿首與襯方頭間散斗	8	7	14.5	8.5	3	1	3	7	0.5	係隨栿首隱刻的貼耳斗，僅明栿做法一側出現。
廊檐下柱頭斗栱中散斗	14.5	8.5	14.5	8.5	3	1	3	7	0.5	獨立木製構件。規格不盡相同。
	14.8	7.8	14.8	7.8	3	1	3	7	0.8	
堂內梁架斗栱中隱出心斗	8.5	7	14.5	8.5	3	1	3	7	0.5	即鋪作心交互斗，爲利用梁栿自身連體隱刻而成。
插廊柱頭斗栱中隱出心斗	8.5	7	14.5	8.5	3	1	3	7	0.5	即鋪作心交互斗，爲利用梁栿自身連體隱刻而成。
廊檐下柱頭斗栱中交互斗	14.5	8.5	14.5	8.5	3	1	3	7	0.5	連體隱刻而成。

丘濬故居可繼堂各類斗栱構件統一尺寸一覽表（表四）

A. 橫向栱材　　　　　　　　　　　　　　　　　　　單位：厘米

位置名稱	栱長	材高	材厚	栔高	栔厚	栱眼長	栱眼高	栱眼深	上留	平出	卷瓣	備註
堂內二層月梁（二椽栿）上捧節令栱	48	11	5.5	0	0	12	2.5	5.5	0	0.5	0	現存實物材栔高度不盡相同。
堂內一層月梁（三椽栿）上捧節令栱	48	11	5.5	0	0	12	2.5	5.5	0	0.5	0	現存實物材栔高度不盡相同。
老檐柱柱頭斗栱中泥道栱	48	11	5.5	0	0	6	2.5	5.5	0	0.5	0	現存實物材栔高度不盡相同。
老檐柱柱頭斗栱中泥道慢栱	72	11	5.5	0	0	20	2.5	5.5	0	2	0	現已無存，僅留卯口及栱位，可據此復原補缺。
插廊一層月梁（乳栿）上捧節令栱	48	11	5.5	0	0	12	2.5	5.5	0	0.5	0	
廊柱柱頭斗栱中泥道栱	48	11	5.5	0	0	12	2.5	5.5	0	0.5	0	
廊柱柱頭斗栱中泥道慢栱	72	15	5.5	4	3	20	6.5	2.5	0	2	0	實物不存，可據卯口痕跡復原補缺。利用柱頭枋雕爲隱刻慢栱。

丘濬故居可繼堂各類斗栱構件統一尺寸一覽表（續表四）

B. 縱向栱材　　　　　　　　　　　　　　　　　　　單位：厘米

位置名稱	栱長	材高	材厚	栔高	栔厚	栱眼長	栱眼高	栱眼深	上留	平出	卷瓣	備註
堂內頂層月梁（眉梁）栿尾小栱頭	自中柱心：35	11	5.5						0	8	0	小栱頭即月梁之斜項，梁項與梁身爲連體隱刻，梁項刻深2.5～2.8厘米。

堂内頂層月梁（眉梁）栿首小栱頭	自斗栱心：28	11	5.5						0	1.5	0	小栱頭即月梁之斜項，梁項與梁身爲連體隱刻，梁項刻深2.5～2.8厘米。
堂内二層月梁（二椽栿）栿尾小栱頭	自中柱心：39.5	12.5	5.5						0	9	0	小栱頭即月梁之斜項，梁項與梁身爲連體隱刻，梁項刻深2.5～2.8厘米。
堂内二層月梁（二椽栿）栿首小栱頭	自斗栱心：30	12.5	5.5						0	2	0	小栱頭即月梁之斜項，梁項與梁身爲連體隱刻，梁項刻深2.5～2.8厘米。
堂内底層月梁（三椽栿）栿尾小栱頭	自中柱心：41	15	5.5						0	9	0	小栱頭即月梁之斜項，梁項與梁身爲連體隱刻，梁項刻深2.5～2.8厘米。
堂内底層月梁（三椽栿）栿首小栱頭	自斗栱心：33	15	5.5						0	2	0	小栱頭即月梁之斜項，梁項與梁身爲連體隱刻，梁項刻深2.5～2.8厘米。
插廊頂層月梁（眉梁）栿尾小栱頭	自老簷柱心：39.5	12.5	5.5						0	9	0	小栱頭即月梁之斜項，梁項與梁身爲連體隱刻，梁項刻深2.5～2.8厘米。
插廊頂層月梁（眉梁）栿首小栱頭	自斗栱心：33	12.5	5.5						0	2	0	小栱頭即月梁之斜項，梁項與梁身爲連體隱刻，梁項刻深2.5～2.8厘米。

名稱	位置											備註
插廊底層月梁（乳栿）栿尾小栱頭	自老檐柱心：41	15	6						0	9	0	小栱頭即月梁之斜項，梁項與梁身爲連體隱刻，梁項刻深2.5~2.8厘米。
插廊底層月梁（乳栿）栿首小栱頭	自斗栱心：35	15	6						0	4	0	小栱頭即月梁之斜項，梁項與梁身爲連體隱刻，梁項刻深2.5~2.8厘米。
廊檐下斗栱外出一跳華栱	自廊柱心：31	18	6						0	3	0	由順栿串首出柱（廊柱）製成。
廊檐下斗栱外出二跳華栱	自檐柱心：46	15	6	4	2	12	6.5	2	0	2	0	爲插廊底層月梁（乳栿）栿首出柱隱刻而成。
廊檐下斗栱外出要頭	自檐槫中：21	11	6							4		爲插廊底層月梁（乳栿）栿首出柱隱刻而成。
脊槫下丁華抹頦栱（蘇葉頭形）	自中柱心：28	12	6							4		據遺痕及實物資料復原安裝。

（3）故居院門修復工程

鑒於現存丘濬故居院門是近年來草率構築的混凝土平蓋板式構築物，文物價值極低，而且其建築造型和外觀風格皆與丘濬故居院内建築不相協調，本方案決定按照調查所知原來院門形制和當地明代建築風格實施復建。據丘濬後裔及當地村民回憶，故居院門原先就在院落西南角處。院門裝設雙開式木製板門，門身與院牆取齊，門上築有瓦造屋頂，檐頭曾有斗栱類構造。經考察，瓊山城内及與瓊山接壤的定安一帶，至今仍然保存有部分類似的清代大姓家族院落門樓實物。至於門樓細部構造做法及檐頭斗栱也有多處可資參考的明代建築遺存。

依據以上綫索設計修復的故居院門是一座二柱一間式門樓。門樓建於低矮的臺基之上，前檐設垂帶式踏步三級，後檐設自由式踏步二級。門樓的部分壓檐石仍爲舊件。門樓左右門墩石也爲原有文物遺存。門口規格及建築尺度參照原有院門計算設計。門樓樓身二中柱間設可拆裝式地栿，柱側輔以立頰，上架門額，内裝雙開式板門，門頭設門簪兩枚。柱子上部橫架額枋，隨檁枋上承脊檁，縱向自柱子上部前後各挑出兩跳華栱，栱端設交互斗、替木、上承撩檐檁。前後撩檐枋和脊檁之上釘屋桷，苫裝筒板布瓦屋面，構成懸山式樓頂。

根據當地習俗，門樓兩根中柱的縱向不設戧柱而以短牆圍護。短牆以石砌造，外面披抹紙筋灰砂泥兩遍。其他細部做法，參見設計圖紙。

（4）故居照壁墙及院墙修復工程

故居西側院墙及中央照壁墙，此次維修時由東北至西南走向的斜墻改爲正西墻。石造墻體仍用"細石屬灰泥"做法，墻頭以筒板布瓦瓦裝墻帽。照壁墻外邊砌出垂直邊框，上部分三段起凸墻帽，逐層疊澀向上。各部位墻體正背兩面及照壁墻墻心皆按當地民居傳統習俗披抹紙筋蚌殼灰泥。墻體細部尺度及做法要求詳見有關設計圖所示。

前院南北圍墻及後院南圍墻均按後院北側殘存的清代戴帽圍墻形制和尺度修復。這項工程規模不大，構造簡單，祇要照圖施工，嚴把工程質量關，理應出色完成。

（5）故居後院北廂房遺址保護及庭院環境整治工程

丘濬故居後院北側現存的廂房基址及其殘垣斷壁應以遺址保護法實施維修。施工時不要撓動建築基址，不要撓動殘存的後墻及山墻殘垣，但應將基址上堆積的石塊、垃圾和新砌火臺等清理乾净，還應對墻體上行將散落的石塊和臺基外圍的壓檐石歸位整修實施加固，以便展示廂房建築格局和建築功能的同時，給人們留下充分的想像空間。

前後庭院中堆積的垃圾雜物一律清除，隨意開闢的瓜果菜園徹底清理，但當地傳統民居建築庭院中習慣栽植的人心果、旅行蕉等熱帶樹木要善加保護。

爲了保持丘濬故居的傳統庭院環境風貌不受破壞，現存於前後院中的水泥抹面甬道應予廢除。新的甬道鋪砌方法，皆按照局部發掘探查所知以及當地明清以來的庭院甬路通例做法予以修復。具體要求詳見有關設計圖所示。

（6）故居庭院地表水排水系統整治及花木保護栽植工程

在維修工程實施過程中，要求對丘濬故居的前後庭院實施進一步探查分析和水準測量。準確查明原來前後庭院的地面高差及地表水排放坡度，校驗并將其納入金花村及其相鄰民宅排水系統之中。確保故居院落排水順暢，不留隱患。

丘濬故居庭院地表水排水工程的排水綫路，仍然採取由後院而中院、而前院、而院外的順坡排水走向。前後院之間的排水管道仍然按照傳統做法布置在可繼堂和前堂的臺基之內（即暗設排水管道）。根據庭院匯水面積實際情況，排水暗管不宜少於兩條并要求於入水口處加設雜物、枝葉濾水篩網，以防堵塞。

我國自古以來建造住宅時就非常重視庭院內外的花木栽植事項，并常常以此表達人類情感，塑造環境品格，素有"無花不成家，無樹不成院"及"無花木則無生氣"之説。丘濬故居的古代花木，除了前堂北次間前的人心果樹樹齡較長，其他多已不存。鑒於丘濬故居所具有的重要文物價值和文化特徵，庭院花木如何纔能得到妥善保護并合理配植，這是本工程需慎重研究對待的問題。

丘濬第二十四代傳人丘仁義先生是瓊山園林實業發展有限公司的園藝師和總經理。作爲丘濬故居的宅主和庭院景栽的專家，在如何保護和體現故居文化傳統特色，如何選擇和補植符合傳統民宅鄉土特色的植株品種方面，他是最有發言權的。經過慎重研究形成如下實施方案：

①故居前堂北側的原有人心果樹精心剪修後，原位保護。其他花木不再保留。

②在故居前院照壁前方的左右兩側分別種植朱砂橘和酒杯椰各一株。

③在故居前堂前檐明間左右兩側各植羅漢松一株。在前院南側與北側人心果樹對應部位種植蘇鐵和紅杏樹各一株。

④在故居後院前堂檐下、甬道兩側各植紅鐵樹一株。

⑤在可繼堂前檐明間檐下甬道兩側各植旅行蕉一株。

⑥在故居正面照壁牆外牆腳外側栽植富有當地鄉土特色的草本花卉一圍。

（四）白蟻滅治與日常防護

白蟻素有畏光怕寒、活動隱蔽的生物學特徵。對於海南寶島的磚木結構古代民居而言，白蟻大都在大木構件內部、土石砌體之中或建築地面下方實施危害。其危害過程常常被人們所忽視。當引起人們警覺時，其危害程度已較爲嚴重，造成損失已在所難免。因此，爲使這組海南省目前已知建造時代最早的木構民居建築永存於世，盡快對故居建築的木構屋架及地基牆體等進行白蟻滅治并堅持日常防護是非常必要的。我們提倡的白蟻防治原則是當前立足於根治，今後側重於防護。爲此提出以下白蟻滅治措施和建築防護方案供修繕保護工程及今後日常保管所採用。

1. 基礎土根及砌體結構的白蟻滅治

按照白蟻的繁殖習性，每年 4－6 月晚上 7 時左右，白蟻的繁殖蟻（俗名大水蟻）在空氣溫濕度適宜的時候，即從地面孔穴中紛飛脫翅，直向高空，雌雄交配後就有可能繁殖建立一個新的蟻群。這時原有地下隱藏的白蟻巢，其活動範圍方圓可達 100 米左右。要杜絕新蟻群的產生和舊蟻群的危害，就要在此之前進行包括清基滅巢、施藥滅蟻等具體措施在內的白蟻滅治處理。

本方案選用 2% 氯丹乳劑（Chlordance）處理地基土根。在建築物之內劑量要求是每平方米用該藥劑 4 公斤。

應該注意的是室內木柱週圍、地面與牆體交接縫隙、木門框、木柱、木地栿與地面接觸處均爲重點施藥部位。爲防止白蟻在牆內活動或築巢，當新砌牆壁砌至高 50 厘米左右時也應用 2% 氯丹乳劑處理上平面一次。對於需要實施保護不可拆除重砌的舊牆體，如發現隱患，則應局部去除面層，認真探查，徹底消滅牆內殘存白蟻。

對於建築內部地下基礎及地基土根之內的白蟻要堅持"探查細緻，治滅務盡"的原則，不得留有死角，以免死灰復燃。

對於建築物臺基散水部位及外部排水溝槽均應進行認真細緻的滅蟻處理。用 1.5% 氯丹乳劑全面分層噴灑施藥，然後分層覆土填埋，從而在建築基座的外圍形成一個相互圍合的白蟻滅殺封鎖溝，并使之起到殺蟻及防範的雙重作用。

2．木作構件蟻害部位的滅治

如前所述，丘濬故居前堂和可繼堂建築的大木構件大多採用的是産自越南等東南亞國家的格木。這種木材是具有良好的抗白蟻性能的佳木，也是故居建築得以保存至今的重要原因。由於故居建築建成至今畢竟已有六百餘年的歷史了，年老失健，蟻害纏身之處舉目皆拾，已成現狀。根據國家文物保護法規的要求，被白蟻侵害過的文物建築構件，不論程度如何，均應本着能經過滅蟻處理、嵌修補強繼續使用的構件，均不得更換構件的原則進行修繕保護。

對於木作構件中被白蟻食爲空殻的圓柱形構件(如柱子、檁條等)應盡量採取除蟻清創(即清除白蟻巢穴及侵蝕受損部位)、施藥填補(即先用1%的氯丹乳劑塗刷兩次，再用同類佳木嵌補填充，粘合修補)的辦法進行保護加固。施工時不應傷害構件外表木質軀殻。

對於木作構件中被白蟻侵蝕爲大小溝槽的各類枋材（如下部地栿、襻間枋、月梁、斗栱等）則宜採用因形就勢、剔槽除創、施藥滅蟻和榫卯拼接、嵌補歸平的辦法進行加固保護。施工時構件縫隙及凹陷部位須滿刷藥劑，并應設法達到嵌補構件的內部消除蟻患，其外表與原來舊件工藝精度相仿，外觀乍看渾然一體的質量目標。

對於明代原有木作構件，從結構安全的角度經過逐件質量檢查後，立木架榑之前，均應嚴格實施白蟻治滅處理。具體方法是用1%的氯丹乳劑噴霧或掃刷浸滲兩次。第一次與第二次施藥間隔爲4－8小時，通常藥劑控制用量爲木材外表0.5－1公斤/平方米，藥劑滲入木材1.5毫米左右爲宜。施工時需要注意的是氯丹乳劑爲深黄色或淺褐色粘稠狀液體，施藥後往往會加重構件的色澤，因此藥劑不宜配製過濃，也不宜施用於有彩繪的構件或壁面上。對於舊構件的施藥應本着不可超量超濃的原則調配操作。

對於重新補配的大木構件，選材時應避開樹木表皮部位，使用前均用2%的氯丹乳劑噴霧或掃刷兩次，兩次施藥的間隔爲4－8小時。要設法使藥劑滲入木質外表1.5毫米左右。其構件疊壓部位應重點施藥防治。

氯丹乳劑廣泛用於散白蟻及農作物白蟻的防治領域，實踐證明防治效果良好，持久性較强，但也存在刺激性較大，對人畜有一定毒性等缺點。據國外報道，100%防白蟻年限最長可達三十七年。據實踐經驗顯示，用上述方法處理過的地面及木材白蟻滅治，其有效保證期可達十年以上。

3．建築物的日常防蟻與防護

丘濬故居明代木構建築，經過上述方法清巢滅蟻和施藥根治之後，在相當長的時間內無白蟻危害是有保障的，但并非一勞永逸。定期查防，實施保養，纔能使其延年益壽，免遭蟻害。在這方面應特別注意以下幾個問題：

首先是要創造對白蟻生存不利的環境條件。這對白蟻防治工作是有重要意義的。由於白蟻是喜溫怕水、好暖懼寒、嗜暗畏光、趨静避震的昆蟲。因此，要創造條件，使建築物內部環境具備透光、通風、乾爽、不潮、不漏、有人活動的特徵。具體説來，在南方建築構造中屋頂上部設置的“明瓦”、墻壁窗扇及檐下迎風橫披高窗、建築下部的石砌臺基、石造柱礎、石造地栿都是兼具上述作用的構造設施。

其次是新補配構件必須選用抗白蟻性能優良的佳木品種。如確實購不到鐵梨木（格木），則應選擇烏鹽木（樏木）、黑鹽木（紫樏）、坤甸木、木莢豆木等，借以從根本上提高抗白蟻能力。

第三是要講究室內清潔衛生。避免置放污土雜物，避免出現潮濕溫熱的局部環境氣候。

今後在故居建築的白蟻預防及日常保養過程中，可根據不同情況靈活選用如下幾種誘殺方法實施技術防範和白蟻滅治：

一、若發現家白蟻出沒危害，可在其經常活動的地方放置長約 20 厘米左右的松木板，板上用黑色塑料紙或紙箱之類的物品覆蓋，一般待二十五天左右，就會引來大量白蟻。這時可施用滅蟻靈（Mirex）藥劑，利用白蟻生活中喜歡互相吮舔的特點，使其相互感染藥毒，達到整巢滅治的目的。一般而言，約十五天後，白蟻可全巢死亡。此外，也可在發現白蟻較多之處直接施用滅蟻靈藥劑或在白蟻紛飛孔處用藥。其效果同樣理想。

二、若發現土白蟻危害，可把桉樹皮或杉樹皮（20×15 厘米左右）放入塑料袋內，然後把誘餌袋安放在土白蟻出沒的地方，用老土根或其他物品覆蓋。這種方法經過七至十天可誘惑到大量白蟻，然後施用滅蟻靈藥劑，經過一段時間，可致全巢白蟻因感染藥毒而死亡。

無論誘殺家白蟻，還是誘殺土白蟻，最好同時設置多個誘殺點。同時引誘，同時施藥，同時滅治，則效果更佳。

三、若室內木柱上局部發現堆砂白蟻（Cryptotermts），可用塑料薄膜密封有蟻患的部位，然後投入磷化鋁熏殺。若木材大面積發現堆砂白蟻，則整幢建築物用熏蒸處理（需請專業技術人員操作處理），效果 100％。

採用化學藥劑進行古建築的白蟻防治和日常保養工作，還應注意以下兩個問題：

首先，進行過白蟻處理的建築構件，要盡量避免雨水衝淋，以防降低藥效，白蟻復生。其次，殺蟻藥劑衹限於使用於房屋地基土根及無油飾彩畫的木結構構件之上，并按有關規範及劑量使用，不得隨意施放，以免造成水源污染及人畜傷害。

（五）技術措施與施工程序

丘濬故居修繕保護工程是一項專業工種較多、施工程序複雜、技術要求精細、工期相對較長的系統工程。因此，在認真做好該工程項目的前期勘測調研和技術設計工作的基礎上，採取正確的技術措施和合理的施工程序，對於確保工程質量和工期進度就顯得十分重要。

1. 主要技術措施

（1）建築構架的編號拆卸與解體落架步驟

在對丘濬故居各建築實施維修之前，首先應針對其構造特徵編印專門的建築物構件分類編號與殘損狀況現場登記表冊，然後據此實施構件編號釘牌和殘損現狀實情記錄，并拍攝必要的影像資料備查。有些構件的結構内部損壞情況，待解體落架時纔能查清，對此務必及時補記在案，編號木牌應做到小巧隱蔽，易於查找，便於拆除，不損傷建築構件。這項工作完成并校核無誤後，確需落架修繕的部位方可進入解體落架階段。

一般而言，解體落架與立木修建的步驟相逆，即首先拆卸屋瓦及屋桷，然後拆卸檁槫、梁架、斗栱、柱額及門窗裝修等。對於木作榫卯構造而言，嚴禁強行拉拔和野蠻拗撬，以免對構件外表和構件榫卯造成損傷。對於特別珍貴的雕刻部位（如蔴葉頭、小駝峰、月梁曲綫等）應加設必要的保護墊層後纔能實施卸裝。對於拆卸在地面的構件應分類碼放，以便檢修加固。待柱、額、梁、檁、斗栱、屋桷等各類構件分別修補加固、複製添配完善，并局部試裝、分項驗收合格後，方可正式抄平立木，組裝構架，歸安裝修，結瓺屋面，從而恢復建築物的原構原狀。

（2）臺基的修整加固與散水石的歸位安裝

臺基修整加固包括壓檐石的修補添配和臺基地面的原狀修築兩項内容。現存壓檐石雖然規格不盡一致，但均可原物繼用。由於壓檐石大都是用耐久性極強的火山巖製作而成，因此其局部破損處以採用同質、同色、同密度的火山巖予以修補爲宜，部分缺損構件可依設計圖所示規格製作添配。臺基地面暫定運用當地傳統地面硪築技術來復築由紅土、細砂、石灰爲主料，摻以適量紅糖、糯米汁、石礬爲輔劑的三合土地面。據發掘資料所示，地面硪層厚度以 8 厘米左右爲宜。硪築工程應由當地有經驗的工程技術隊伍或工匠在局部試驗證明質量可靠的基礎上全面實施。至於臺基週邊散水石的歸位安裝應遵行原物原位繼用，缺損者添配完整的工程守則。施工時壓檐石和散水石的交接部位皆應以石灰、紅糖、糯米汁調配的粘接材料或以桐油、石灰、適量煙墨調製而成的油灰撕縫砌造。此外還須嚴格按照白蟻防治設計措施做好臺基内外及排水溝槽的白蟻滅治工作。

（3）墙體修築方法與板壁鑲裝要求

前堂、可繼堂的各部位墙體規格尺度及板壁裝設部位均以設計圖紙所示爲準。墙體仍以料石和塊石砌造，層間墊以石片、碎磚瓦片等輔材，採用紅土屬灰泥（蚌殼灰）分層砌造。砌墙時注意按照專項設計要求，採用濃度爲 2%的氯丹乳劑實施白蟻滅治和防範。各部位墙體外表均按照傳統習俗以乳白色紙筋、麥草、灰砂泥抹面封護，不得隨意添加顏料色彩。

可繼堂内按原制鑲裝的木製板壁，均須選用上好木材（如坤甸、格木等）製作。擬用木材均需經過海南省林業局有關專家鑒定認可。其含水率應控制在 15%以下，板縫採用企口縫做法拼接，下料時應避開疤節，不用邊材。施工時其外觀要達到平整、光滑、工藝精細的標準。還應按照專項設計要求做好白蟻防治和防腐作舊工作。

（4）大木構件的殘損狀況復檢登録與修補加固要求

大木構件解體落架後，均需逐一對照構件編號登記表冊進行復檢，并將復檢結論與加固對策登記在案。復檢時應特別注意採用敲擊檢查法探查構件內部是否存在中空，是否暗藏蟻巢，是否還有朽壞等隱患。若發現類似險情，必須針對不同情況採取有效加固措施。

關於木構件的加固與修補技術，我國古代匠師曾經總結和實踐了豐富多彩的技術手法，諸如剔朽嵌補、截損墩接、榫卯拉掭、繳貼拼合、組合粘連、箍捆套結。現代加固技術中的螺栓、夾板、拉筋等加固技術手段也可爲我們選用。施工時，應本着盡量不損壞文物原件的原則和努力通過加固補強使受損原件恢復生命力并得以保留繼用的原則進行維修。

丘濬故居前堂、可繼堂的每條梁栿，其首尾均雕製成了斗栱組合中的縱向栱材，從而成爲斗栱中不可或缺的組成部分，而其梁栿首尾的斗子、栱材、耍頭、栱眼又都是利用梁栿自身通體隱刻而成的。對於這種頗具特色的雕造藝術品，修繕時仍應採取妥善措施力求保持原作神韻。例如，可繼堂明間南縫東端三椽栿栿首已嚴重毀壞需要拼接，而栿身的腐朽和蟻蝕溝槽也需要進行滅蟻防腐和剔補處理。施工時，補配的梁首首先必須滿足受力要求，其次一層蘇葉頭狀華栱、二層偷心造卷頭式華栱、三層襯方頭（端部作蘇葉頭狀）及其間的各層散斗、交互斗、栱眼等均須採用看面通體隱刻的做法進行加工。實施嵌補的溝槽，其貼板兩側也應暗設內大外小的燕尾狀推拉榫，另加環氧樹脂粘接劑粘接加固，必要時還可酌情加設木釘或竹釘固定貼板。以上幾種技術措施同時使用，可以有效防止因木材年久乾縮或粘接劑老化乾縮而帶來的自然脫落或損壞。

當然，各部位梁栿首先要結合承載力驗算確定是否可以加固繼用。能夠加固繼用的梁栿應盡量加固繼用，確實無法滿足受力要求的梁栿方可複製更換。採用剔補加固法加固梁栿所用木材均須選擇符合設計要求的格木類乾燥木材，并同時做好防腐、防蟻技術處理。對於梁栿首尾榫頭出現朽壞需要除朽接榫時，首先是新接榫頭必須採用乾燥硬木，其次是榫頭裡端（接頭處）最好採用雙榫雙夾板式榫卯并用環氧樹脂粘接，附加雙暗楔或雙螺栓的方式拼接加固。必要時還可輔之以鐵箍或鐵件進行加固拉接。

對於木柱的中空現象及柱根朽壞現象，應在盡量保存原物的原則下採取除朽填補或墩接加固的方法進行修繕補強。墩接柱脚時要求採用改良的巴掌榫做法。爲使巴掌榫上下連接緊密，建議在上下榫頭裡側各附加一個寬3厘米、高3厘米、長隨柱徑、凸起向上的耳榫，榫頭端部與柱底接面處還可暗設木楔一個。這樣墩接的柱子堅固耐久，其接縫處多數情況下可不另設鐵箍。部分柱身卯口因年久局部損壞，也應盡量採用舊木進行剔補，并以環氧樹脂粘接牢固。

此外，需要特別指出的是，對於木作構件蟻害部位的白蟻滅治及防護措施，應嚴格按照有關設計要求執行。

（5）丘濬故居的白蟻滅治與預防保養要求

對於丘濬故居文物建築和庭院範圍內所存在的土木棲家白蟻屬及地棲性土白蟻屬等類白蟻的滅治防護措施可參照上節所述要求執行。但需要明確的是，運用這種方法滅治白蟻之後，雖然在相當長的時間範圍內（有效期不少於十年）不會發生白蟻危害，但十年以後，文物主管部門就應特別注意加強建築物的白蟻危害復查、監測及建築保養防護工作。這樣纔能有效鞏固滅蟻效果，使文物建築免遭新的蟻害侵襲。

（6）木作、石作添配構件及其建築材料的鑒選與鑒定要求

爲確保工程質量，杜絕白蟻危害復生，丘濬故居修繕保護工程中擬採購使用的所有木作構件用材，其品質均須送往海南省林業局聘請著名木材分類學專家符國瑗先生進行篩選鑒定，待出具正式鑒定報告符合使用要求後，方可採購使用。從生物防治白蟻的角度考慮，本工程所用各類木材皆應選用自身抗蟻、防腐性能良好的格木（即明代所謂"鐵力"木）類木材，嚴禁以次充好，粗製濫造。

在選材方面，需要複製添配的木柱、檁榑等圓柱形構件，皆須選用上好的軸心材加工製作。而各類斗栱、枋材則要求紋順質堅，無節無裂，含水率合格，破心下料製作。各類板材要選上等木材，避開表皮及節疤，注意色澤搭配要一致。

故居建築需要添配的石構件不多，但均須採用當地緻密無縫、質量上乘的火山巖加工製作。

（7）各類殘毀構件的複製添配做法要求

丘濬故居的梁架結構和斗栱鋪作都是海南建築歷史上具有劃時代意義的木結構文物遺存。因此，在修繕保護工程施工時，對於殘損無存需要添配的斗栱、梁栿、柱檁等構件的加工技法必須特別考究。

目前，故居建築的斗栱結構經過詳細測繪研究和精心修復設計，各類栱材規格、斗子大小、栱頭卷剎、斗底歃顱以及斗子耳、平、歃的高度尺寸關係和構造做法等已基本表達明晰。鑒於丘濬故居的栱材上留尺寸大多爲零，栱端形若彎弓，曲綫奇特，斗子的歃顱曲綫也極富個性。因此，複製加工時要求採用摹揭舊件，製成模板，然後據模板逐一放綫加工的方式製作，目的是忠實地再現原來構件的獨特風韻。

前堂、可繼堂的月梁造梁栿複製添配時首先要特別注意兩座建築雖然都採用月梁造法，但月梁的立面造型及斷面尺度的設計模數和尺度量值并不相同，選材放樣時對此不可掉以輕心。其次，前堂月梁均用明栿造法，而可繼堂不同部位、不同看面的月梁，明栿造法與草栿造法兼而有之，對此不可不加重視。第三，月梁造的梁栿正面形似一輪彎月，其剖面在不同位置尺度絕然不同，其側面又呈中央向前拱起的弧綫形（詳見可繼堂設計圖）。因此，這類梁栿複製時絕非輕而易舉，必須倍加重視，否則極易造成複製失誤。有鑒於此，這類藝術構件也要求採用摹揭法複製加工。

此外，前堂、可繼堂的木柱及檁榑等構件也均須注意參照設計圖的要求和同類舊構件的形制，採用傳統工藝、傳統手法加工製作。

（8）屋桷、屋瓦的鑒選與脊飾件的添配要求

由於前堂、可繼堂的屋面均曾歷經多次翻修或補修，故保存至今的屋桷規格、用材均很雜亂。在近十種不同規格、不同材質的屋桷中，經現場鑒選，決定以斷面 10 厘米 × 5 厘米的屋桷爲準實施修繕。這種規格的構件多以格木製作而成，且規格近於一材。從構造

分析角度看，也與本工程所選定的早期筒瓦、板瓦規格相互匹配。雖然這類屋椽因年久多已損毀，僅存 15% 左右可以繼用，但可能正是創建時的原物，必須妥善保護。據觀察，故居建築的屋椽搭接做法有斜搭撐、連體下開口、巴掌榫交接等三種做法（詳見丘濬故居前堂、可繼堂構件及其榫卯圖）。本次維修以巴掌榫交接與連體下開口（用於可繼堂前後老檐檁之上）兩種結構方法連接布釘屋椽。現存椽釘有鐵釘、竹釘兩類。經鑒別，認爲鐵釘爲最早的遺存，決定選用長 9 厘米、大頭 0.9×0.9 厘米的拐蓋釘釘製屋椽。清理不用的各類雜椽時，皆應認真攝影測繪，并選存部分典型構件保藏起來，傳於後世。

屋瓦與屋椽類似，不僅規格多樣，質量參差，而且破損較爲嚴重。本工程選用的板瓦大頭寬 31 厘米，小頭寬 27.5 厘米，瓦身長 30.5 厘米；筒瓦大頭外徑 12 厘米，小頭外徑 11 厘米，瓦身長 20.5 厘米。據此可知，結宽後的屋面瓦壟呈竹節狀，總體上看屋面瓦壟較窄而瓦溝較寬，出檐較短而舉高不大。這正體現了海南古代建築屋面瓦頂適應自然環境要求，加強自身排雨抗風能力的特性。

丘濬故居前堂、可繼堂的屋頂脊飾件均已毀壞無存，考慮到建築結構的需要和建築外觀形象的完整性，本工程主要參考當地定安縣的明代石坊——解元坊和亞元坊的有關脊飾資料，結合當地老者以及丘氏後裔的回憶資料設計修復。修復後的故居建築，正脊、垂脊皆爲卷草紋粘土燒製脊筒，正脊兩端并設以魚龍吻。筒瓦、板瓦皆爲布瓦，勾頭瓦、滴水瓦皆按選定的現存筒板瓦規格設計修復。施工時需要特別注意的是前堂、可繼堂根據構架尺度體系特徵，正脊兩端升起，脊身爲一條弧綫，而垂脊前端翹起，脊身呈抛物綫形。此外還應注意的是瓦的規格、質量必須符合設計要求，屋面不得用存在裂紋隱綫的瓦。底瓦搭接做法應符合當地傳統做法。裹壟灰及夾壟灰不得出現爆灰、斷裂、空鼓、裂縫等異常現象。屋脊的位置、造型、尺度必須符合設計要求，脊飾瓦件的質量須達到優良等級。宽瓦時屋面前後坡瓦壟必須伸進屋脊脊筒下方，屋脊兩側包口瓦須用鐵襻條繫緊。脊筒之內應立脊樁、填木炭、灌灰漿穩固。其接縫處皆以青油灰勾縫。青油灰配方爲蚌殼灰與生桐油的重量比 1:1，另加煙墨適量。

(9) 新配構件的防腐處理及斷白作舊要求

爲使故居建築延年益壽，所有修復添配構件及局部剔補部位均應進行重點防腐處理，原有舊件也應進行普遍防腐處理。其具體操作方法可根據現行古建築維護加固規範，採用桐油添配 5% 的五氯酚鈉刷飾法執行。

添配構件均須進行斷白隨色作舊處理。實施時應遵循添配件總體上與鄰近舊構件色調相仿、質感相近的原則進行。技術措施可採用表面作舊（如適度的劃痕、打磨等表面處理）、着色處理（如調配顏料、着色并予以退光等）、化學封護（如用膠礬水或有機硅溶劑噴涂表面封護）等技術手段。操作程序要採取首先局部試驗，觀察效果，分析比較試樣，然後調整優選，確定實施方案，進而全面推開的辦法實施。

2. 施工程序

經過勘測調研、修復設計兩個工作階段，丘濬故居修繕保護方案得到上級專家組織和文物主管部門的論證批准之後，工程便轉入施工保護階段。爲在施工階段避免返工，減少浪費，提高工作效率，從而使整個工程有條不紊地順利進行，分清輕重緩急、注意施工程序是十分重要的。茲將丘濬故居修繕保護工程施工程序列表如下，供施工時參考。

丘濬故居文物建築維修保護工程施工程序一覽表

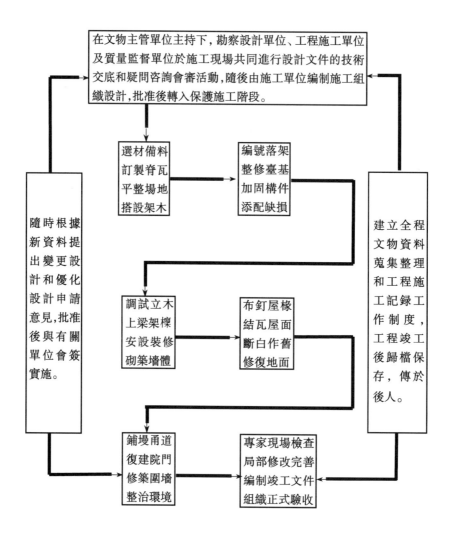

（六）施工注意事項

本文以上各節已經針對丘濬故居維修保護工程的整體目標、工程原則、工程項目、工程內容、工程措施、施工程序等問題作了簡要叙述。爲使這處文物保護工程真正達到優良等級，施工中除應嚴格遵照設計要求和國家有關文物建築維修技術規範辦事之外，特對施工單位提出如下施工注意事項，以供參考。

①要切實搞好施工準備工作，建立完善的施工管理制度。丘濬故居是有六百餘年歷史的民居建築，由於多種險情纏身，病害較爲複雜，對其實施維修絕非輕而易舉。因此，開工前必須首先做好一切施工準備工作，并建立完善的施工管理制度。其主要內容包括學習查閱施工設計文件，完成圖紙會審工作；勘察和掌握工程規模、工程特點和工程期限；調查瞭解施工現場條件；調查瞭解工程所需建築材料，特別是稀缺珍貴材料（如符合設計要求的木材、防治白蟻藥劑、燒造粘土瓦件和脊飾件的窰口、傳統鐵釘及連接鐵件的加工作坊等）的供應、生產渠道和市場行情；編制施工組織設計方案；合理調配各有關專業技術工種的人力；編制施工所需的文物保護管理制度；編制消防保安制度；編制工程質量保證體系和質量自查、自檢管理制度等。總之，要從人力、物力、技術、組織、管理等方面爲確保按時優質完成施工任務做好前期準備工作。

②要將文物科技資料的蒐集整理工作職責落到實處。作爲一項現代文物保護工程對丘濬故居實施維修，在丘濬故居的歷史上是第一次。利用這次落架大修之機，蒐集完善齊備的建築技術資料和文物保護檔案資料，這是我們不可推卸的職責。爲了切實做好這項工作，施工時要委派具有一定專業技術水平的專職技術人員負責這項工作。其主要任務包括寫好施工日志，對施工全過程進行全面記錄；拍攝影像資料，用更加形象的圖形資料反映故居建築的歷史真實性；測繪構件現狀圖，破解和記錄故居建築構造節點內部的技術內涵；現場跟班督查，找尋和記載建築結構內部暗藏的文字、題記、工匠所繪墨綫等技術信息；記錄構件殘損狀況和加固措施，補充勘察設計圖紙的不足，不斷充實文物保護管理專項科技檔案等。此外，資料蒐集的手段要注意採用文字記錄、影像攝錄、原物摹揭、實測製圖等多種技術手法。總之，要按照國家有關規定建立、健全完善全面的工程技術檔案採集、編制、歸交管理制度。

③要按照規定程序做好設計變更和工程質量監管工作。雖然建設單位交付施工單位使用的施工設計文件均爲施工的有效依據，不得擅自修改。但施工中如發現設計文件與文物建築的內部構造或實際現狀不符，或重要結構部位的材料、規格、做法、形制與設計要求有矛盾，或施工中發現了新的暗藏的文物技術信息及文化信息，施工單位均有職責書面通知建設單位和設計單位，以便及時組織有關方面的專家進行會診、洽商，研究確定技術對策，辦理設計變更手續後按重新確認簽發的設計文件組織施工。

公元 1993 年 2 月 20 日

三　丘濬故居修繕工程竣工技術報告

　　丘濬故居位於海南省瓊山市府城鎮金花村西隅。這組文物建築創建於元末明初，曾經是明代皇帝御封的"理學名臣"丘濬出生及其青少年時代居住和生活的場所。由於年久失修，時至公元 20 世紀 90 年代初期，丘濬故居的現存建築損壞嚴重，岌岌可危。其中的主要建築可繼堂也已到了面臨塌毀的程度。

　　爲了確保這處文化遺産能傳之久遠，公元 1992 年 10 月起，在國家文物局、海南省文體廳、瓊山縣委與縣政府、瓊山縣文體局、瓊山縣博物館等部門的領導下，旨在科學保護丘濬故居的文物修繕工程拉開了帷幕。公元 1993 年元月，山西省古建築保護研究所與海南省文物保護管理辦公室聯合完成了該項目的前期勘測調研工作及修繕保護工程方案設計工作。同年 6 月，修繕保護方案報經國家文物局審核批准付諸實施。公元 1994 年初，瓊山市人民政府（縣改同級市建置）也撥出專款將丘濬故居修繕保護工程當作向全市人民承諾的第十一件實事來辦。當年 8 月，保護工程正式實施。公元 1995 年 8 月，工程圓滿竣工并通過了海南省文物保護管理辦公室和瓊山市文化局組織的正式驗收，取得了可喜的成績。

　　丘濬故居已有六百餘年的歷史。在這漫長的歲月中，前人雖曾多次對其進行過修理維護，但真正將其作爲一件珍貴的歷史文物進行保護，此次維修無疑是史無前例的。應該指出的是這次丘濬故居修繕保護工程是在國內外現行文物保護法規和當代文物保護理論指導下，採用傳統的古建築維修保護技術手段與現代文物保護技術措施相結合的綜合保護方法實施保護的一項國家重點文物建築修繕保護工程。這項工程雖然規模不大，工程量較小，但工程所涉及的學科領域和專業範圍却較爲廣泛。許多工程難題是經過多學科專家携手合作、聯合攻關的途徑得以解決的。因此，工程所取得的每項成績，都凝結了諸多上級領導、專家學者和工作人員的智慧及辛勞，真可謂是一項集體勞動的成果。

　　爲了總結經驗，繼往開來，兹將本工程的施工管理做法及工程技術要點總結如下，奉獻於同仁。期望我們的實踐經驗和工作收穫，能對今後的同類文物建築修繕保護工程有所裨益。

（一）施工前期準備與工程質量控制

1. 做好施工前的各項技術準備工作

①對設計文件、設計圖紙進行現場核對與復查。爲了避免設計文件及設計圖紙出現不應有的差錯或遺漏，開工之前文物主管單位專門召集設計單位及施工單位代表，在施工現場對業經海南省文物主管部門初審、國家文物局復審合格的工程設計文件和設計圖紙逐項進行了認真的核對與復查。對一些施工中纔可能逐步深入解決的技術問題，互相交換了各自看法，形成了共同的處理意見。

②對施工單位進行詳細的設計文件技術交底。爲了使施工單位全面掌握設計文件的設計意圖、施工要求、質量目標及主要工程技術措施，開工前文物主管單位專門召集設計方與施工方的主要技術負責人，在施工現場對施工單位進行了工程設計文件的全面技術交底（註一）。在場各方就工程中的許多問題進行了深入討論，并根據討論決定形成了技術交底紀要，作爲設計文件的補充文件供工程施工時執行。

③作好市場調研，科學選材備料。丘濬故居建築木構架多以具有良好抗蟻性能的古樹名木——東京木建造而成。根據文物保護法規及工程設計文件要求，必須使用同種或同類木材實施損毀構件的替補及修繕。爲此，我們對海口、文昌、儋州、瓊山、瓊海、臨高等地的木材市場和秀英、新港、白馬井等港口碼頭的木材貨場進行了廣泛調查。對初選木材分別進行取樣送檢和科學鑒定。根據鑒定報告淘汰不合格品種，精選佳木良材，借以確保本工程所選木材的材質特性與原來建築構件用材相一致。

此外，爲了確保藥力藥效，白蟻防治工程所需化學藥劑也是在專家監督下從廣州生產廠家專程購買的（註二）。

2. 組建工程領導機構，健全工地管理規章

①組建工程領導機構，明確工程進度計劃。爲了加強工程管理，省、市文物主管部門專門成立了"丘濬故居修繕保護工程領導小組"，負責本工程的直接領導和重大事項的最終決策。工程施工單位也根據工程需要，組建了"丘濬故居修繕保護工程施工經理部"，下設資料檔案組、工程技術組、材料設備組、財務管理組、安全保衛組五個職能部門，從而明確了職責，理順了關係，爲協調工作和科學施工提供了組織保障。

根據工程設計文件明確的工程範圍和工程數量，認真評估和測算制定了工程施工進度計劃，初步決定用十至十二個月時間完成此項施工任務。

②健全工地管理規章，加強工程管理力度。爲使工地管理有制度可依，工程施工經理部擬定了一系列施工管理工作規章，如《文物消防安全保衛值守制度》、《勞動紀律管理制度》、《技術分工責任制度》、《材料、構件檢驗、復驗制度》、《工程質量分部分項檢查驗收制度》、《施工日志及會議記錄制度》、《文物技術資料蒐集測繪及技術檔案編制管理制度》、《工程進度控制要求及重大事項報告制度》等。通過工地管理規章，強化工程管理力度，

規範施工操作行爲，做到文明施工、安全施工、科學施工。

③規定了工程設計方案的細化、優化及變更程序，杜絕盲目施工現象。文物建築修繕保護工程設計文件與新建築建造工程設計文件的功能和作用明顯不同。實踐證明，許多文物建築修繕工程技術問題在方案設計階段往往由於一時不能定性定量地掌握結構體內部的工作狀態，設計方案常常需要在施工過程中進一步細化、優化和完善化。爲了杜絕盲目施工現象的發生，設計文件的變更完善工作成爲不可缺少的重要技術環節。其工作程序明確爲如發現文物建築結構體的實際情況與工程設計文件要求不符或難以適應時，由施工單位的施工負責人員提出變更設計申請，報經文物主管單位同意後，召集設計、施工單位技術代表及有關專家進行會勘研究之後，根據會勘研究意見進行變更設計，設計完成并報上級主管部門批准後由工程領導組正式簽發變更設計通知書，施工方纔能據以繼續組織施工。

3．全面做好工程質量控制工作

①加強擬用建材及建築構配件安全狀況的質量復檢工作，做好工程質量的事中控制。在丘濬故居修繕保護工程施工設計文件中，對本工程的總體質量目標已有明確要求。爲了有效預防工程質量偏差，杜絕偽劣建築材料被工程採用，所有擬用建材進入工地後均嚴格履行了二次復檢程序，并予以登記造表，存檔備查。對於施工中臨時拆卸下來的大木構件及預製備用的修復添配構件也均對其安全性、可靠性、工藝造型、尺度規格等進行了二次復檢，并履行了登記備案程序。對於檢查過程中發現或預測到的質量問題，均一一研究對

二二　丘濬故居修繕工程施工管理各方進行階段性施工質量復檢

策，採取了相應的技術處理措施。經過嚴格檢查，有部分進場建材被勒令退場禁用，有部分構件被決定返工修改（註三）。

②加強隱蔽工程的質量自檢和質量監管工作，貫徹質量第一的工作原則。"百年大計，質量第一"是這次修繕保護工程的工作宗旨。在施工過程中，除了堅持按照既定施工程序合理部署施工任務，還特別強化了隱蔽工程的質量自檢及質量監管工作。諸如基礎加固、排水暗道、白蟻防治、柱身嵌補、檁條填心加固等分部（分項）工程均列爲施工質量重點保證項目加以對待。每當施工完畢，均由施工部門先行質量自檢，自檢合格後再請設計、質監等有關人員共同進行復檢（插圖二二），并將檢查內容及檢查結論記錄在案，以備查用。各類隱蔽工程均在質量自檢、復檢合格後，纔允許進行下一道工序。

③嚴把構配件施工放樣及其藝術形制和製作工藝關，使原建築的構造體系及其藝術理念傳之永久。把丘濬故居作爲歷史文物瑰寶進行精心修繕與科學保護，正是本工程的特性所在。所以，修繕施工時不但要注重保護建築物的結構本身不被破壞，還必須保證它的藝術形制不失原樣。祇有如此，這組建築的構造體系及其藝術理念纔能傳之久遠。施工過程中對於諸如月梁、眉梁、耍頭、斗拱、雀替等藝術類構件的複製添配，均要求參照圖紙和實物兩類依據採取摹揭與丈量相結合的方式擴放大樣、加工製作，力爭做到"修舊如舊"，不允許有任何馬虎。其具體工作程序爲分析研究被複製構件，歸納出其歷史、藝術和科學技術特徵→丈量復合構件各部位主要尺寸，合理選材并初步擴放其尺寸大樣→摹揭原物藝術形制，扎譜子，連曲綫，繪製出構件藝術圖像→復查構件規格及形制無誤後，畫出榫卯位置并標明具體做法→按照原來舊構件的工藝做法（如錛、斫、鋸、鉋、鑿、挖、雕、磨等）及其藝術風格、造型、雕飾、圖案、色彩等，實施加工→對製成品進行綜合驗收，合格後登記備用。

（二）修繕工程做法與主要技術措施

根據丘濬故居修繕保護工程設計方案，本次維修保護工程的工程項目主要包括前堂、可繼堂、院門、照壁墻、庭院環境、院落排水六個分項工程。其中故居前堂及可繼堂既是落架大修工程，也是六個分項工程中的重中之重。由於這兩座建築結構體系相同，殘損險情相似，故維修過程中所採用的方案對策及工程做法也頗多雷同之處。故此，本節重點針對前堂和可繼堂的維修保護做法進行歸納叙述，所述內容基本上爲通行做法。

1. 編號釘牌，設立《建築構件殘損（缺）狀況及維修做法登記表冊》

前堂、可繼堂雖然建築體量不大，但都是由千百個獨立構件組合而成的。雖說施工之前曾由專人進行過詳細勘測繪圖和攝影記錄，并建立了保存現狀記錄檔案，然而爲了施工方便還須設立專門用於工程施工的《建築構件殘損（缺）狀況及維修做法登記表冊》。在這個表冊中，需要明確記載每個（組）構件的構件名稱、所在位置、構件編號、構件材質、規格尺度、保存狀況、殘損類型、殘損部位、殘損程度、擬採取的修補加固方法（如墩接、剔補、粘貼、拼接、修卯、接榫、補配等）、施工時的具體工程做法等技術信息和時間、地點、經辦人員等其他工程要素。我們的做法是在設立這一記錄表冊的同時，將統一製成的構件編號標牌懸掛或釘貼於構件的固定位置上，以備建築構件落架修補加固及歸安恢復原位時使用。實踐證明，施工時建築構件祇有分類編號（如斗栱、柱子、梁栿、檁槫、瓦件等）、分類拆卸、分類檢修、分類保存、分類歸安，纔能達到統計準確、管理有序、施工便捷的效果。

《建築構件殘損（缺）狀況及維修做法登記表冊》不僅有利於工程施工，而且也是文物保護工程科技檔案所不可或缺的重要內容。從長遠的觀點看，還是今後進行建築文物日常保養維護的重要參考資料。

2．研究鑒別，理清原建構件和後人修配構件的保存狀況

根據勘測調研，前堂、可繼堂創建於明代洪武初年。六百多年來，曾歷經後人挑頂修繕或局部拆修過四次以上。因此，部分建築構架及許多建築構件曾被後代工匠修配或加固過。我們認爲能否準確掌握不同時代建築構件的形制特徵和工藝做法，對於能否做到“修舊如舊”至關重要。因此，利用此次修繕施工的機會，施工經理部曾專門委派技術人員，根據前期調研報告，并借鑒考古形制學、製作工藝學、材料分類學等學科方法，對主要構件的製造年代、形制特徵、工藝做法、用材品質等進行了研究鑒別和分類排比。由此更加準確地掌握了原建原件、修補構件、添配構件的保存數量和保存狀況。這樣，對於那種有充分依據證明是後人添配而又確屬不當添配或可能影響結構安全和可靠性的構件（如因選材失當而再度被白蟻嚴重蛀損的，因構件添配失當而無法與相關部位緊密結合的現象等），施工中當確需採取修繕加固措施時，便可據此作出更加恰當的科學決策。

3．修舊補殘，最大限度地讓殘損構件得以加固繼用

對於丘濬故居的殘損建築構件，均首選切實有效的技術加固措施進行剔補修復，盡量使之真實可靠地保存延用下去。這是本工程的重要修繕原則之一。鑒於前堂、可繼堂木構件的殘損病狀嚴重、殘損種類多樣、殘損原因複雜，在施工過程中，根據設計方案的技術要求，經過反覆研究和分析試驗，參照以往的工程施工經驗，我們採用了多種建築構件修舊補殘加固技術措施，現歸納小結如下：

（1）截朽墩接法

此法主要適用於因日久構件朽壞，或因白蟻蛀蝕出現柱根（或柱子下半部）中空部位的修補加固。例如，前堂明間南側中柱，柱子下身60厘米高的範圍內出現了因白蟻蛀蝕而內部中空，僅剩柱殼的殘損現象，但柱身上部保存尚好。施工時將柱根朽壞中空部位截去，而以同樣規格的優質短柱予以墩接加固。二者交接榫卯採用改良優化的巴掌榫搭接。其構造做法爲柱子上下兩段，以耳榫定位卡結，暗楔固定咬合，并輔之以環氧樹脂粘接。其優點是連接堅固耐久，抗位移，無需外加鐵箍約束（插圖二三、二四）。

（2）填充補強法

此法主要適用於因構件內部年久腐朽或因白蟻侵蝕築巢而出現內部中空病害的修補加

二三　朽壞中空的柱根

二四　截朽墩接後的柱根及修補後的構件卯口

二五　柱根腐朽中空的狀況

二六　填充補强後的柱根

二七　出現朽壞溝槽的月梁及劄牽

二八　修理嵌補後的月梁

三〇　柱頭櫨斗中央嚴重朽壞的狀況

二九　修理嵌補後的木柱

三一　研究制定櫨斗加固措施

三二　梁尾榫頭毀壞狀況（古人曾對梁肩進行嵌補加固）

三三　接補月梁端部榫頭
　　　步驟之一（接榫）

三四　接補月梁端部榫頭
　　　步驟之二（找平）

三五　經過繳貼補殘、接榫修復、
　　　剔朽嵌補後的月梁

固。前堂、可繼堂的木柱、檁樽等大木構件都有這種殘損現象。施工時，需要先對柱身或檁身的中空範圍進行仔細復查，準確掌握殘損病情，然後選擇最便於施工又不會給構件主要受力部位造成明顯損傷之處開口，以便清除蟻巢，滅殺白蟻。進而用優質佳木（外形根據中空特徵或圓、或方、或方圓）填充中空，再以環氧樹脂粘接灌縫。待固化穩定後，在構件軀殼與内心之間鑽以小孔，加設木梢或竹釘使二者緊密地鎖結并連爲一體，共同受力。最後封閉切口，貼補看面，鉋削令平。其特點是通過填充補強，可使許多行將廢棄的文物殘件有效地恢復原有生命力和承載功能，并保存延用下去（插圖二五、二六）。

（3）剔朽嵌補法

此法主要適用於建築構件外部風化，腐朽面積較大，外表成溝槽，或因木材疤節、蟻害等原因出現孔洞等殘損病狀的修補加固。例如，可繼堂明間南、北兩縫梁架的前廊乳栿，均出現了寬10餘厘米、深約5厘米、長1米左右的腐朽溝槽，且伴有蟻害。施工時採取的修補措施是首先剔除溝槽内部的糟朽木質，其次是根據溝槽創傷部位形狀設計出與之相適應的擬嵌補件的規格和形狀，然後進一步設計出嵌補件與構件溝槽交接咬合部位的榫卯形制和做法（在工程實踐中我們大多採用的是内大外小的燕尾式推拉榫，但榫卯選型應據實際情況靈活變化）。待完成了白蟻滅治處理後即可實施嵌補修復，嵌補時輔以環氧樹脂粘接措施和木釘固定措施。經這種修補加固方法加固後的構件的特點是既便數十年後環氧樹脂因老化而失去原有粘接力，嵌補木件由於暗設榫卯與構件主體構爲一體，也無脱落鬆散之虞（插圖二七——三一）。

（4）榫卯接補法

此法主要適用於大木構件首尾和構件端部榫卯因殘損或折斷而無法承擔原來結構功能類構件的修復加固。對於木結構建築而言，應該説梁栿檁枋殘損榫卯的修復加固和梁栿檁枋殘損首尾的接補加固都是存在相當技術難度的工程技術問題。工程實踐中，我們主要採取了如下接補做法：對於檁枋類構件來説，大多是採用半銀錠榫卯進行連接的。如果構件開陰卯的一端出現劈裂或損壞，可以局部貼木修補。如果構件開陽榫的一端出現折斷或損壞，則可視情況實施接補或可直接將陽榫去掉，也改爲陰卯，然後在一對陰卯之内另設雙銀錠榫（必要時輔以加固鐵活）將兩個構件拉接爲一體。對於梁栿類構件來説，如果是梁之首尾入柱榫頭損壞或折斷了，可採用乾燥的硬木，在原來榫頭位置設暗卯，用雙榫頭雙夾板式組合榫卯進行接補，并輔之以環氧樹脂粘接加固，另設暗楔及螺栓夾板進行加固，以恢復原來榫頭的功能和作用。如果是梁栿首尾端部出柱雕成的耍頭、栱頭、襯方頭等部件損壞嚴重（如可繼堂明間南側西乳栿的梁端缺損長度近60厘米）需要接補，則可據實際需要，採用榫卯拼接、環氧樹脂粘合、外加鐵活加固的辦法進行接補（插圖三二——三五）。工程實踐證明，此種接補加固技法是成熟可靠而令人滿意的。

（5）繳貼拼合法

繳貼之法是中國古代建築的傳統建築技術之一。當梁枋斷面尺度不足時，在梁枋背上附加補強構件稱之爲"繳"，在梁枋兩頰附加補強構件稱之爲"貼"。早在宋代的《營造法

三六　在殘損嚴重的月梁梁頭處修復耍頭及交互斗　　　　　　　　　　　三七　添配修復柱頭斗栱上的泥道栱

式》中就有"凡方木小，須繳貼令大……如月梁狹，即上加繳背下貼兩頰，不得刻剜梁面"的做法要求。此法主要適用於梁枋上部或梁枋兩側一定範圍內出現先天缺損或損壞現象的修補加固。當梁枋底部（梁腹或枋底）受拉應力區出現嚴重損壞險情時，修補加固措施必須能夠確保構件的安全度。因此，在最終決定構件加固措施時，應事先對構件進行承載能力驗算，務必做到科學合理，決策有據。

　　丘濬故居可繼堂明間南側東端下層月梁因險情複雜，殘損嚴重，修補加固過程中同時採用了梁背繳貼、梁端接補、梁面（剔朽）嵌修、梁肩補殘等多種技術措施進行綜合加固。需要注意的是，修補過程中在繳背木與梁背的接觸面上，在補造梁端與原有梁身的交接部位，在梁側貼木與原來梁身的連接處，都需要根據實際情況酌情暗設一些木銷或其他形式的鎖定暗榫，防止錯位。同時，使用環氧樹脂粘接劑或傳統的魚鰾膠進行粘合，以求新舊構件結合緊密，堅固耐久。

　　（6）補殘修復法

　　在前堂、可繼堂的結構細部，因年久失修或疏於管理，有許多部位出現了諸如斗耳缺失、耍頭無存、雀替不全等殘損現象。對此，我們的做法是根據同類殘存構件的規格尺度、圖案形制、工藝做法，原樣複製所殘缺部位，用榫卯結合與膠粘結合雙重連接方式，使其復原再現於原構件上，從而形成完整的結構造型（插圖三六、三七）。

　　（7）鑲嵌補縫法

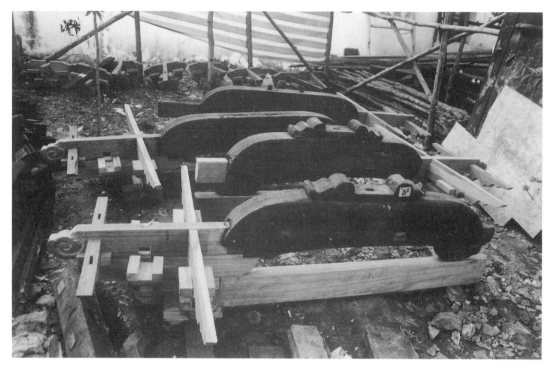

三八　綜合加固修復後試裝備用的前堂梁架

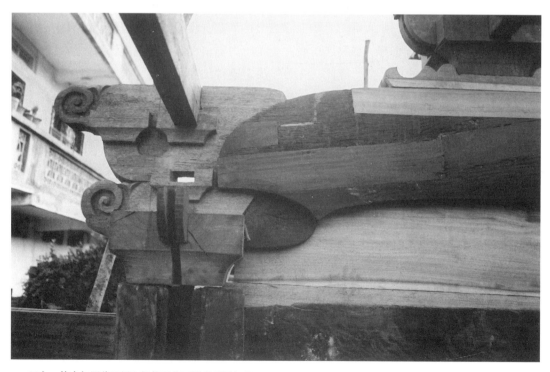

三九　綜合加固後已經上架使用的可爨堂月梁細部

此法主要適用於大木構件（木柱、梁栿等）順紋裂縫的修補與加固。丘濬故居的木柱裂縫有兩種類型：一種是木材的自然乾縮裂縫，一種是因梁架整體扭轉、傾側位移而造成的柱身受力裂縫。後者是需要重點加固的病害。如可繼堂北山牆梁架後金柱，因梁架扭閃變形，導致柱身上部1/3順柱頭卯口的一側出現了順紋劈裂，需要實施補縫加固。對於這種險情，施工時首先進行了受力分析，搞清受損原因，然後進行了裂縫吻合效果（有無腐朽及損壞）的預測分析。由於梁架整修復位後，原有破壞力可以消除，所以修復加固裂縫是可靠的。否則，必須同時採取其他輔助加固技術措施（如增加鐵箍、增設輔柱等）。由於柱身裂縫具備復位吻合的條件，加固修復時關鍵是要做好除塵清污、科學選用粘接劑及按規定程序操作三件事。如不具備復位吻合的條件，則還需要經過測量計算，恰當選擇嵌縫木條（應爲順紋、乾燥、通長、色澤協調、規格適當的木件）等工作程序，然後再行施工。這樣的加固補縫纔能達到令人滿意的效果。

對於梁枋裂縫的修補，一種情況是縫隙不會影響構件受力，實際上是縫隙嵌補作業，有利於防水、防蟻、防鼠蛇危害；另一種情況是縫隙爲斜紋裂縫或順紋裂縫伴有脫片等嚴重損壞現象。對這種情況，應同時採取鐵件連接、鋼板補強、釘設木釘等其他加固技術措施。

（8）鐵件加固法

主要適用於解決由榫卯拼接或膠粘劑粘接均無法確保安全耐久的構件接合部的加固問題。例如，故居建築的月梁梁首榫頭折損不存了，在接補了新的硬木榫頭之後，爲了加強連接和杜絕隱患，在榫接部位輔之以一對細螺杆螺栓進行加固補強。又如，爲防止故居建築屋桷滑移，同時爲了加強屋架整體的抗變形能力，防止檁條滾動位移，釘製屋桷時均在每間口內暗設了若干根用螺栓連接屋檁和屋桷的拉杆構件。再如，爲加強檁條的端部連接能力，施工時在檁端背部釘置了“鐵鏈條”及“鐵扒鋦”等連接件。從工程實踐經驗看，夾板螺栓等鐵件作爲一種木結構節點的補強加固連接件，衹要運用得當，是行之有效的。

（9）綜合加固法

由於丘濬故居建築構件殘損情況複雜，上述一至八種構件加固方法往往同時并用於一個建築構件上，以期達到最好的保護維修效果，故將此稱爲綜合加固法（插圖三八、三九）。不過需要指出的是，無論採取甚麼加固措施均須以構件承載能力的分析驗算結果爲依據，一定要確保殘損構件的剩餘部分經過加固補強後，可以滿足其應有的結構承載能力，且足以經久不壞時方可加固繼用。

（三）工程設計方案的變更完善與組織實施

作爲一項國家重點工程，丘濬故居修繕保護工程始終貫徹了一邊修繕施工，一邊分析研究，不斷依據新發現的暗藏於建築結構體內部的文物信息，修改完善工程設計方案，從而最大限度地尊重初始建築結構體系的科學性，保存原來建築設計意匠的完整性，恢復固有建築風貌的獨特性這一修繕宗旨。實踐證明，堅持這一主張而不單純強調"照圖施工"，這是文物建築修繕保護工程所應採取的正確方法，也是文物保護工程與新建築物建設工程在工程設計和工程管理方面的重要區別之一。

隨着修繕保護工程的不斷推進，許多勘察測繪階段無法發現的新的文物信息逐漸顯露出來。例如，暗藏於牆體內部的結構榫卯、屋基下部的排水渠道、不同部位柱礎石形制的區別及由此推知的建築物初始柱網布置方法、屋頂瓦件的初始釘結方式、出土於建築週邊雜土中的脊瓦殘件等。這些實物資料有的進一步證明了原定工程設計方案的正確性，有的却與原來擬定的設計方案相互矛盾，甚至產生了衝突。根據這些新信息，運用建築考古學方法重新審視建築物的宏觀結構體系與微觀構造做法，仔細找尋和梳理其中內在的邏輯關係，認真論證分析和修改完善原工程設計方案的不當技術措施，自然成爲修復工程的重要內容。

施工過程中，我們曾會同原方案設計人員，根據現場研究結論分別草擬了工程設計文件局部修改和變更完善意見，然後逐級上報原設計方案審核人、瓊山市文物主管部門和海南省文物主管部門進行審核（註四），并徵得國家文物局批准後，優化和調整了工程實施計劃。這就大大提高了維修工程的科學性和正確性。

兹將原修繕方案的主要設計變更項目分述於後：

1. 可繼堂前檐廊步構架範圍內確係敞廊

如前所述，可繼堂是一座梁架結構中明栿做法與草栿做法兼而用之的古代民居建築。公元 1992 年底擬定修繕設計方案時，曾對其前檐廊步構架用明栿做法，但又在廊柱間砌牆安置門窗，把明栿月梁造廊步構架與草栿月梁造次間構架及穿鬥式山面邊架一并包砌在室內的做法產生懷疑，認爲三者缺乏明晰的建築構造和建築藝術邏輯關係，并進行過認真討論。當時認爲前檐廊步構架可能爲敞廊，但直接證據尚覺不足，故決定實施"現狀保護"。此次修繕施工時，我們進一步發現了前檐廊柱柱頭上的橫向柱額卯口和縱向剳牽卯口。這就進一步證明廊柱上的柱頭斗栱本不包砌於牆體之內，廊步構架範圍內原本就是敞廊。至此，我們認爲恢復該建築的本來面貌具備了必要的和可靠的科學依據。可繼堂前檐牆及前檐裝修應安設於老檐柱處。

根據實物遺存，可繼堂祇有前檐敞廊和明間正廳兩個部位採用月梁造明栿做法。從建築使用功能的視角分析，敞廊是房主人進行庭院活動時可以遮避風雨侵襲和阻擋陽光暴曬的理想建築設施，而明間正廳本是當地民居正堂中幾百年來世代不變的家族祭奉先祖和聚會議事的固定場所。因此，房主人對這兩個區域內的梁栿構架不惜工本，採用特殊的藝術處理自然是合情合理之舉。

2. 可繼堂後檐廊步構架的梁柱（瓜柱）式草栿做法應該現狀保存

可繼堂後檐廊步構架原爲梁柱（瓜柱）式草栿構造。方案設計時曾認爲是後人作過改造，從而按照前檐廊步的構架形式作了修復設計。在此次落架修繕過程中，隨着對後檐廊步構架的反覆分析，結合構件材質材種的科學鑒定，逐漸認識到過去的勘察結論存在某些

四〇　經過局部揭露後的可繼堂後檐廊步構架

失誤，方案設計依據不足。於是決定按程序對原設計方案進行變更修改，將現存構造忠實地保存下去，僅對損壞部位作局部修補和抽換（插圖四〇）。這樣做一方面更符合文物建築修繕保護原則，另一方面也與當地傳統民居後檐檐柱間設牆、牆上安設門窗的傳統做法相吻合。

3．前堂、可繼堂檁檩上皮生頭木得以修復

衆所週知，爲使屋面及屋脊形成兩端逐漸起翹的圓和曲綫，增加建築物的藝術美，而在盡間屋架兩邊檁檩背上加置生頭木的做法由來已久。丘濬故居梁架是否這樣構造，勘察設計時未找到準確依據。維修過程中，依據明代檁檩背上的生頭木釘眼分布狀況，結合對當地明代建築文物的分析（註五），可以斷定明代的前堂和可繼堂就曾使用有生頭木這一構件，衹是後人維修時木件已被廢棄。據此，通過實測分析和設計變更，恢復使用了各架道檁檩背上的生頭木構件，從而使建築物的整體外觀再現了昔日風韻。

4．可繼堂門窗裝修細部做法通過局部變更進一步合理化

可繼堂前檐明間原存板門兩扇。落架修繕過程中發現板門下地栿石極不規整，通過構件榫卯及尺度分析，認定爲後人維修時補配之物。我們曾對海南地區的現存清代民居作了大量調查，發現當地清代民居前檐明間大都安裝四扇板門。其建築物的平面布局、使用功能和門窗特徵均承襲和傳遞着明代民居的特徵。丘氏二十四代傳人丘仁義先生也曾廣泛就此問題走訪了當地老者。經反覆考察研討，設計修復了可繼堂的前檐明間裝修。

5. 可繼堂、前堂屋面瓦壟泥內依照傳統做法使用了防止整體滑坡的暗設鐵釘

為了防止屋頂瓦面整體滑坡，設計方案中曾提出施工中增設"絆腳鐵釘"，并增添連接鐵活。施工過程中又發現，在明代屋桷背的中央部位存有曾經釘置過竹釘及小件鐵釘的殘痕，證明明代結寬屋面時曾用這類暗釘卡結和固定瓦壟，遂據此恢復了故有瓦釘做法。根據屋坡長短及陡緩程度，分別在前堂的前後檐口、上金檁位置施用了兩道竹瓦釘；在可繼堂的前後檐口處和各道檁榑位置處共施用了四道竹瓦釘。此外，還在瓦壟泥內隨宜暗設了若干粗身鐵瓦釘，從而使屋頂瓦面與屋桷層間的連接質量和防滑坡能力都得到了有效的提高。

（四）施工過程中發現的新問題及其啓示

丘濬故居修繕施工期間，文物保護工程技術人員格外注意觀察分析和蒐集研究各類有價值的潛在信息和技術資料。經過梳理，有如下幾點發現可供進一步研究參考：

①經過排比分析，可以發現保存於丘濬故居各建築上的二十六種筒瓦的規格雖不相同（大小瓦之間規格各差 1 厘米左右），但形制自成體系。其特點皆為瓦身頭徑大而尾徑小；瓦壁頭部厚而尾部（略）薄，瓦尾榫頭寬大圓美，榫卯交構牢固可靠。使用這種瓦結寬成的瓦壟，寬窄變化規律，壟身形如竹節，別具地方特色。由這批文物可以判知，自明初至清末竹節式瓦壟曾經是當地民居建築屋面瓦頂的重要結寬形式之一（插圖四一）。

②施工時發現，丘濬故居建築皆使用斷面長方形的屋桷。其搭接方式有齊口交接（齊搭掌）、斜口交接（斜搭掌）、半榫扣接（巴掌榫）和通身下開口連體過渡（這是為了適應檐部屋坡舉折輕微變化而採取的有效技術措施）四種結構方式，屋桷與檁榑間以鐵釘和竹釘兩種方式釘結。據現場調查，明代屋桷亦用東京木製作而成。在明代檁榑釘孔中殘存的釘腳，以鐵釘為多，明代屋桷以巴掌榫搭接做法為主。這些明代屋桷釘製技術細節，為我們研究海南地區的古代建築技術史提供了寶貴資料（插圖四二）。

③在施工過程中，曾專門探查了明代檁榑背上殘存的桷釘釘腳的形制及規格。總體上說，鐵釘有斷面圓形和長方形兩種形式，竹釘祇有斷面方形一種形式，鐵釘應有帽蓋，竹釘無釘蓋。兩類桷釘皆呈身粗腳尖狀。釘身總長一般為 10 厘米左右，釘腳釘入榑身 3 厘米左右。探查發現，明代檁條中殘存的釘腳以鐵釘為多，而清代以後添配的檁榑則多見竹釘。有許多舊釘孔，曾經後人用木楔補修過（插圖四三）。

④可繼堂、前堂的兩次間皆為住人的屋舍，瓦頂間以明瓦採光。現存明瓦有兩種，一種為毛玻璃明瓦，厚約 0.6 厘米；一種為紅色板瓦，瓦身中央預留長方形孔洞，其中鑲嵌透明玻璃。在一塊瓦身留有模印標記，其內容為"南山同興"四字，説明此瓦出自專門的明瓦生產窯場。從瓦的形制特徵看應為晚期構件，準確時間待考（插圖四四）。

⑤在清理施工現場建築根基及前堂、可繼堂牆體坍塌部位時，曾發現了部分瓦當、瓦當殘片、舊青磚（條磚、方磚）、屋脊飾片（青灰色、粘土燒製）、鴟尾吻獸類裝飾物殘片

四一　丘濬故居維修過程中發現的二十六種筒瓦

四二　丘濬故居的三種明代屋桷

147

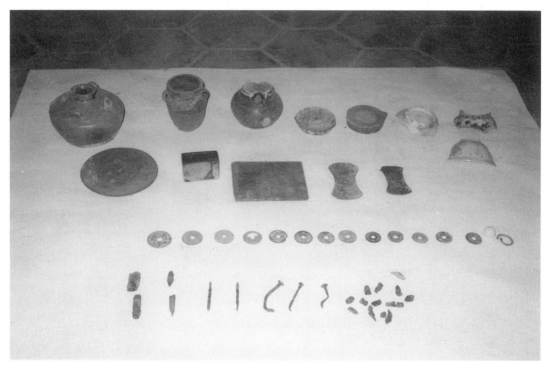

四三　維修過程中發現的器物、錢幣及屋桷釘脚等

四四　丘濬故居使用的"南山同興"明瓦

四五　施工時發現的
　　　明代筒瓦瓦當

四六　施工時發現的明、
　　　清脊飾吻獸殘片

四七　施工時發現的明、
　　　清粘土條磚

四八　施工時發現的白蟻蟻巢

四九　前期勘測階段技術人員拍攝殘損現狀的錄象資料

等。從其圖案風格、捏製手法、材質色澤、工藝特徵等方面分析，主要體現了明代風格。據此可以斷定，丘濬故居民居建築最初使用的是青灰色筒板布瓦頂和青灰色脊筒吻獸件。這一結論與本工程前期勘察結論和設計思路是一致的。瓊山一帶灰塑屋脊做法的廣泛使用應是清代的事（插圖四五——四七）。

⑥丘濬故居修繕過程中，共發現"崇寧"、"順治"、"康熙"、"乾隆"時期的銅錢十三枚，應爲房主人的遺物。

⑦可繼堂明間北縫梁架的金柱柱頭斗栱坐斗斗口與梁栿首尾交構處榫卯不相匹配。經分析，應爲創建之初工匠施工放大樣及開斗口失誤所致。構件組合時，採用增設木板填塞卯口的方式作了補救處理。此外，還發現了一些雖栱口開錯，但因不會影響結構安全而并未採取補救措施的部位。這一史實告訴我們，古代匠師對故居建築大木結構的榫卯組合施工時遵循的一條原則是凡有可能影響整體結構安全的節點在施工質量和精度上從嚴掌握，反之則從寬掌握。

⑧施工過程中，在前堂和可繼堂室內均發掘出土了總厚度 5 厘米左右，用（蚌殼）灰、砂、土硪築而成的三合土地面。其地面層位的疊壓關係，自下而上依次爲臺心填土硪實→三合土築打地面→白灰爐渣地面（局部爲方磚墁地）→水泥砂漿地面。可見，三合土築打地面在明代初年的當地民居建築中已成熟地使用。

⑨施工過程中，在前堂、可繼堂北次間的前後壓檐石下部均發現了用於院落排水的出水口、入水口及暗設水道。由此可知，丘濬故居的前後院落排水系統採用的是各院獨立找坡匯水，然後集中匯入設在房基內的暗水道內，自後院向前院逐院排泄的雨水排放系統。

⑩施工過程中，曾在可繼堂前檐金柱柱頭斗栱栱底發現有"右前……金"、"右下……"等墨書題記；在前堂梁架駝峰等構件上也發現了明代木作匠師放大樣時繪製的墨綫。這是我們研究當地明代建築營造設計程序及其施工生產方法的重要資料。

⑪在可繼堂明次間間縫處的地栿上皮除了發現室內板壁的裝板溝槽，還發現板槽上疊壓有正方形、長方形及圓形立杆卯口。初步認定，在此部位除了板壁，還曾裝設過隔柵或編壁。這也是該建築物六百餘年來曾歷經多次修繕的歷史見證。

⑫整修丘濬故居時曾在故居墻體和臺基地面內發現有活的白蟻危害（有大量活蟻體長達 1 厘米）。經鑒定其爲海南土白蟻。在前堂、可繼堂的木柱、屋架檁槫及墻壁內均發現有白蟻柱心巢和墻心巢（巢內白蟻大多死亡）。經鑒定其爲家白蟻。白蟻危害是丘濬故居長期以來的天敵之一（插圖四八），必須引起高度重視。

（五）文物信息資料的蒐集歸檔與工程竣工驗收

爲了積累和保存文物信息資料，丘濬故居修繕保護工程管理機構建立了完善的文物史料和工程技術資料蒐集整理歸檔制度。從前期勘察測繪階段，到正式施工保護階段，蒐集整理了大量文字的圖形的影像的專項檔案資料（插圖四九）。在工程結束時，分類歸檔的檔案資料主要包括如下內容：

丘濬故居修繕保護工程竣工時主要歸檔資料一覽表

序號 内容項目	資料名稱	編制日期	數量	備註事項
1	丘濬故居修繕保護工程前堂勘測設計圖	1993.3	一冊 15頁	山西省古建築保護研究所、海南省文物保護管理辦公室編制。
2	丘濬故居修繕保護工程可繼堂勘測設計圖	1993.3	一冊 16頁	山西省古建築保護研究所、海南省文物保護管理辦公室編制。
3	丘濬故居與丘氏祖祠勘察報告	1992.12	一冊 12頁	山西省古建築保護研究所、海南省文物保護管理辦公室編制。
4	丘濬故居與丘氏祖祠修繕保護工程設計說明書	1993.3	一冊 15頁	山西省古建築保護研究所、海南省文物保護管理辦公室編制。
5	丘濬故居殘損狀況照片資料	1992.12	一冊 35張	山西省古建築保護研究所、海南省文物保護管理辦公室編制。
6	丘濬故居殘損狀況錄像資料	1993.6	一盤 16分鐘	山西省古建築保護研究所、海南省文物保護管理辦公室編制。
7	丘濬故居修繕保護工程概算、預算、決算書	1993.3 1995.1	共三冊 32頁	山西省古建築保護研究所、海南北方古建園林裝飾公司編制。
8	丘濬故居修繕保護工程施工日志	1995.1	一冊	山西省古建築保護研究所、海南北方古建園林裝飾公司編制。
9	海南省瓊山市丘濬故居修繕保護工程前堂、可繼堂典型構件圖錄	1995.1	一冊 26頁	山西省古建築保護研究所、海南北方古建園林裝飾公司編制。
10	丘濬故居修繕保護工程施工過程照片圖册	1995.1	共五册 160張	山西省古建築保護研究所、海南北方古建園林裝飾公司編制。
11	丘濬故居修繕保護工程施工期間有關白蟻防治方案、木材鑒定報告、技術設計變更文件、專題研究請示及報告、信件、文件、資料等	1995.1	合訂本 56頁	山西省古建築保護研究所、海南北方古建園林裝飾公司編制。

12	丘濬故居修繕保護工程 竣工技術報告	1995.1	一册 12 頁	山西省古建築保護研究所、海 南北方古建園林裝飾公司編制。
13	丘濬故居修繕保護工程勘察 設計合同及修繕施工合同	1992.12 1994.5	二册 16 頁	
14	丘濬故居修繕保護工程竣工 驗收表	1995.1	一册 5 頁	海南省文物保護管理辦公室、 瓊山市文化局編制。
15	海南省海府地區明代建築及構 築物勘察調研資料（筆記、照 片、測圖等）	1992.12 1993.6 1994.4	合訂本 一册 26 頁	山西省古建築保護研究所、海 南省文物保護管理辦公室、瓊 山市文化局、瓊山市博物館編 制。
16	修繕保護工程中採集的建築標 本、典型構件等	1995.1	一批	移交瓊山市博物館保存。

　　丘濬故居修繕保護工程竣工後，公元 1995 年 1 月 17 日，丘濬故居修繕保護工程領導小組邀請海南省文體廳、海南省文管辦、瓊山市委和市政府、瓊山市建設委員會、瓊山市規劃局、瓊山市計劃委員會、瓊山市財政局、瓊山市土地管理局、瓊山市府城鎮人民政府、瓊山市文化局、瓊山市博物館及瓊山市府城園林公司等部門和單位的領導、專家組成驗收組，對這一工程進行了正式驗收。通過查閱資料、聽取彙報、現場勘驗、討論評定等驗收程序，形成了工程驗收意見。驗收組認爲，該工程符合工程設計要求，施工認真精細，做舊工藝處理效果良好，出色地保持了明代建築風格，最大限度地保護了原構原件，符合國家有關文物建築保護原則和文物建築維修工程質量要求。公元 1995 年 7 月 27 日，海南省文物保護管理辦公室會同瓊山市文化局和瓊山市博物館的領導及專家再次對丘濬故居修繕保護工程進行了現場質量回訪和復查驗收。他們認定後期收尾工程已全面完成，符合國家文物建築修繕保護工程的施工原則和質量要求，同意接收使用。

註　釋

一　爲了確保工程質量，做到萬無一失，技術交底時曾特邀山西省古建築保護研究所所長、研究館員柴澤俊先生及副所長、副研究館員李彥先生專程前往現場視察和指導工作。

二　在此應特別鳴謝海南省林業局的著名木材分類學專家符國瑗先生及廣東省昆蟲研究所的著名白蟻防治專家謝杏揚先生，衷心感謝他們在工程施工過程中所做出的積極貢獻和給予工程的大力幫助！

三　公元 1994 年 10 月 3 日，工地進場了一根體積 1.8 立方米的圓木，據木材公司稱是木莢豆（xylia dalabri formis）木材。在復檢時經海南省林業局符國瑗先生反覆鑒定，認爲應屬於番龍眼類木材。鑒於此類木料材質不能滿足工程要求而決定拒絕採用。此外，施工中部分構件因選材不當或藝術造型不符合工程設計要求，也均毫不姑息地進行了返工修改。

四　公元 1994 年 10 月 28 日，柴澤俊先生在審核回覆《關於海南省瓊山市丘濬故居可繼堂落架修繕過程中發現暗藏榫卯等情況，需要據以完善和局部變更原有修復設計方案的請示》時指出："來信及圖紙、照片皆已收悉。翻閱了幾遍，寫了審核意見。可將此意見連同有關文件轉報市博物館、市文化局、省文體廳、國家文物局有關部門審批。如無異議，可付諸實施……"

五　施工過程中，我們曾多次帶着問題進行相關調研，以求找尋科學旁證。關於明代初年當地建築的屋脊做法和屋脊風格，從定安縣現存的明代解元坊（建於明隆慶二年）、太史坊（建於明萬曆二年）等石造牌坊分別可以看到：一、其正脊、垂脊脊身顯現着明顯的脊弧綫。二、其脊身均採用雕花脊筒做法。

四 丘濬故居修繕工程大事記

公元 1992 年 11 月 10 日

海南省瓊山縣文化局（以下簡稱縣〈市〉文化局）委托山西省古建築保護研究所（以下簡稱晉古研所）對瓊山縣重點文物保護單位丘濬故居（含丘氏祖祠）進行現狀勘測和修復工程方案設計工作，由海南省文物保護管理辦公室（以下簡稱省文管辦）監督施行。

公元 1992 年 11 月 10 日—15 日

省文管辦、縣文化局、晉古研所共同考察瓊山、定安、儋縣等地的明清古代建築遺存，研討丘濬故居勘察方案及維修保護工作原則。

公元 1992 年 12 月 25 日

瓊山縣人民政府在府城召開瓊山文物古跡勘察測繪成果彙報研討會。省文體廳文化處、省文管辦、縣委、縣人大、縣政府、縣政協領導出席，縣文化局、縣博物館、晉古研所等單位參加。晉古研所詳細彙報了丘濬故居、丘氏祖祠、瓊山文廟、鼓樓、儒符石塔的殘損現狀及調研收獲。會議認爲，丘濬故居可繼堂行將倒塌，應盡快立項搶修。其他文物保護單位均應創造條件實施保護。所有文物保護單位都應劃定公布保護範圍，以保護文化遺産的週圍環境風貌不受破壞。要着手編制文物保護規劃，争取國家、省的支援，共同投資，促進文物保護工作。

公元 1992 年 12 月 26 日

縣文化局及晉古研所技術人員共同採集丘濬故居、丘氏祖祠、瓊山鼓樓的柱、梁、斗栱等典型構件的木材樣品，聘請海南省林業局木材鑒定專家符國瑗先生協助進行材種材質鑒定。從《丘濬家室及瓊山鼓樓名木鑒定》的結論得知，故居及鼓樓的柱、梁、斗栱等構件主要選用了産於越南的格木（俗稱"鐵梨木"、"鐵木"等，宋稱"石鹽"，明稱"鐵力"），屬珍稀優質名木。

公元 1993 年 1 月 15 日

晉古研所完成丘濬故居與丘氏祖祠建築現狀勘測任務，并提交了《丘濬故居與丘氏祖祠勘察報告》。

公元 1993 年 3 月 20 日

晉古研所完成丘濬故居（含丘氏祖祠）修繕保護工程技術設計圖紙、文件編繪工作，并上報省文管辦和國家文物局主管部門審定批准，以便付諸實施。

公元 1993 年 7 月

海南省文化體育廳撥款十八萬圓，作爲修繕丘濬故居工程專項資金，標誌着這項文物建築修繕保護工程正式啓動。

公元 1993 年 12 月

國家文物局先後劃撥文物建築維修工程補助經費等七十四萬圓，用於修繕丘濬故居、製作模型、出版修繕工程報告。

公元 1994 年 1 月

瓊山市（同年同月撤縣設市）人民政府研究決定年內動工修繕保護丘濬故居。

公元 1994 年 4 月 25 日

瓊山市人民政府辦公室下發 19 號文，要求做好丘濬後裔丘仁義遷移徵地安置工作。

公元 1994 年 7 月 19 日

瓊山市人民政府撥款一百萬圓，用於修繕丘濬故居及相關事宜。

公元 1994 年 8 月 15 日

省文管辦、市文化局和晋古研所（含海南北方古建園林裝飾公司）正式簽訂《海南省瓊山市丘濬故居文物建築修繕保護工程技術合同書》。

公元 1994 年 8 月 22 日

瓊山市計劃委員會下達瓊計字 133 號文，批准丘濬故居修繕保護工程實施，并列入年度基建項目計劃。

公元 1994 年 8 月 31 日

市文化局與晋古研所共同邀請海口市房產局白蟻防治所技術人員前來丘濬故居及丘氏祖祠進行白蟻危害實地勘察，商討防治方案。

公元 1994 年 9 月 5 日

市文化局與晋古研所技術人員共同採集故居建築中的白蟻標本，再次前往海口市白蟻防治所，共同研究白蟻滅治方案。

公元 1994 年 9 月 10 日

市文化局與晋古研所技術人員共同前往瓊山市木材公司及海南省木材公司，尋購踏查鐵梨木貨源、材質及價格行情。

公元 1994 年 9 月 12 日

瓊山市文化局和府城鎮金花村三橫七號丘仁義（丘濬第二十四代直系裔孫、故居合法繼承人和使用人）簽訂《丘濬故居捐獻協議書》，接受丘仁義深明大義捐獻給人民政府的丘濬故居土地、房屋及附屬物。

公元 1994 年 9 月 13 日

丘濬故居修繕保護工程由建設單位和承建單位代表、丘濬後代丘仁義，按海南民間傳統建築風俗舉行了開工儀式。

公元 1994 年 9 月 14 日

海南北方古建園林裝飾公司、晋古研所第一工程隊施工管理人員及技術工匠進駐工地，正式開始施工。

公元 1994 年 9 月 15 日

瓊山市文化局和丘仁義簽訂補充協議書，由市文化局一次性撥款給丘仁義，作爲徵地、遷移安置等費用。

公元 1994 年 9 月 18 日

市文化局與晋古研所共同邀請海南省林業局木材鑒定專家符國瑗對丘濬故居可繼堂、前堂主要木構件樣品進行復鑒，對修繕保護工程擬選用構配件木材進行品質鑒定。符國瑗提交了《海南省瓊山市丘濬故居木構建築木材品質鑒定報告》，由此確定了購材目標。

公元 1994 年 9 月 19 日

故居前堂、可繼堂瓦頂分別開始拆除。技術人員現場繪製瓦件草圖，拍攝照片，蒐集部分明瓦、勾滴、脊飾等典型文物標本。

公元 1994 年 9 月 20 日

市文化局、市博物館、晉古研所領導召開現場辦公會，強調丘濬故居修繕保護工程的重要性和特殊性，重申施工技術規範及有關操作程序，強調安全施工、文明施工的有關要求。會議委派工程師孫書鵬、趙鵬圖牽頭負責進行大木構件編號拆卸、殘狀檢查、測繪建檔等工作。

公元 1994 年 9 月 22 日—26 日

在故居建築落架過程中，可繼堂北次間柱頭柱根處及檁槫內部，發現多座白蟻巢穴及散見白蟻；在前堂牆體內部發現大量身長 1 厘米左右的大白蟻；在前堂及可繼堂的地栿石下，發現大量紅色蟻群，前堂明間北中柱處的蟻群密布面積達 2 平方米左右。蟻害滅治問題成爲修繕工程中亟待認真解決的重要課題。

公元 1994 年 9 月 28 日

晉古研所高級工程師吳銳攜帶白蟻及蟻巢樣品赴廣州，請廣東省昆蟲研究所專家謝杏揚等先生協助鑒定白蟻種屬，并共同研定白蟻滅治、防護方案。

公元 1994 年 9 月 29 日

故居建築大木構件落架工作完成，技術人員測量複製總平面圖及標高體系。

公元 1994 年 10 月 3 日

技術人員在舊構件中發現兩則明代工匠墨書題記，爲研究當時建築生產時

構件編號做法提供了依據。

公元 1994 年 10 月 4 日

廣東省昆蟲研究所完成丘濬故居白蟻種類的鑒定并制定白蟻滅治防護方案。

公元 1994 年 10 月 8 日

晉古研所吳銳、孫書鵬、趙鵬圖等技術人員發現可繼堂（後堂）前廊露出的暗藏石礎與柱底榫卯、梁架構造做法等與原設計方案不符。爲確保文物建築的歷史真實性不受損壞，設計單位據此擬定了新的技術變更方案提交上報審批。

公元 1994 年 10 月 11 日

可繼堂南山牆內有三層灰泥遺存，證其現存實物最少曾歷經三次維修。

公元 1994 年 10 月 12 日

省文管辦、市文化局負責人到工地瞭解施工情況，強調工程質量。

公元 1994 年 10 月 15 日

廣東省昆蟲研究所治蟻專家謝杏揚應邀來瓊勘察丘濬故居白蟻危害狀況，指導白蟻防治工作。

公元 1994 年 10 月 19 日

由瓊山市龍塘鎮窯場專門燒製的瓦件、脊飾預製工作和施工隊技術人員對後堂梁架地面尺寸復測工作完成。

公元 1994 年 10 月 25 日

故居修繕工程三方負責人召開現場"會診會"，決定據新發現的明代建築原狀榫卯資料，變更復原可繼堂前檐插廊設計方案。此方案由原方案設計審定人、晉古研所所長柴澤俊復審後上報國家文物局審批。

公元 1994 年 10 月 30 日

省文管辦王亦平同志持文件專程赴京，就丘濬故居局部變更修復方案上報

國家文物局。

公元 1994 年 11 月 4 日

丘濬故居被審定公布爲海南省重點文物保護單位。

公元 1994 年 11 月 7 日

可繼堂按批准後的變更方案開始立木施工。

公元 1994 年 11 月 14 日

省文管辦負責人檢查工地，發現部分補配構件形制尺寸與原物不符、加工欠精，要求施工人員嚴格按照原有構件特色和工藝要求認真糾正，確保質量。

公元 1994 年 11 月 15 日—18 日

施工單位領導及駐工地主要技術人員多次召開會議，逐一檢查驗收木作構件成品，分析研究質量缺陷及其原因，制定整改修正技術措施。

公元 1994 年 11 月 18 日

結合前堂、可繼堂基礎維修和大木構件維修補配工作的進行，白蟻整體滅治工作也同步實施。

公元 1994 年 11 月 28 日

省文管辦、市文化局負責人再次檢查工程，研究貫徹"質量第一"、"整舊如舊"的施工原則。

公元 1994 年 12 月 15 日

瓊山市委、市政府分管文化工作的領導，在市文化局、市博物館負責人陪同下察看工地。

公元 1994 年 12 月 20 日

工人鋪墊舊明瓦時，發現前堂一瓦上有"南山同興"印記。

公元 1994 年 12 月 26 日

施工單位技術人員根據丘濬故居修繕保護工程施工過程中掌握的第一手勘測資料，分類整理後編繪出《丘濬故居前堂、可繼堂明代典型構件圖録》，裝訂成册，歸檔保存。

公元 1994 年 12 月 31 日

10 時 57 分 21 秒發生 6·1 級地震，時間持續 30 秒，震中在海南島西北北部灣海域，距海口市 110 公里。施工人員有明顯感覺，但故居建築無損壞。

公元 1995 年 1 月 5 日

從山西省太原市調來技術人員組織進行油飾作舊的技術施工。

公元 1995 年 1 月 10 日

18 時 10 分發生 6·2 級地震，震中位於瓊州海峽西北海域，距海口市約 140 公里，有強烈震感，但故居房屋無異常。

公元 1995 年 1 月 12 日

故居修繕主體工程基本結束。全體施工人員着手進行施工掃尾和院落綠化美化工作。

公元 1995 年 1 月 17 日

省文管辦、省文體廳規劃處、瓊山市委、市政府及市文化局、規劃局、計劃委員會、土地管理局、府城鎮政府等單位負責人及丘仁義先生參加丘濬故居修繕主體工程第一次驗收。他們認爲主體建築工程前堂、可繼堂及環境綠化等能按設計圖紙施工，認真精細，做舊工藝處理較好，能保持明代建築風格，符合文物保護基本原則，工程合格。

公元 1995 年 4 月 20 日

故居修繕收尾工程開始實施。

公元 1995 年 6 月 26 日

省文管辦、市文化局和海南北方古建園林裝飾公司簽訂《丘濬故居木製建築模型委托製作合同書》。

公元 1995 年 6 月

國家文物局古建築專家組組長、高級工程師羅哲文先生題寫"丘濬故居"、"可繼堂"牌匾。

公元 1995 年 7 月 27 日

省文管辦、市文化局、市博物館負責人對故居修繕保護工程進行質量回訪和復查驗收。他們認定收尾工程的六項任務已經完成，符合國家地上文物修繕保護的基本原則，同意接收使用。丘濬故居修繕保護主體工程宣告完成。

公元 1996 年 11 月 20 日

丘濬故居和丘濬墓被國務院審定公布爲全國重點文物保護單位。

公元 1997 年 2 月 17 日

由山西省平遥縣模型製作組利用一級核桃木製作的丘濬故居現存文物建築大比例尺模型，空運抵達瓊山，并安裝完成。

公元 2000 年 3 月

丘濬故居附屬工程丘氏祖祠，由丘氏族人自籌資金落架重修使用。修復時對丘濬故居南山墻進行了加固。

公元 2003 年 10 月

《海南丘濬故居修繕工程報告》一書由文物出版社出版發行。至此，丘濬故居修繕保護工程全部結束。

五 丘濬故居修繕工程領導機構、參加單位及主要工作人員名單

(一) 丘濬故居修繕保護工程領導小組成員名單

陳高衛　海南省文化體育廳文化處處長

　　　　海南省文物保護管理辦公室主任

王亦平　海南省文物保護管理辦公室副主任科員

郭仁忠　中共瓊山市委常委、宣傳部部長

陳貴山　瓊山縣文化局局長（工程前期）

黃培平　瓊山市文化體育局局長（工程後期）

吳清英　瓊山市博物館館長

黃　健　瓊山市博物館副館長

(二) 勘測、設計、施工單位及主要工作人員名單

　1. 調查測繪及工程設計階段

　　　(1) 海南省文物保護管理辦公室

　　　　　陳高衛、王亦平、王大新、劉文

　　　(2) 瓊山縣文化局、瓊山縣博物館

　　　　　陳貴山、陳雄、黃健

　　　(3) 山西省古建築保護研究所

　　　　　柴澤俊、李彥、吳銳、盧寶琴、王春波

　　　(4) 海南省林業局

　　　　　符國瑗

　　　(5) 廣東省昆蟲研究所

　　　　　謝杏揚

　2. 修繕施工及科學保護階段

　　　(1) 海南省文物保護管理辦公室

　　　　　王亦平、王大新

（2）瓊山市文化體育局、瓊山市博物館

　　黃培平、林尤海、吳清英、黃健

（3）山西省古建築保護研究所

　　吳銳、孫書鵬、趙鵬圖、李小青、任毅敏

（4）海南北方古建園林裝飾公司

　　栗九富、孟芳建、翟康志、荀健等二十五人

（5）海南省林業局

　　符國瑗

（6）廣東省昆蟲研究所

　　謝杏揚

3. 工程修繕報告編撰出版階段

（1）主編及主要撰稿人

　　吳銳、王亦平、黃培平

（2）參加編撰人

　　孫書鵬、趙鵬圖、黃丹、李小青、任毅敏、董兵、朱逸輝、何文生

（3）圖版繪製人

　　吳銳、黃丹、趙鵬圖、李小青、荀健、李少華、顏彩雲、蔡勇

（4）圖版攝影人

　　王亦平、吳銳、潘先若、陳黃階

實測與設計圖

丘濬故居創建於元末明初，是海南省已知現存最早的木結構歷史名人宅居建築。不僅其文物價值甚高，建築科學價值也不容忽視。

借丘濬故居前堂、可繼堂落架修繕的難得機遇，我們及時組織技術力量，對各類建築構件進行了認真測繪與記錄，從而形成了這份丘濬故居建築實測與設計圖。這份成果是世人準確瞭解和系統研究丘濬故居建築結構技術和建築藝術特徵時不可多得的珍貴資料。

需要說明的是，由於這份圖繪製時採取的是原汁原味，不加修飾，保持原始數據的工作原則，所以可能會由於數據採集位置不同而出現個別細部尺寸與相應部位建築總圖所標尺寸（爲統一尺寸）不盡相同的情形。

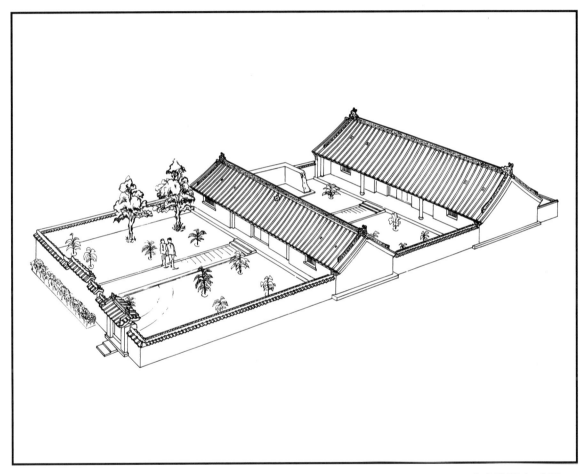

一　丘濬故居鳥瞰圖

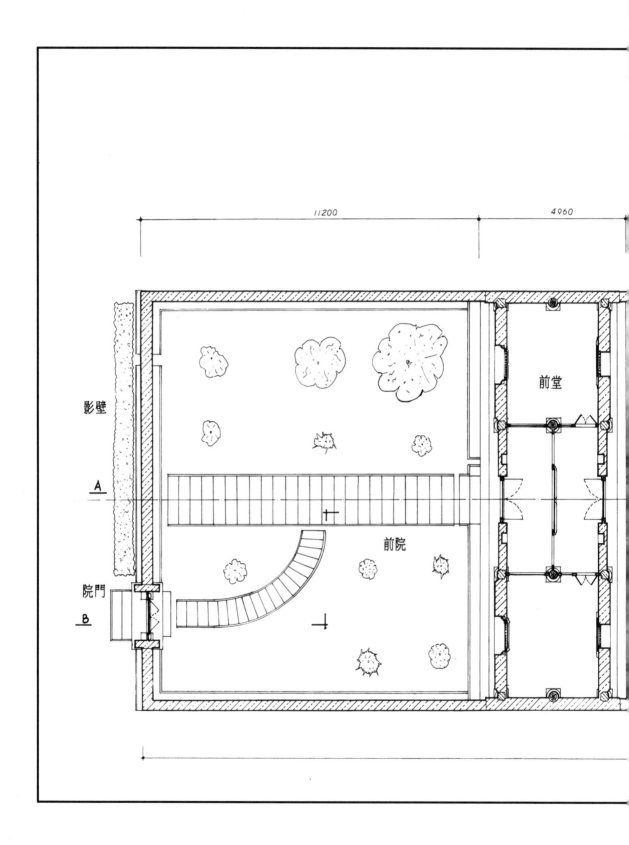

前堂

影壁

A

院門

B

前院

11200　4960

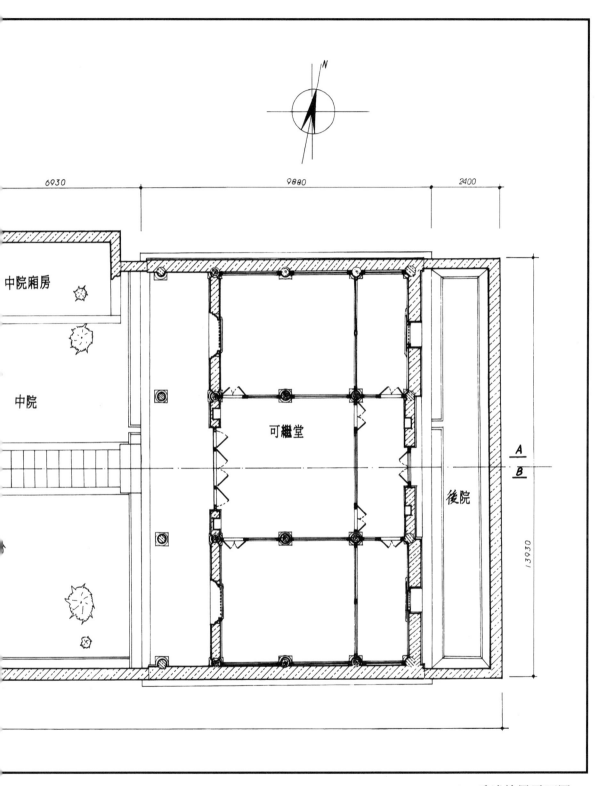

N

6930　　　　　　　9880　　　　　2400

中院廂房

中院

可繼堂

後院

$\dfrac{A}{B}$

13930

二　丘濬故居平面圖

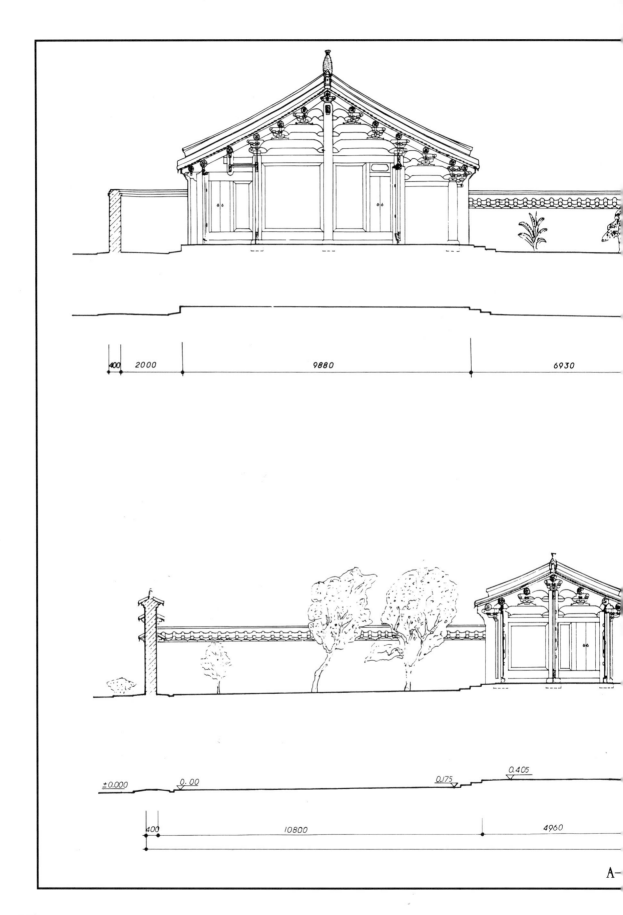

400 2000 9880 6930

0.405

±0.000 0.00 0.175

400 10800 4960

A—

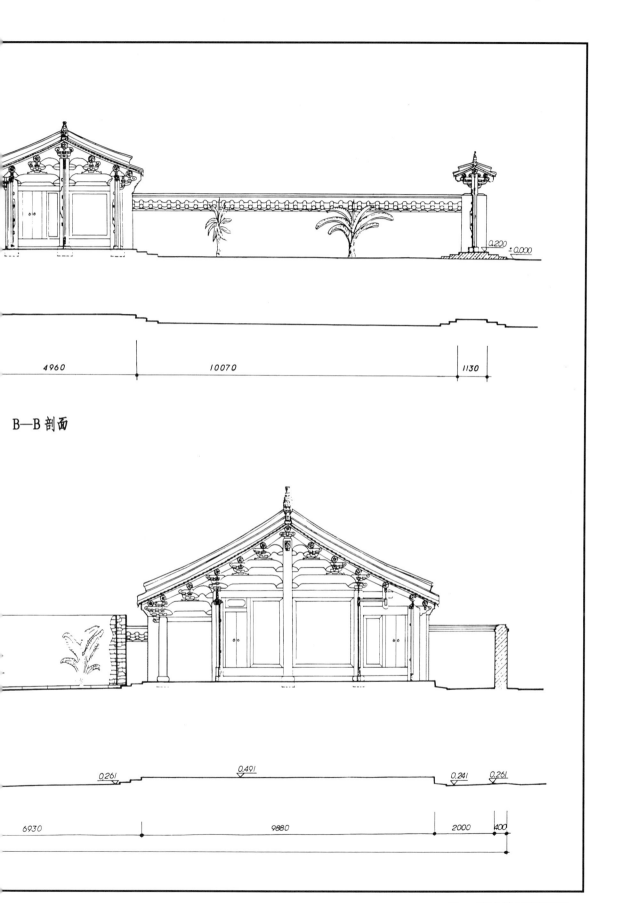

B—B 剖面

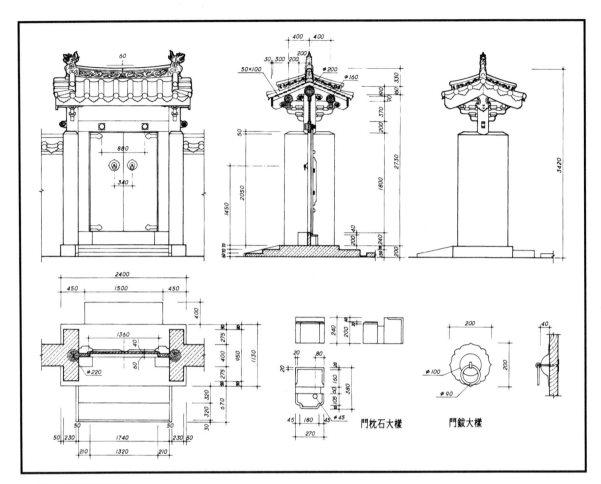

四　院門構造圖

門枕石大樣　　門鈸大樣

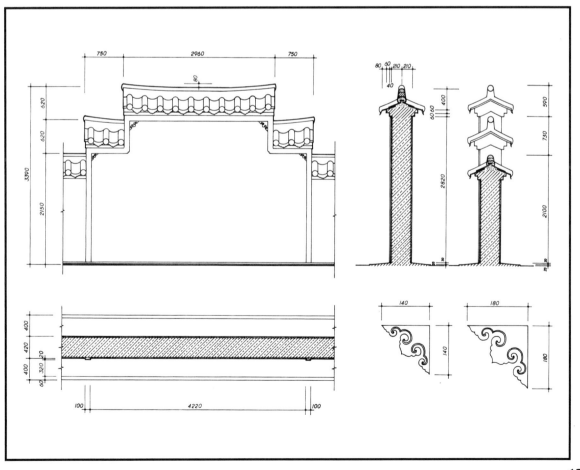

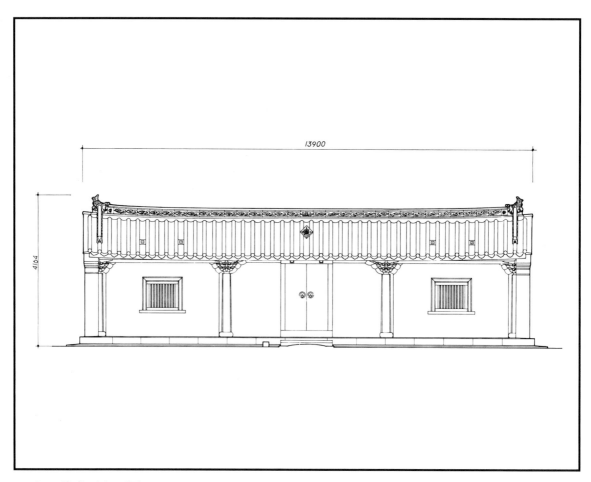

六　前堂正立面圖

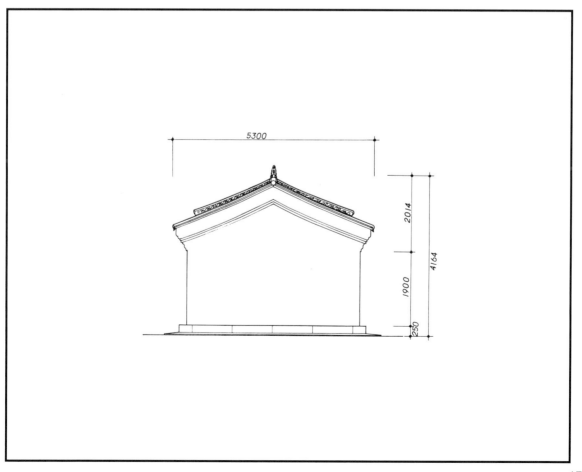

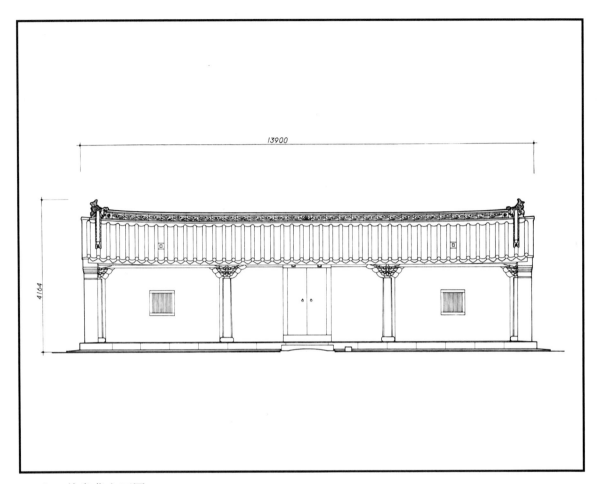

八　前堂背立面圖

174

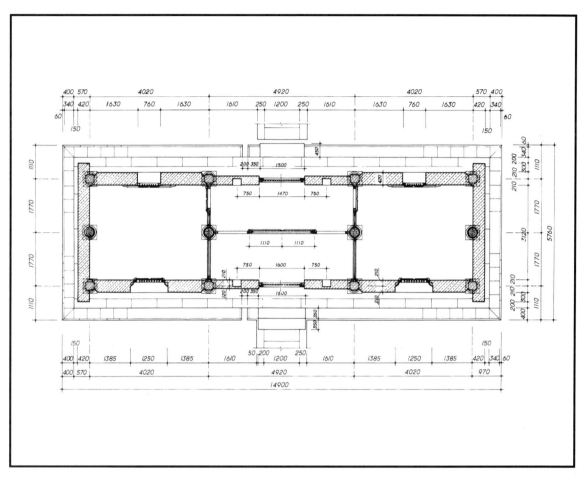

九　前堂平面圖

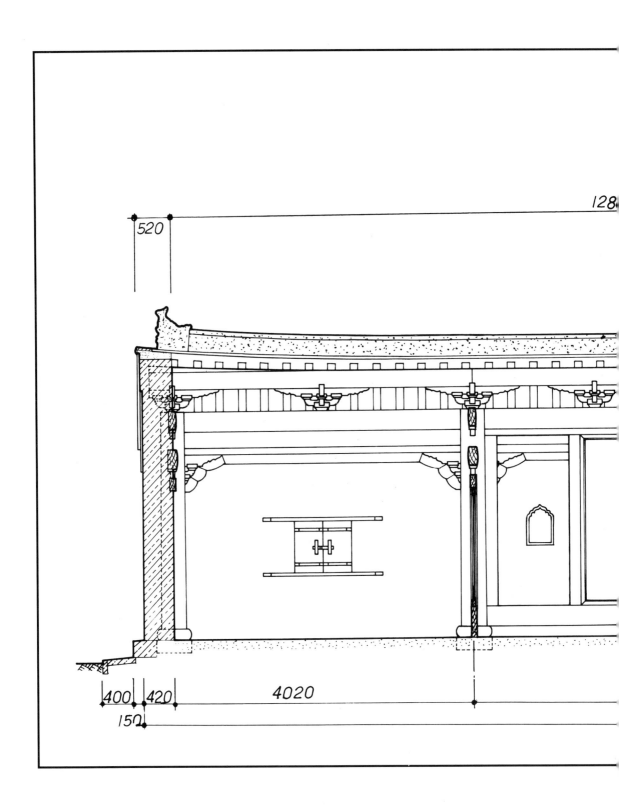

520

128

400 420

150

4020

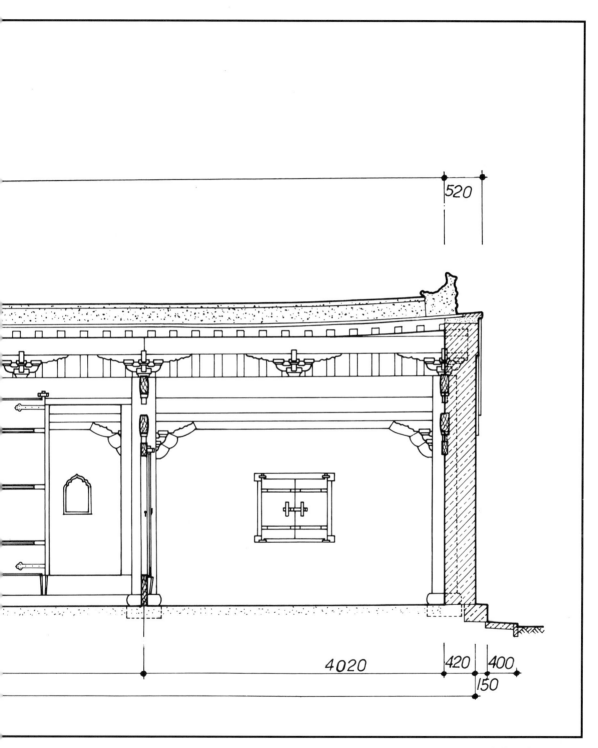

520

4020   420 400
             150

一〇　前堂縱剖面圖

一一　前堂明間梁架結構剖面圖

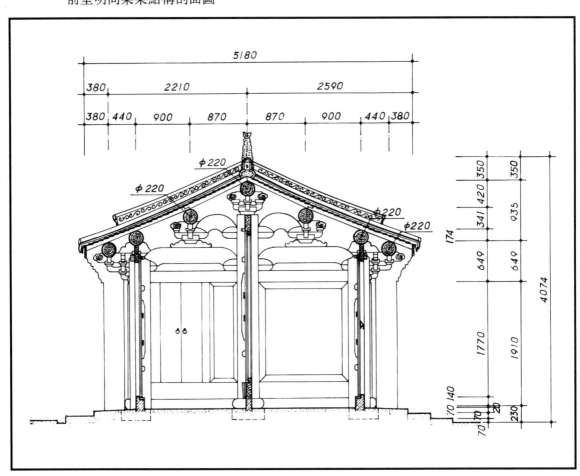

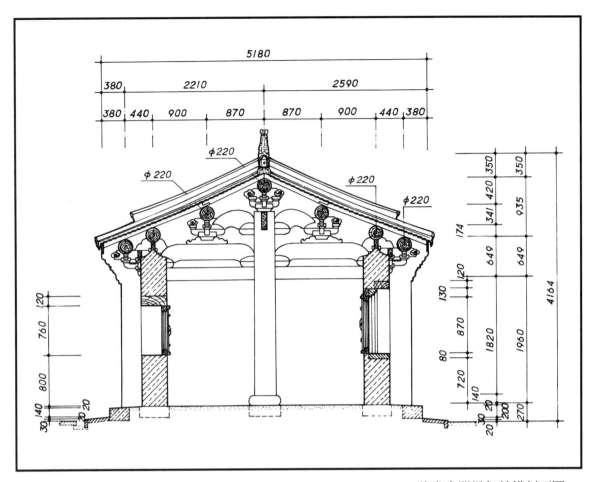

一二　前堂次間梁架結構剖面圖

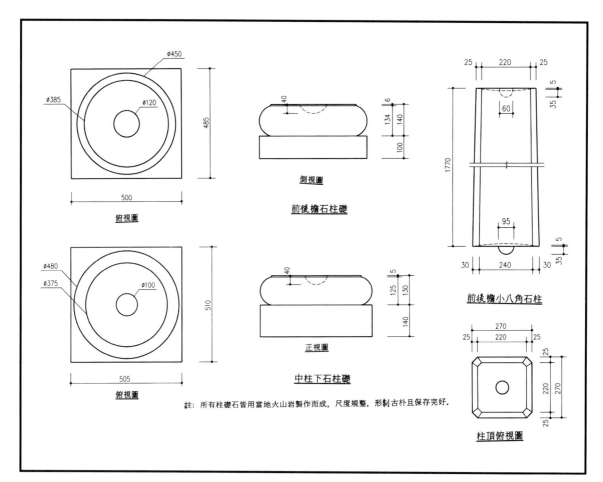

俯視圖

前後檐石柱礎

中柱下石柱礎

側視圖

正視圖

前後檐小八角石柱

柱頂俯視圖

註: 所有柱礎石皆用當地火山岩製作而成，尺度規整，形制古樸且保存完好.

一三　前堂前後檐小八角石柱及中柱下石柱礎圖

一四　前堂堂內中柱做法圖

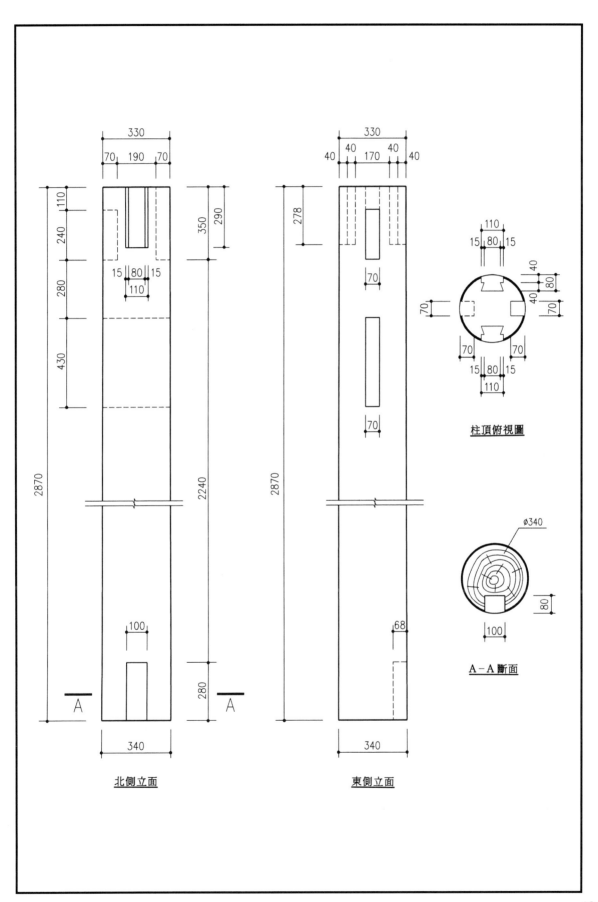

北側立面

東側立面

柱頂俯視圖

A−A斷面

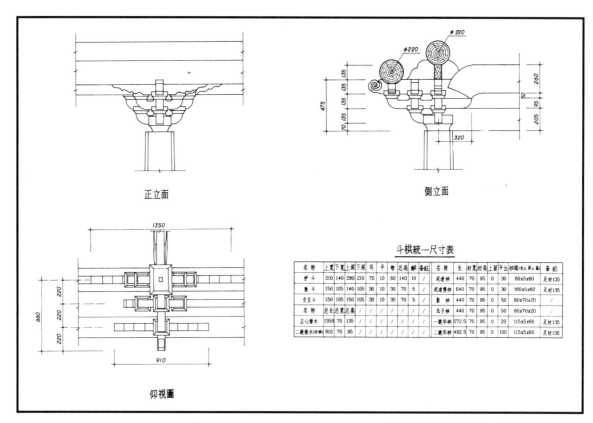

正立面　　　　　　　　　　　側立面

仰視圖

斗栱統一尺寸表

名稱	上寬	下寬	上高	下深	耳	平	敧	總高	顱	備註	名稱	長	材寬	材高	上留	平出	栱眼(長×寬×高)	備註
櫨斗	210	140	280	210	70	10	60	140	10	/	花逼栱	440	70	95	0	30	60×5×60	足材135
散斗	150	105	140	105	30	10	30	70	5	/	花逼慢栱	640	70	95	0	30	160×5×60	足材135
交互斗	150	105	150	105	30	10	30	70	5	/	影栱	440	70	95	0	50	60×7×20	/
名稱	總長	總寬	總高	/	/	/	/	/	/	/	瓜子栱	440	70	95	0	50	60×70×20	/
正心槫木	1350	70	135	/	/	/	/	/	/	/	一麗華栱	272.5	70	95	0	20	115×5×60	足材135
二麗譽木冷栱	910	70	95	/	/	/	/	/	/	/	二麗華栱	492.5	70	95	0	100	115×5×60	足材135

一五　前堂檐部斗栱結構圖

一六　前堂斗栱梁架榫卯結構做法示意圖

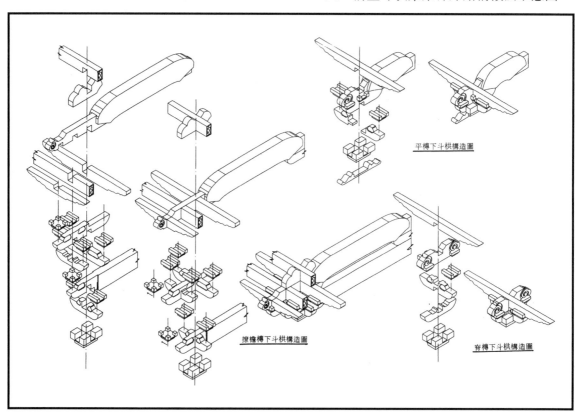

平槫下斗栱構造圖

撩檐槫下斗栱構造圖　　　　　脊槫下斗栱構造圖

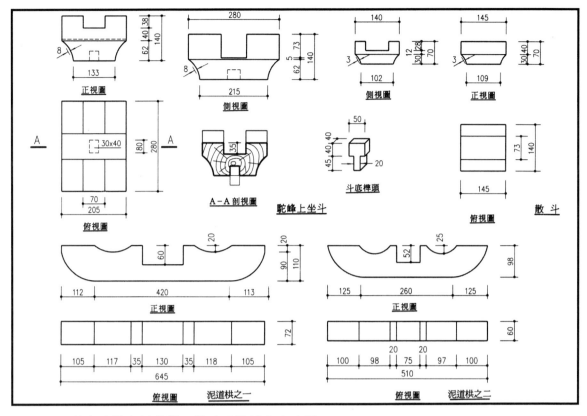

一七　前堂斗栱中泥道栱、散斗及駝峰上坐斗圖

一八　前堂梁架上駝峰做法圖

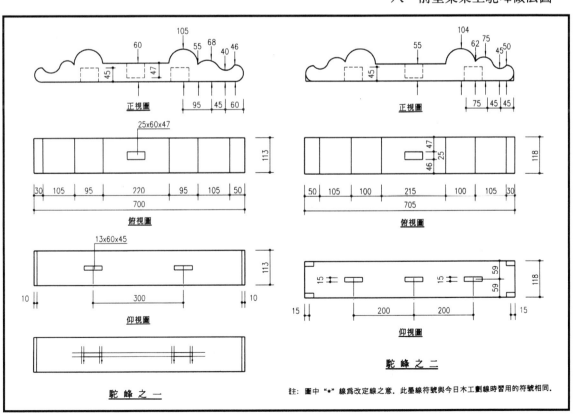

註：圖中"*"線爲改定線之意．此墨線符號與今日木工劃線時習用的符號相同．

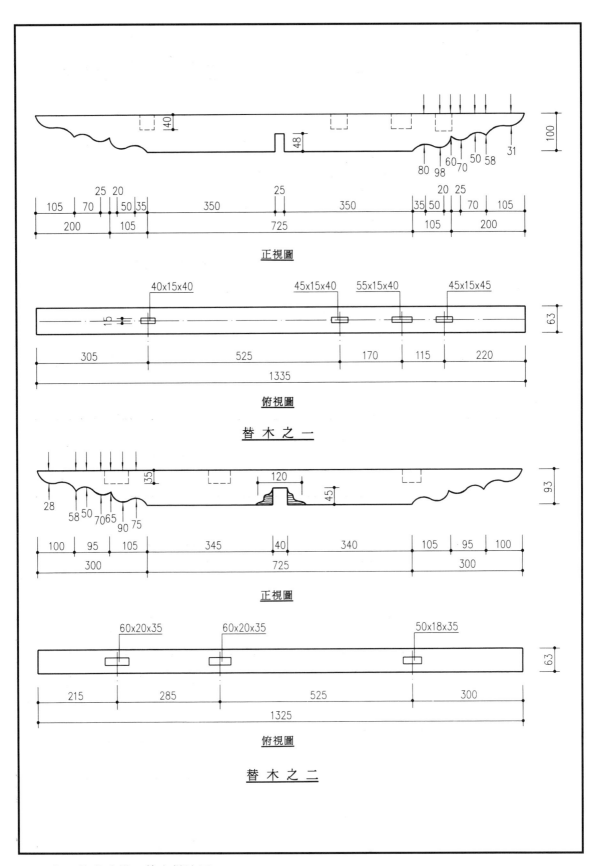

正視圖

替 木 之 一

正視圖

替 木 之 二

一九　前堂斗栱、替木做法圖

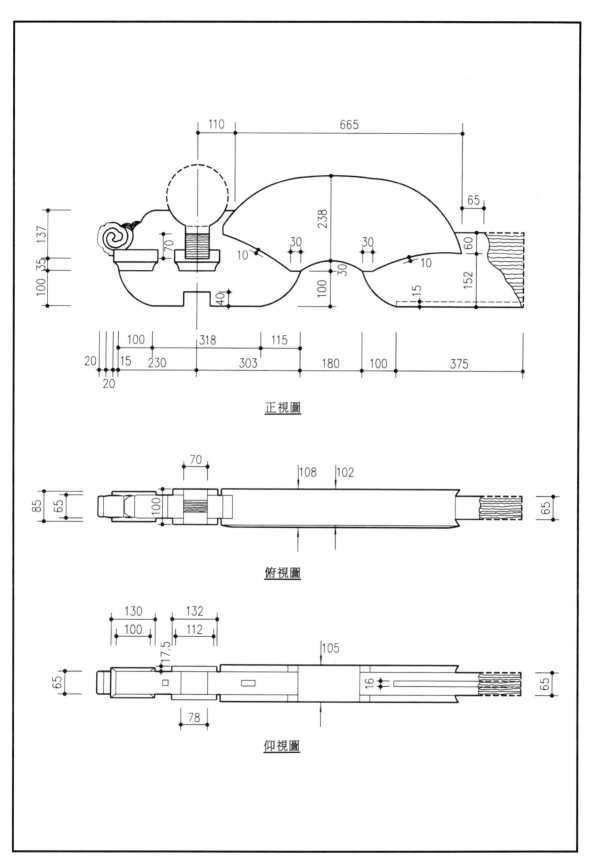

正視圖

俯視圖

仰視圖

二〇　前堂梁架上部眉梁做法圖（之一）

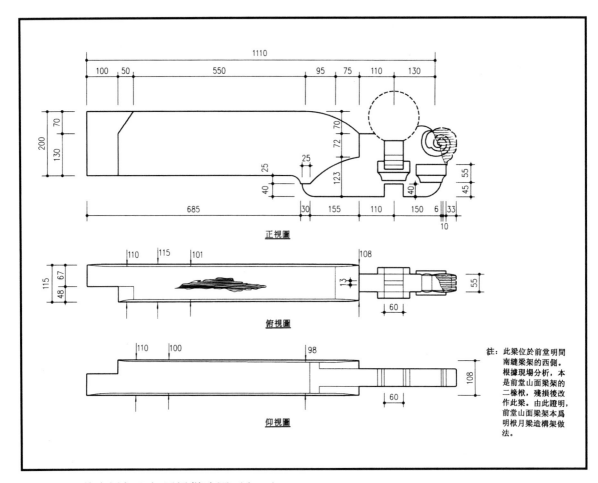

正視圖

俯視圖

仰視圖

註：此梁位於前堂明間
南縫梁架的西側。
根據現場分析，本
是前堂山面梁架的
二椽栿，殘損後改
作此梁。由此證明，
前堂山面梁架本爲
明栿月梁造構架做
法。

二一　前堂梁架上部眉梁做法圖（之二）

二二　前堂室内乳栿及乳栿梁項小栱頭圖

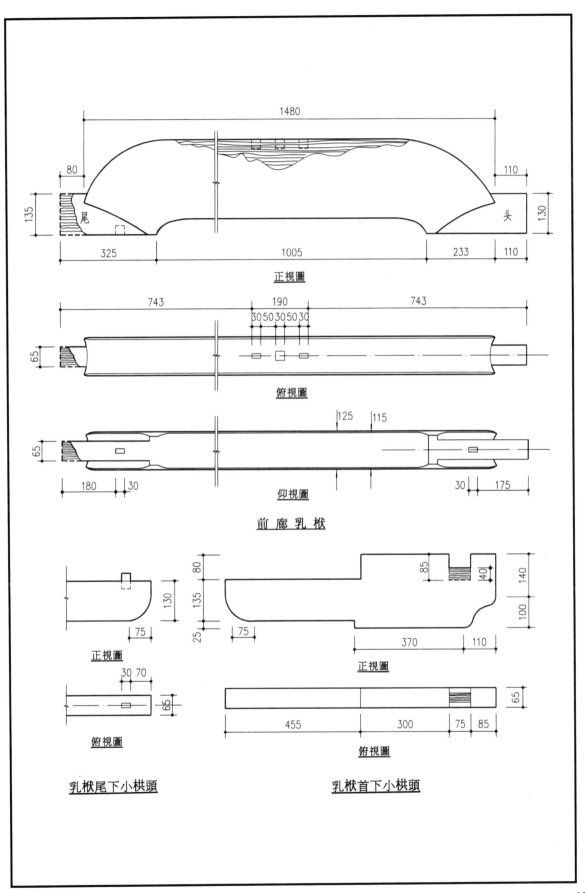

正視圖

俯視圖

仰視圖

前廊乳栿

正視圖

正視圖

俯視圖

俯視圖

乳栿尾下小栱頭

乳栿首下小栱頭

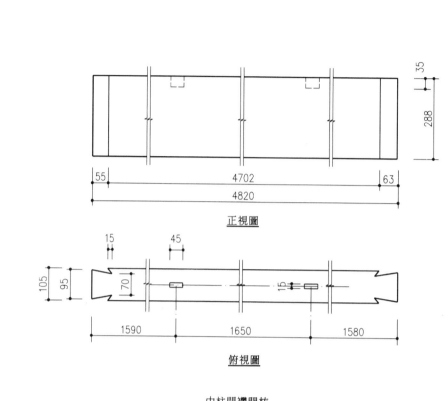

正視圖

俯視圖

中柱間襻間枋   註: 此類枋保存完好，頂部兩卯口應爲襻間鋪作所在位置。

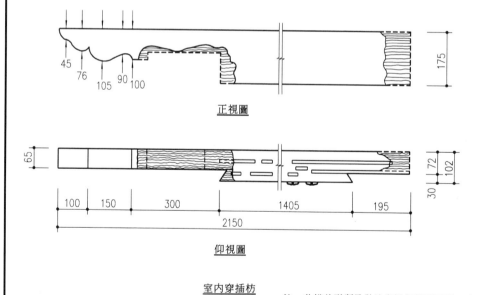

正視圖

仰視圖

室內穿插枋   註: 此構件形制及做法與梁架構造不符，應爲後人補配構件。

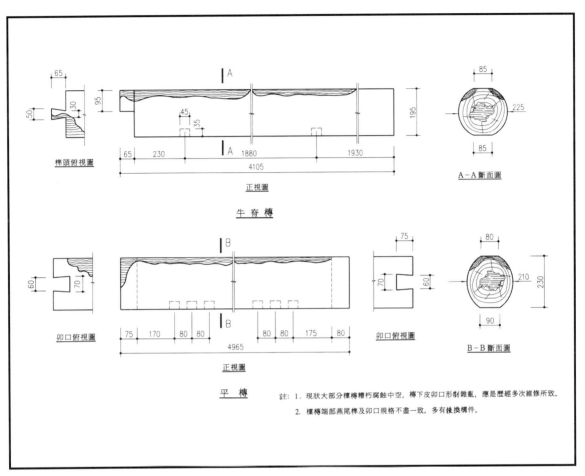

榫頭俯視圖

正視圖

牛　脊　槫

A－A斷面圖

卯口俯視圖

正視圖

卯口俯視圖

平　槫

B－B斷面圖

註: 1. 現狀大部分檁槫糟朽腐蝕中空, 槫下皮卯口形制雜亂, 應是歷經多次維修所致.
2. 檁槫端部燕尾榫及卯口規格不盡一致, 多有後換構件.

二四　前堂梁架平槫及檐下牛脊槫圖

二三　前堂中柱間襻間枋與室內穿插枋圖

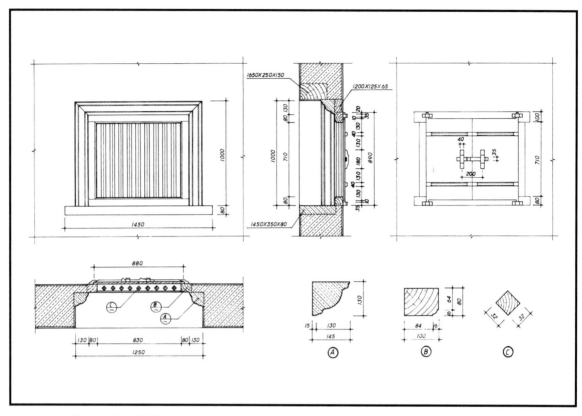

二五　前堂前檐次間檻窗圖

二六　前堂後檐次間檻窗圖

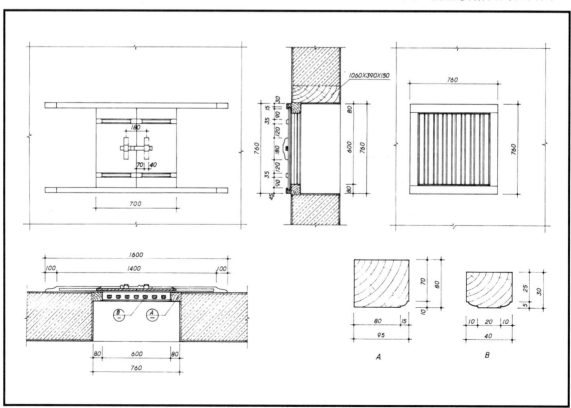

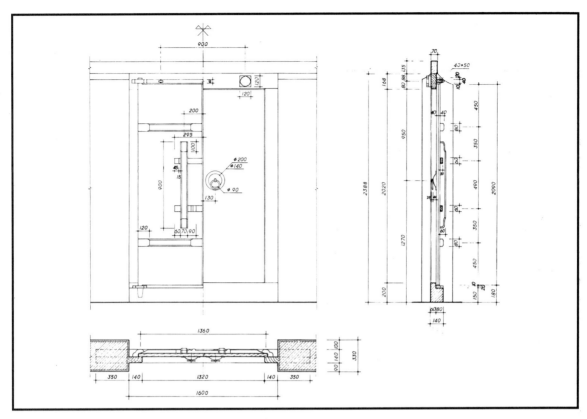

二七　前堂前檐明間板門圖

二八　前堂後檐明間板門圖

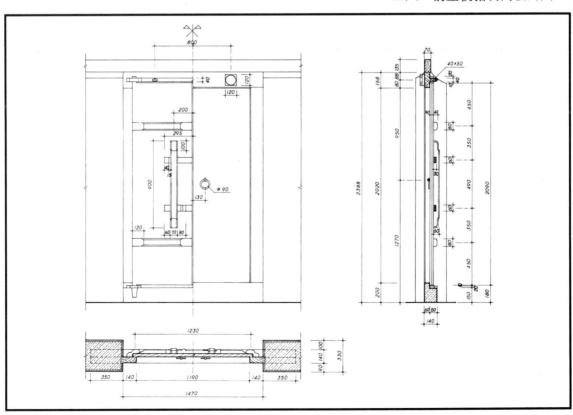

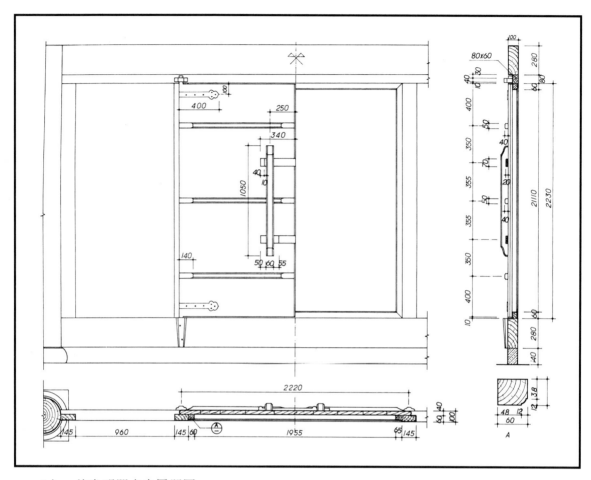

二九　前堂明間中央屏門圖

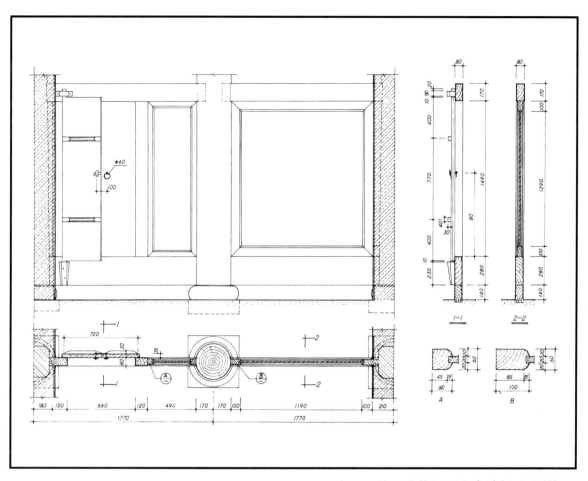

三〇　前堂明、次間間縫上裝修圖（室內壁板及過門）

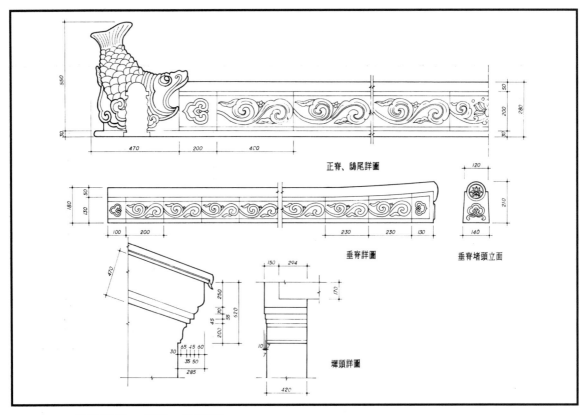

正脊、鴟尾詳圖

垂脊詳圖

垂脊堵頭立面

墀頭詳圖

三一　前堂屋脊、鴟尾、墀頭圖

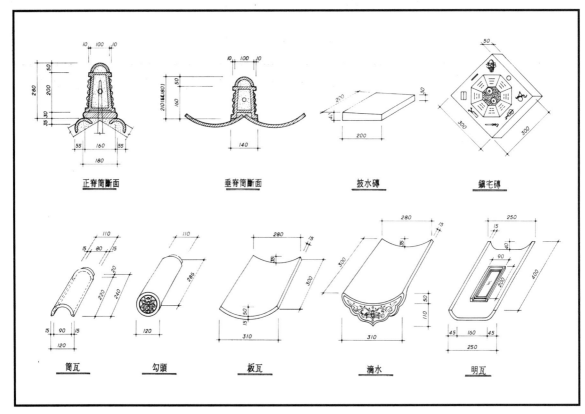

正脊筒斷面

垂脊筒斷面

披水磚

鎮宅磚

筒瓦

勾頭

板瓦

滴水

明瓦

三二　前堂屋面瓦件圖

194

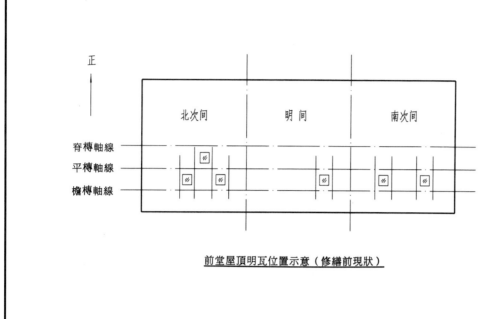

前堂屋頂明瓦位置示意（修繕前現狀）

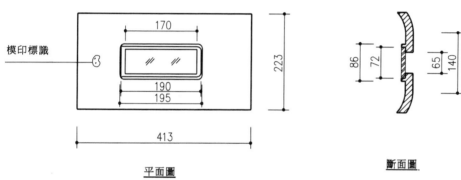

平面圖

斷面圖

明 瓦 之 一

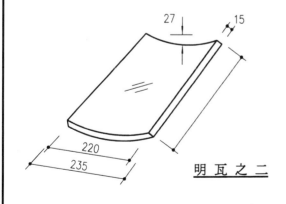

明 瓦 之 二

註：明瓦可分兩種形制，一種是在瓦身上開設
　　玻璃天窗（之一）；一種是用玻璃製成瓦身
　　（之二）。現保存基本完好，但規格稍有不同，
　　在其中一明瓦上有"南山同興"模印標識。

三三　前堂屋頂明瓦布置及明瓦式樣圖

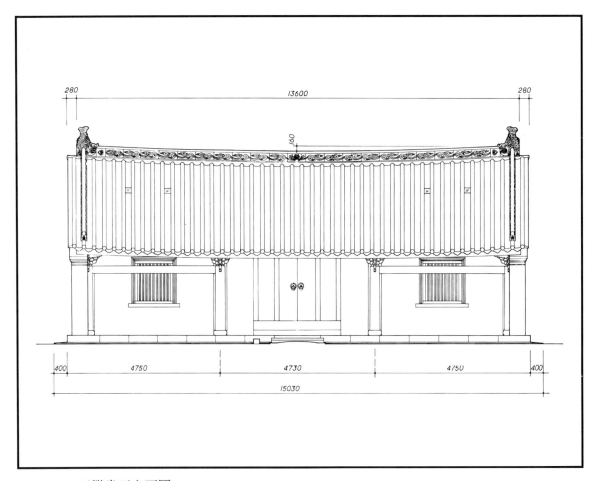

三四　可繼堂正立面圖

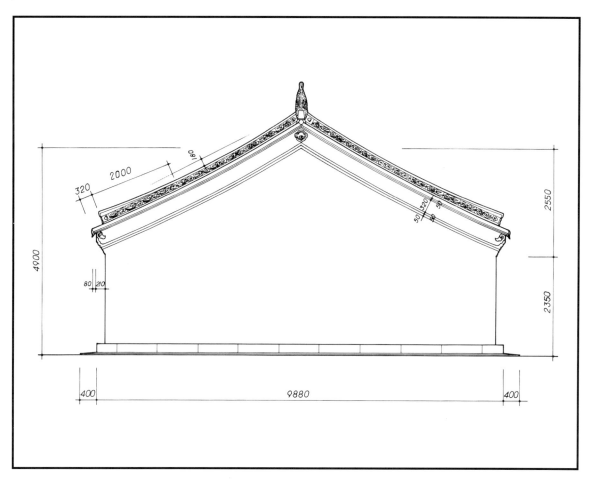

三五　可繼堂側立面圖

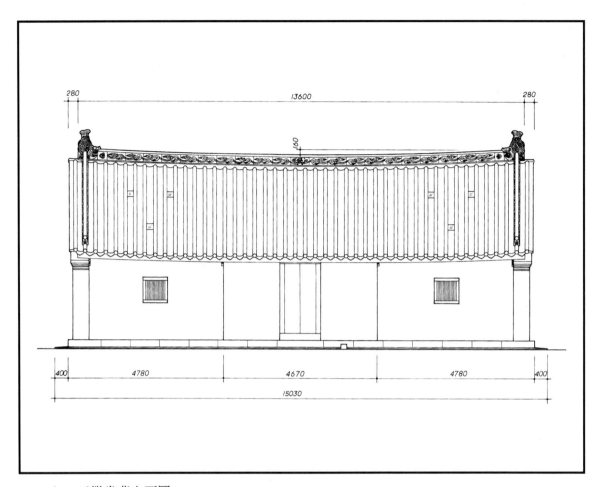

三六　可繼堂背立面圖

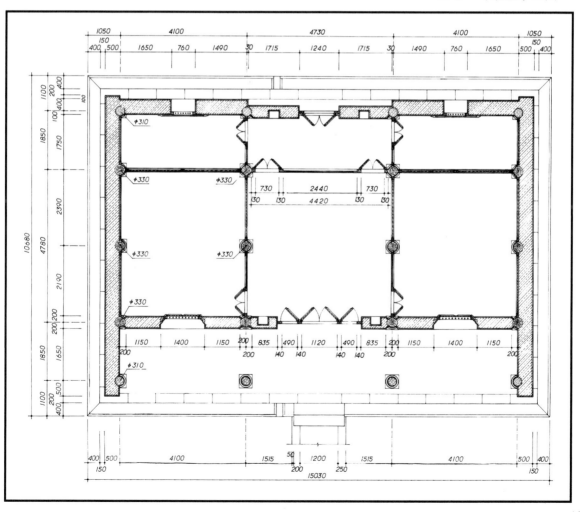

三八　可繼堂縱剖面圖

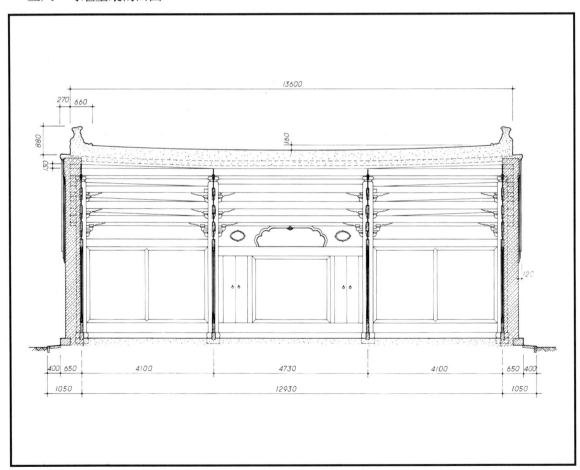

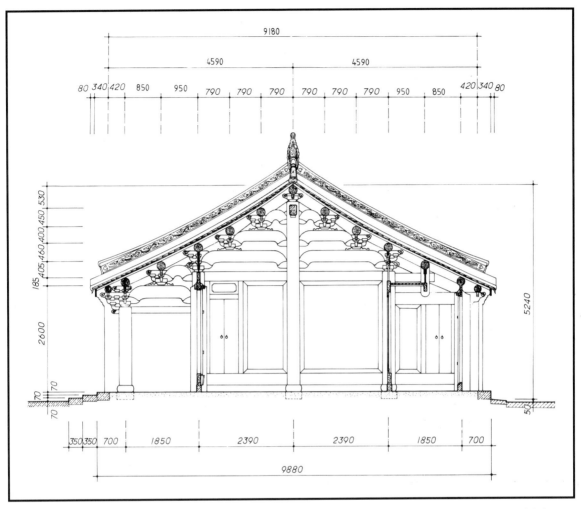

三九　可繼堂明間梁架剖面圖（明栿做法）

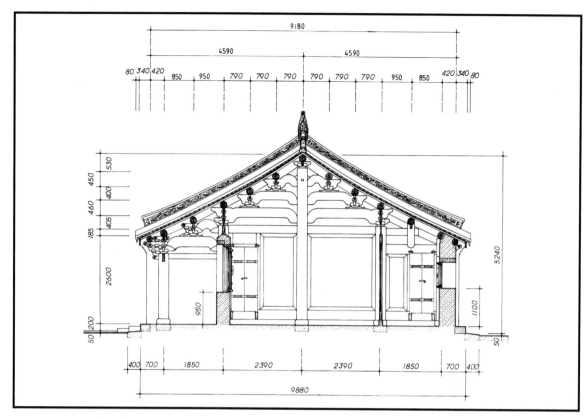

四〇 可繼堂次間梁架剖面圖（草栿做法）

四一 可繼堂前簷廊部梁架構造圖（明栿做法）

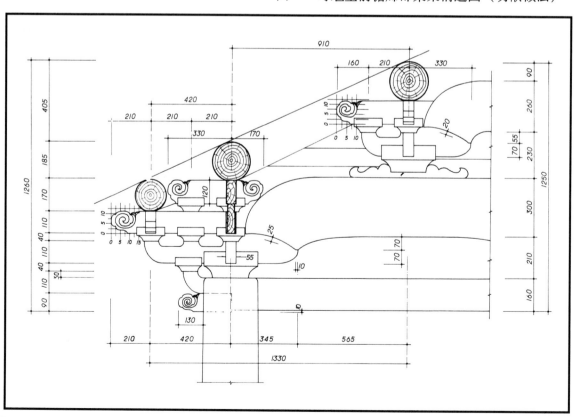

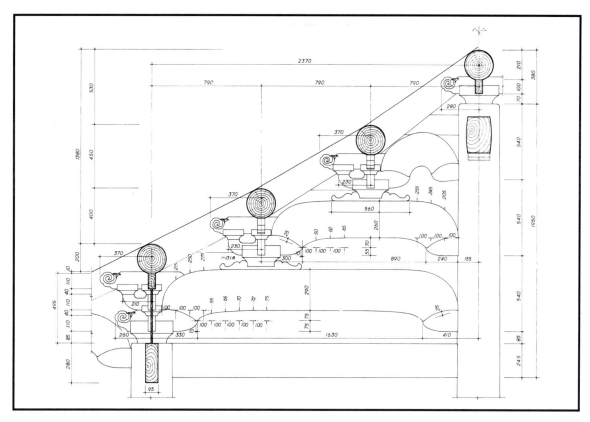

四二　可繼堂室內梁架構造圖（明栿做法）

四三　可繼堂後檐廊部梁架構造圖

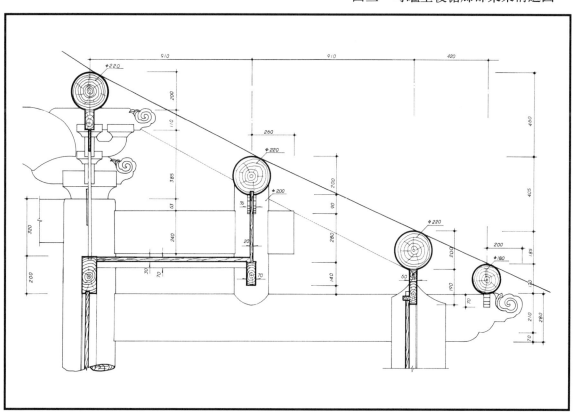

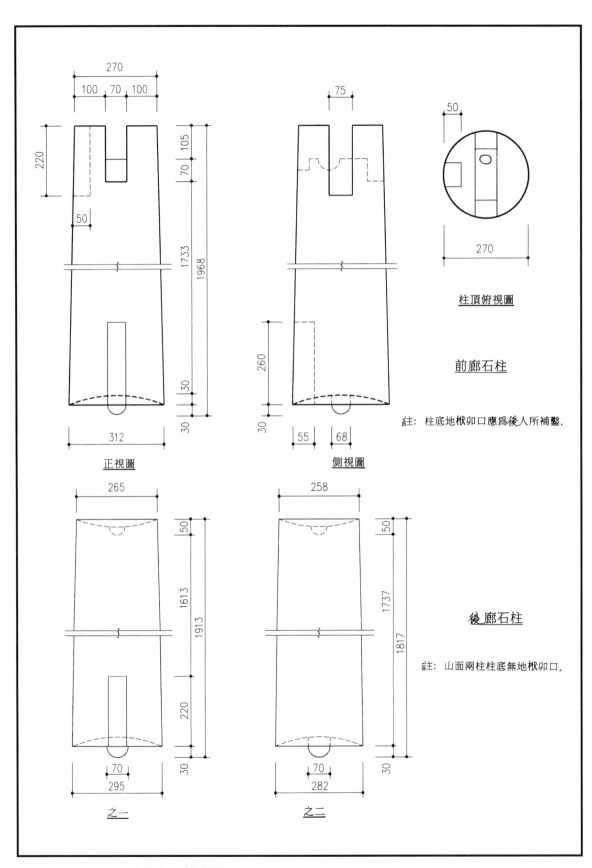

柱頂俯視圖

前廊石柱

正視圖

側視圖

註: 柱底地栿卯口應爲後人所補鑿.

後廊石柱

之二

之二

註: 山面兩柱柱底無地栿卯口。

四四　可繼堂前後檐廊柱做法圖

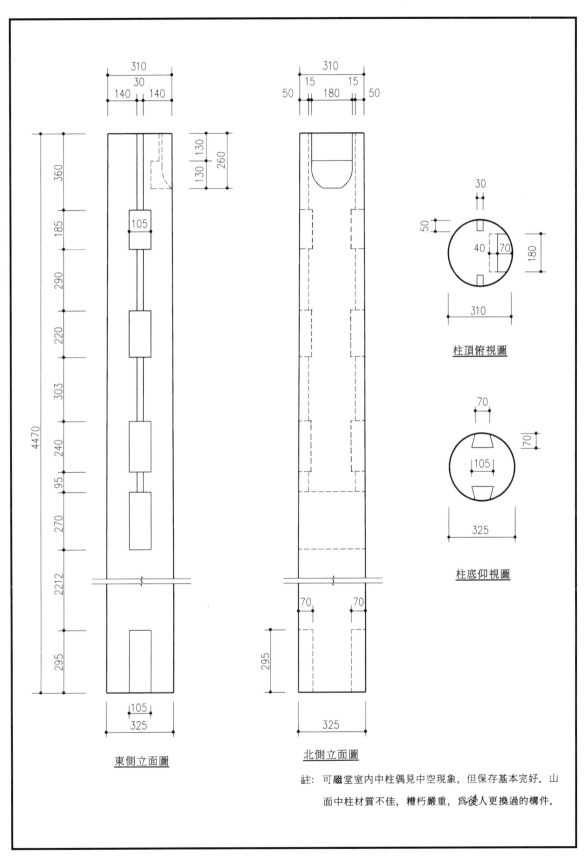

柱頂俯視圖

柱底仰視圖

東側立面圖

北側立面圖

註: 可繼堂室內中柱偶見中空現象, 但保存基本完好. 山面中柱材質不佳, 糟朽嚴重, 爲後人更換過的構件.

四五　可繼堂明間南側中柱圖

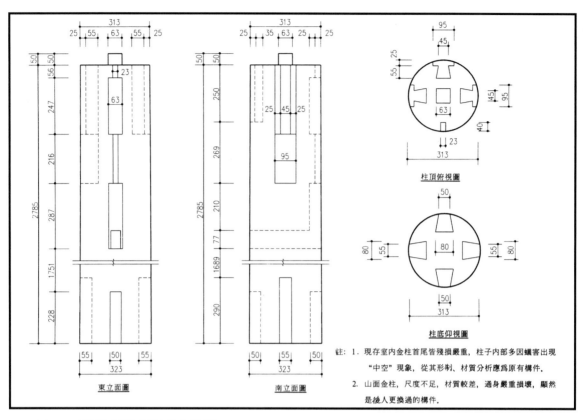

柱頂俯視圖

柱底仰視圖

東立面圖

南立面圖

四六　可繼堂明間南側東金柱圖

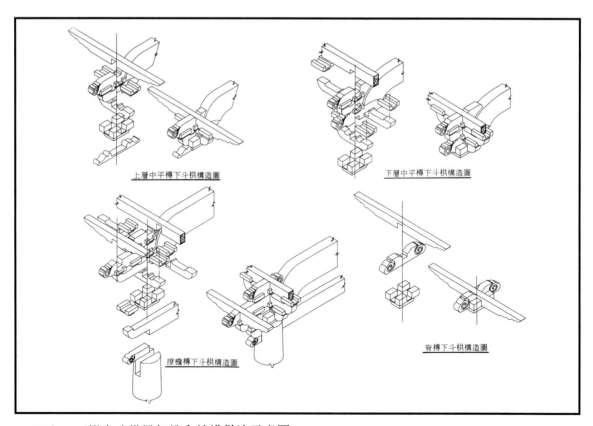

上層中平槫下斗栱構造圖

下層中平槫下斗栱構造圖

撩檐槫下斗栱構造圖

脊槫下斗栱構造圖

四七　可繼堂斗栱梁架榫卯結構做法示意圖

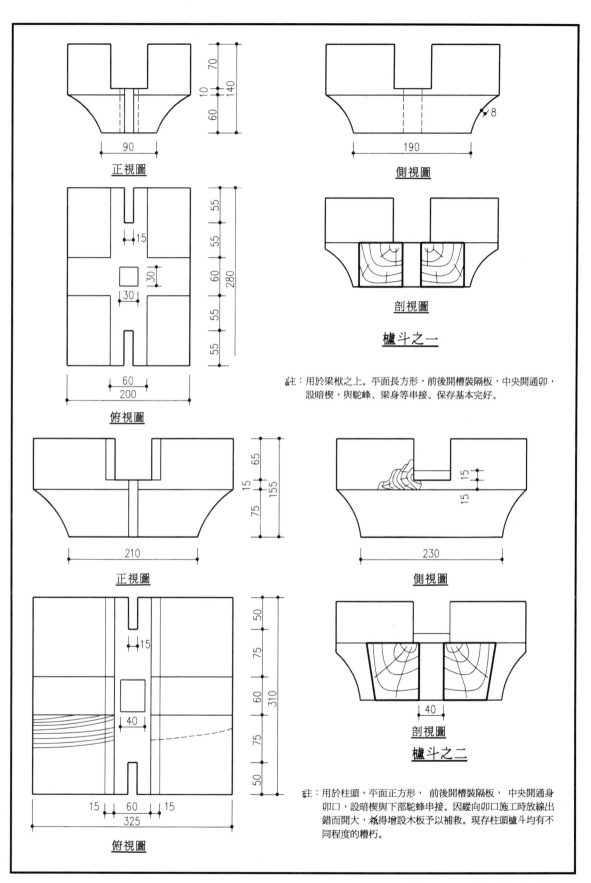

正視圖

側視圖

俯視圖

剖視圖

櫨斗之一

註：用於梁栿之上。平面長方形，前後開槽裝隔板，中央開通卯，
　　設暗楔，與駝峰、梁身等串接。保存基本完好。

正視圖

側視圖

俯視圖

剖視圖

櫨斗之二

註：用於柱頭，平面正方形，前後開槽裝隔板，中央開通身
　　卯口，設暗楔與下部駝蜂串接。因縱向卯口施工時放線出
　　錯而開大，後得增設木板予以補救。現存柱頭櫨斗均有不
　　同程度的糟朽。

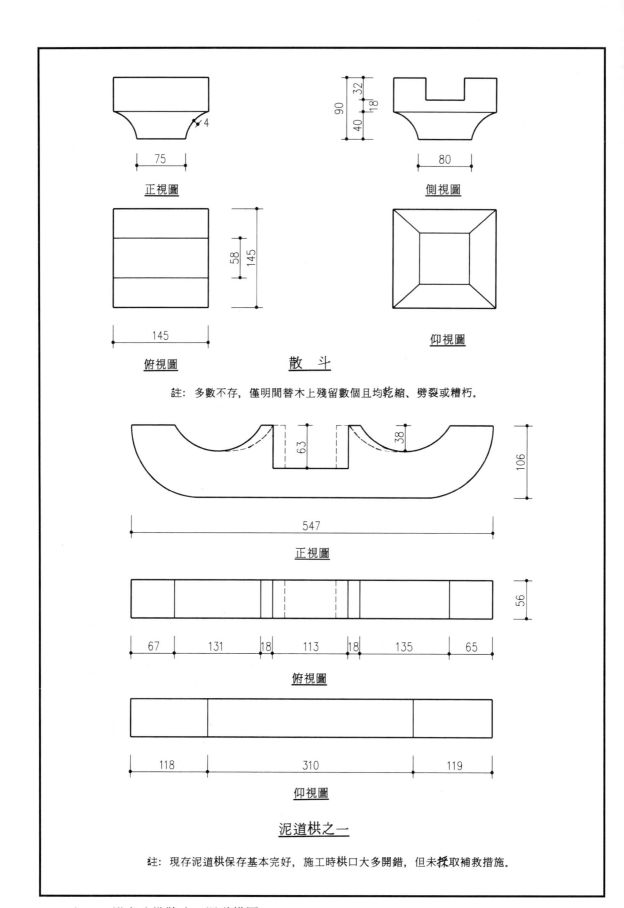

正視圖

側視圖

俯視圖

仰視圖

散　斗

註：多數不存，僅明間替木上殘留數個且均乾縮、劈裂或糟朽。

正視圖

俯視圖

仰視圖

泥道栱之一

註：現存泥道栱保存基本完好，施工時栱口大多開錯，但未採取補救措施。

四九　可繼堂斗栱散斗、泥道栱圖

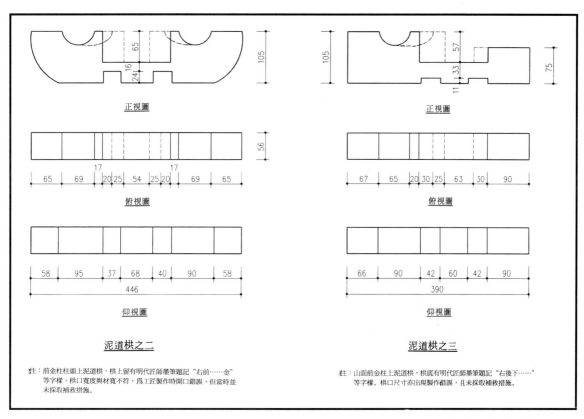

正視圖　　　　　　　　　　　　　　　　正視圖

俯視圖　　　　　　　　　　　　　　　　俯視圖

仰視圖　　　　　　　　　　　　　　　　仰視圖

泥道栱之二　　　　　　　　　　　　**泥道栱之三**

註：前金柱柱頭上泥道栱，栱上留有明代匠師墨筆題記"右前……金"
　　等字樣，栱口寬度與材寬不符，爲工匠製作時開口錯誤，但當時並
　　未採取補救措施。

註：山面前金柱上泥道栱，栱底有明代匠師墨筆題記"右後下……"
　　等字樣。栱口尺寸亦出現製作錯誤，且未採取補救措施。

五〇　可繼堂斗栱泥道栱圖

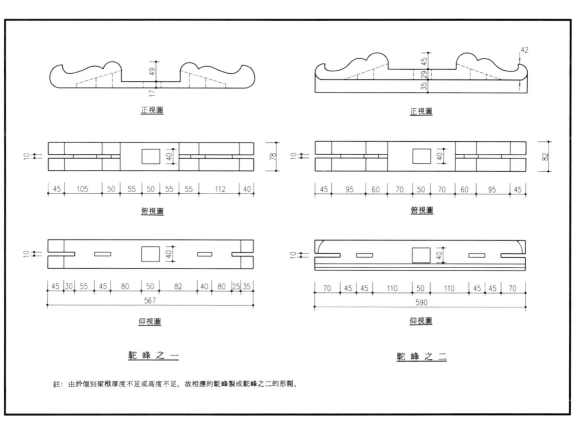

正視圖　　　　　　　　　　　　　　　　正視圖

俯視圖　　　　　　　　　　　　　　　　俯視圖

仰視圖　　　　　　　　　　　　　　　　仰視圖

駝　峰　之　一　　　　　　　　　　**駝　峰　之　二**

註：由於個別梁栿厚度不足或高度不足，故相應的駝峰製成駝峰之二的形制。

五一　可繼堂梁架駝峰圖

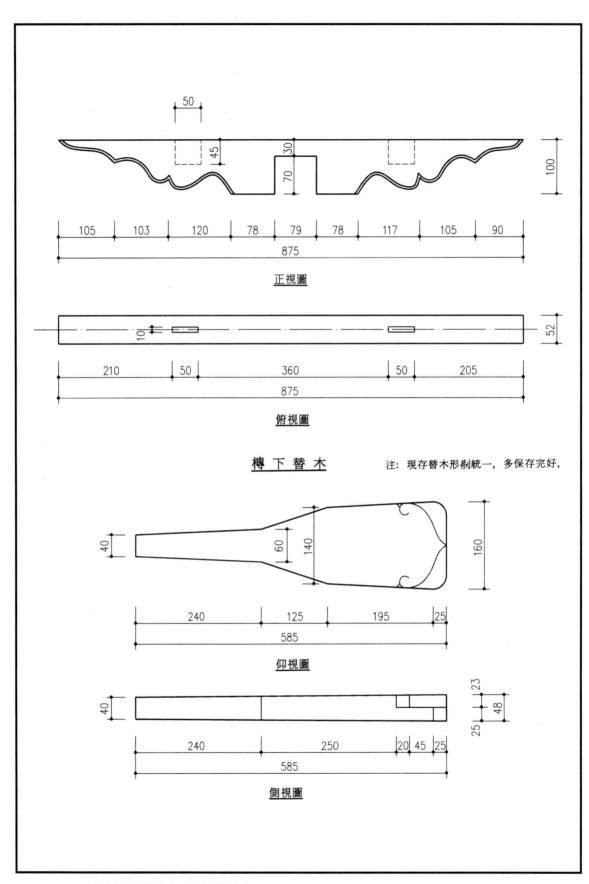

正視圖

俯視圖

榑 下 替 木

注：現存替木形制統一，多保存完好。

仰視圖

側視圖

五二　可繼堂檁榑替木與脊端墊板圖

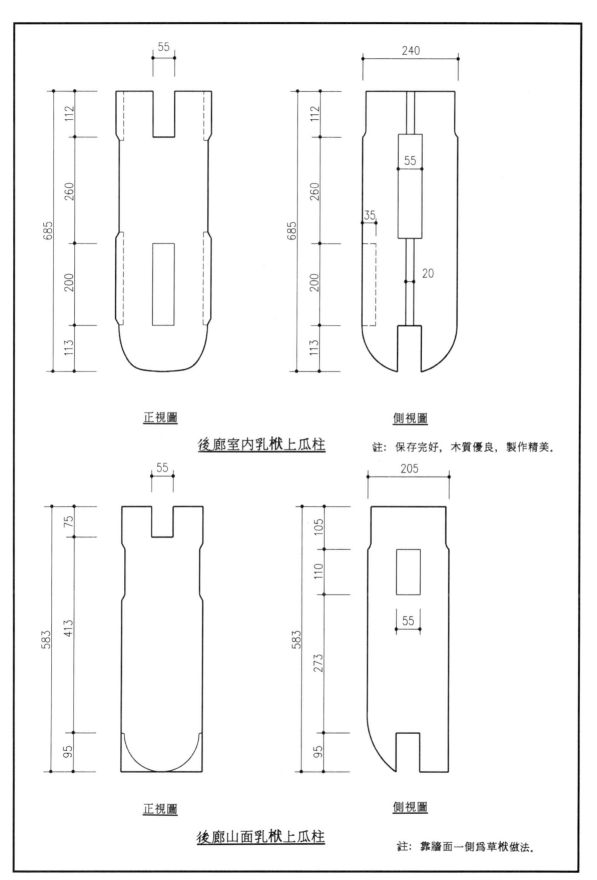

正視圖

側視圖

後廊室內乳栿上瓜柱

註：保存完好，木質優良，製作精美．

正視圖

側視圖

後廊山面乳栿上瓜柱

註：靠牆面一側為草栿做法．

五三　可繼堂後廊乳栿上瓜柱圖

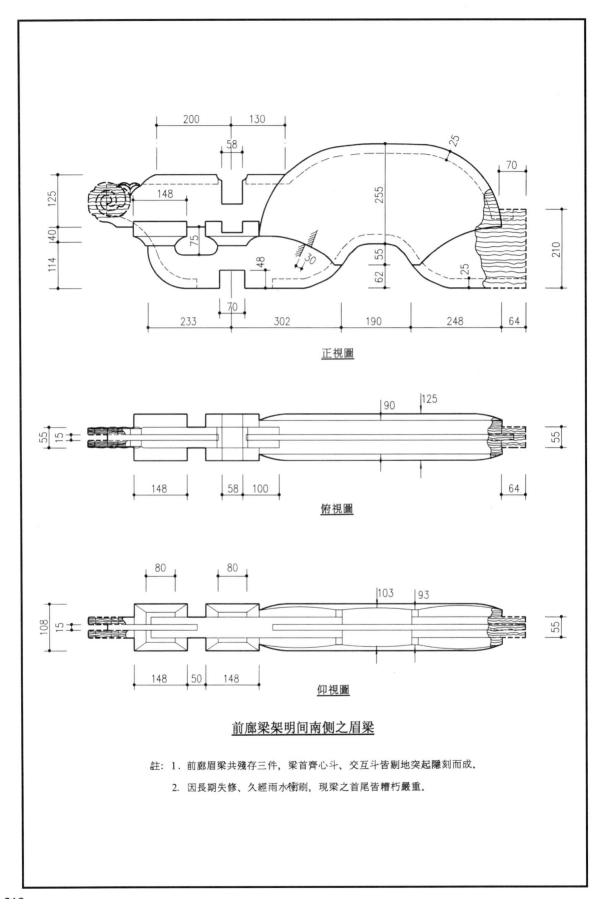

正視圖

俯視圖

仰視圖

前廊梁架明间南侧之眉梁

註: 1. 前廊眉梁共殘存三件，梁首齊心斗、交互斗皆剔地突起隱刻而成。

　　2. 因長期失修、久經雨水衝刷，現梁之首尾皆糟朽嚴重。

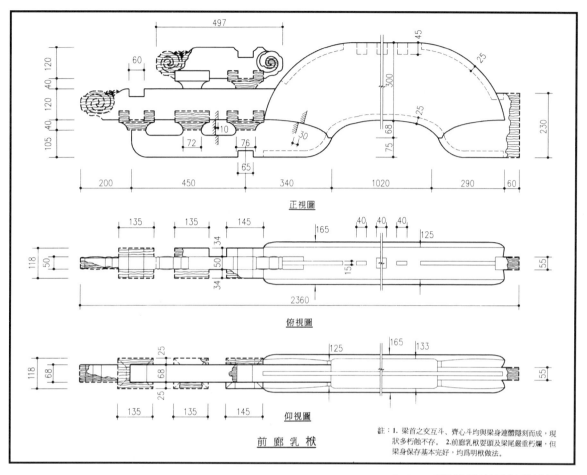

正視圖

俯視圖

仰視圖

前 廊 乳 栿

註：1. 梁首之交互斗、齊心斗均與梁身連體隱刻而成，現
狀多朽蝕不存。 2.前廊乳栿耍頭及梁尾嚴重朽爛，但
梁身保存基本完好，均爲明栿做法。

五五　可繼堂前廊梁架乳栿圖

五四　可繼堂前廊梁架上部眉梁圖

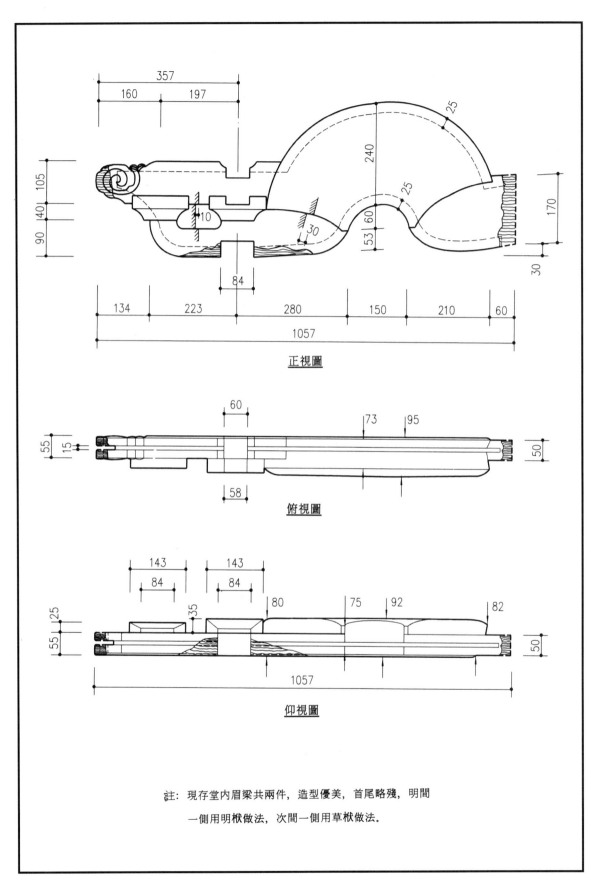

正視圖

俯視圖

仰視圖

註：現存堂內眉梁共兩件，造型優美，首尾略殘，明間
一側用明栿做法，次間一側用草栿做法。

五六　可繼堂室內梁架上部眉梁圖

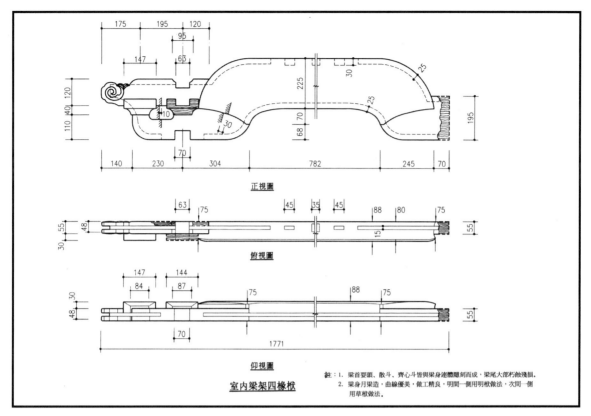

正視圖

俯視圖

仰視圖

室内梁架四椽栿

註：1. 梁首要頭、散斗、齊心斗皆與梁身連體隱刻而成，梁尾大部朽蝕殘損。
2. 梁身月梁造，曲線優美，做工精良，明間一側用明栿做法，次間一側用草栿做法。

五七　可繼堂室内梁架中四椽栿圖

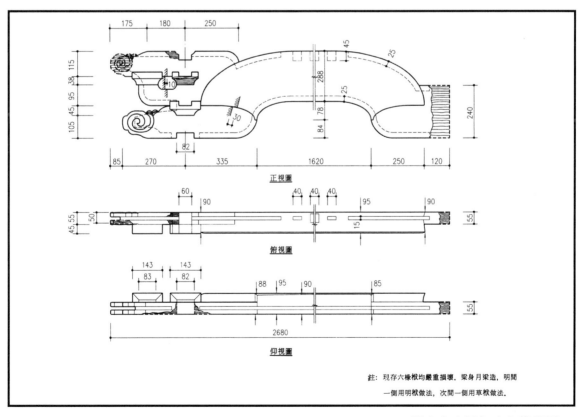

正視圖

俯視圖

仰視圖

註：現存六椽栿均嚴重損壞。梁身月梁造，明間
一側用明栿做法，次間一側用草栿做法。

五八　可繼堂室内梁架中六椽栿圖

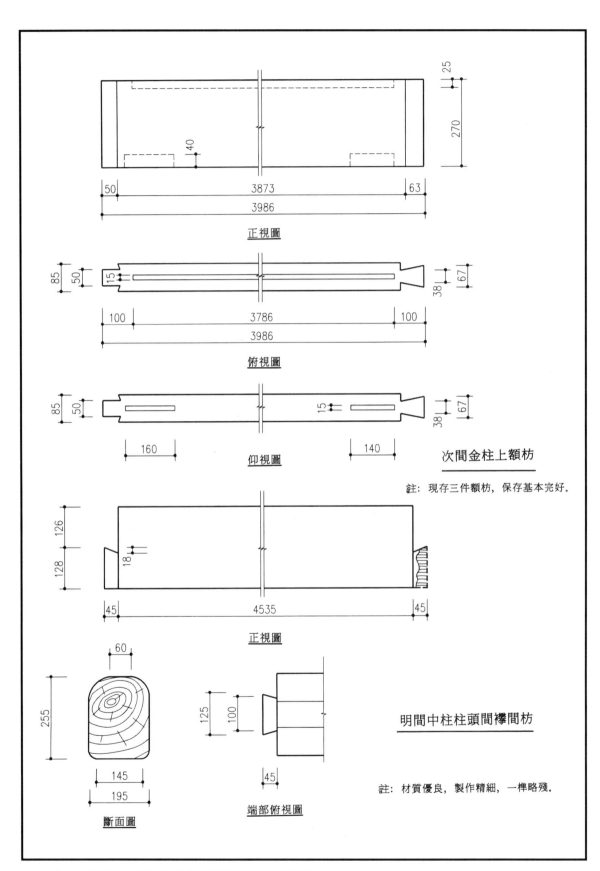

正視圖

俯視圖

仰視圖

次間金柱上額枋

註：現存三件額枋，保存基本完好。

正視圖

斷面圖

端部俯視圖

明間中柱柱頭間襻間枋

註：材質優良，製作精細，一榫略殘。

五九　可繼堂次間金柱上額枋與明間襻間枋圖

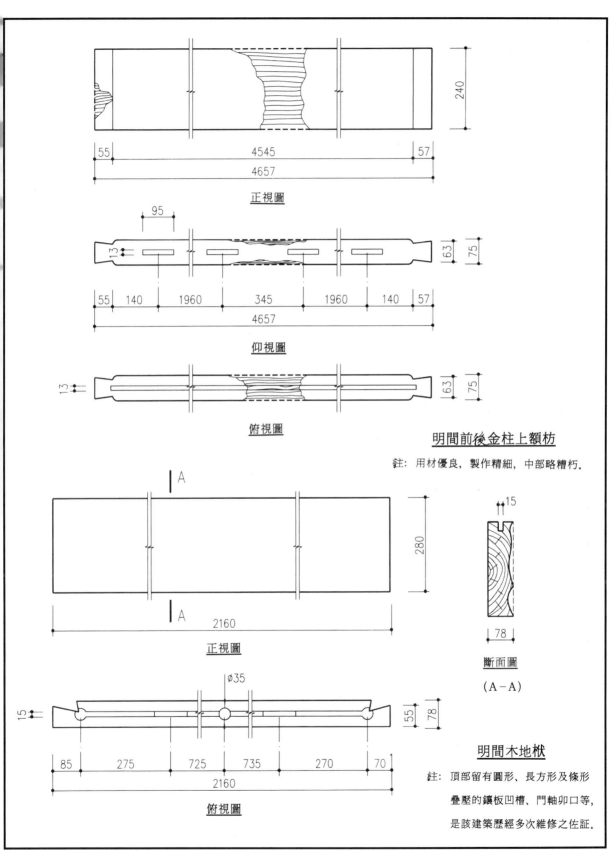

正視圖

仰視圖

俯視圖

明間前後金柱上額枋

註：用材優良，製作精細，中部略糟朽．

正視圖

俯視圖

斷面圖

（A–A）

明間木地栿

註：頂部留有圓形、長方形及條形
疊壓的鑲板凹槽、門軸卯口等，
是該建築歷經多次維修之佐証．

六〇　可繼堂明間金柱上額枋與木地栿圖

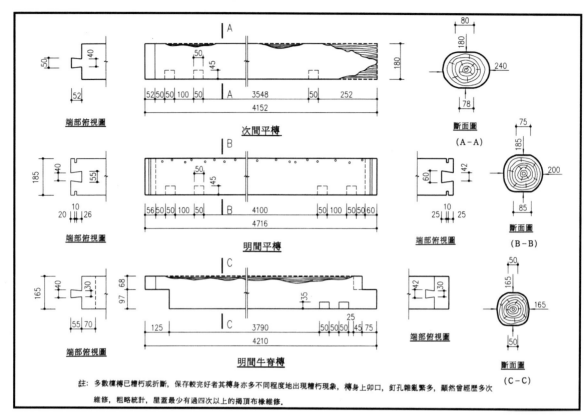

端部俯視圖

次間平槫

斷面圖
（A-A）

端部俯視圖

明間平槫

端部俯視圖

斷面圖
（B-B）

端部俯視圖

明間牛脊槫

端部俯視圖

斷面圖
（C-C）

註：多數樓槫已糟朽或折斷，保存較完好者其槫身亦多不同程度地出現糟朽現象，槫身上卯口，釘孔雜亂繁多，顯然曾經歷多次
維修，粗略統計，屋蓋最少有過四次以上的揭頂布椽維修．

六一　可繼堂明間平槫、牛脊槫與次間平槫圖

六二　可繼堂室內梁架頂層月梁及替木圖

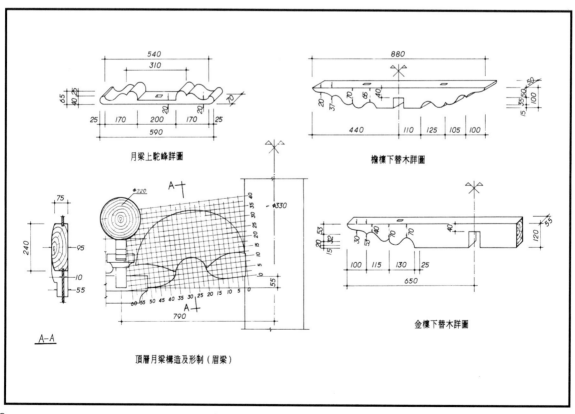

月梁上駝峰詳圖

檐檁下替木詳圖

A-A

頂層月梁構造及形制（眉梁）

金檁下替木詳圖

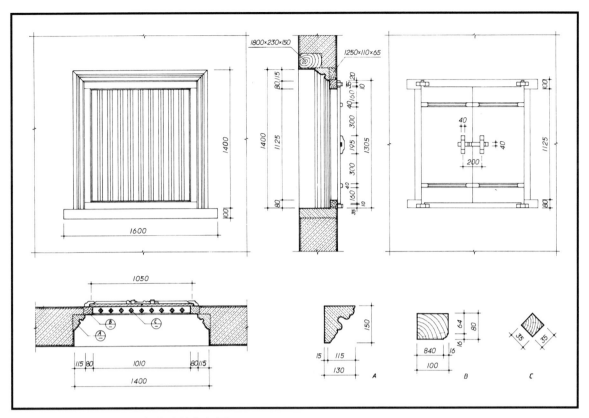

六三　可繼堂前檐次間檻窗圖

六四　可繼堂後檐次間檻窗圖

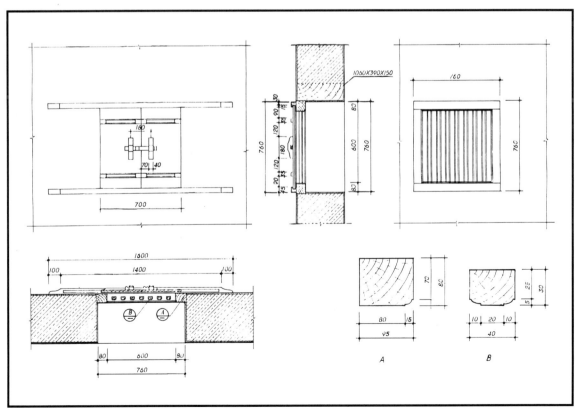

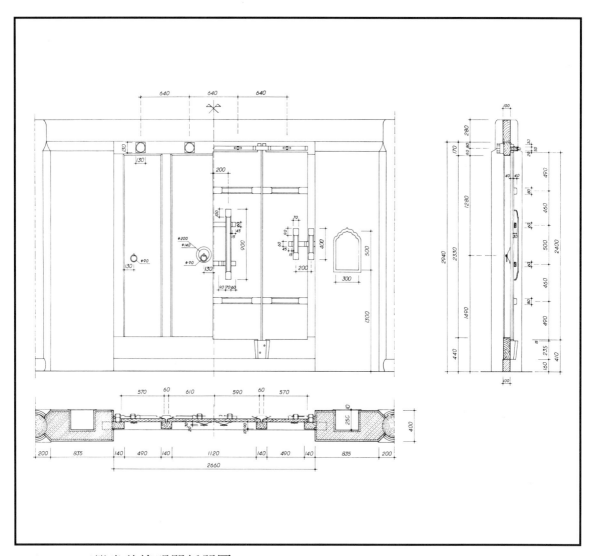

六五　可繼堂前檐明間板門圖

六六　可繼堂月梁、地栿斷面大樣圖

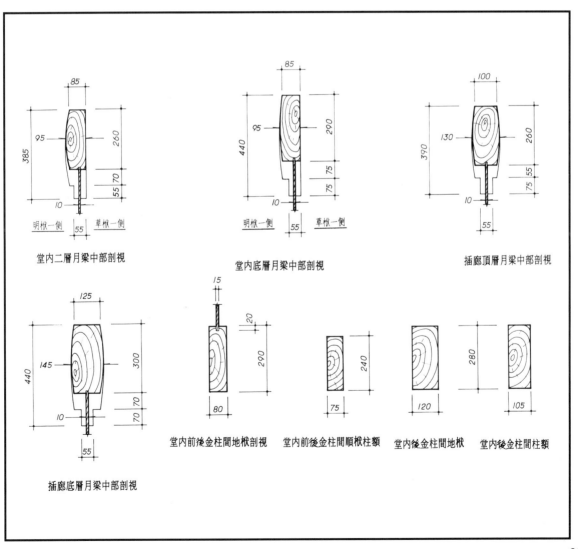

85

385

95

260

55 70

10

明栿一側　　草栿一側
55

堂內二層月梁中部剖視

85

440

95

290

75

75

10

明栿一側　　草栿一側
55

堂內底層月梁中部剖視

100

390

130

260

55

75

10

55

插廊頂層月梁中部剖視

125

440

145

300

70 70

10

55

插廊底層月梁中部剖視

15

20

290

80

堂內前後金柱間地栿剖視

240

75

堂內前後金柱間順栿柱額

280

120

堂內後金柱間地栿

105

堂內後金柱間柱額

221

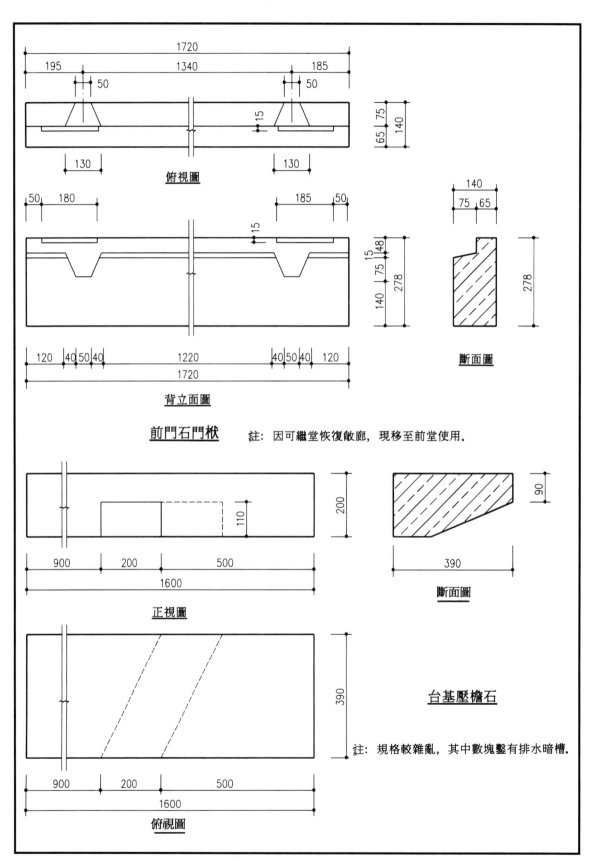

俯視圖

斷面圖

背立面圖

前門石門枕　　註: 因可繼堂恢復敞廊, 現移至前堂使用。

正視圖

斷面圖

台基壓檐石

註: 規格較雜亂, 其中數塊鑿有排水暗槽。

俯視圖

六七　可繼堂石門枕及臺基壓檐石圖

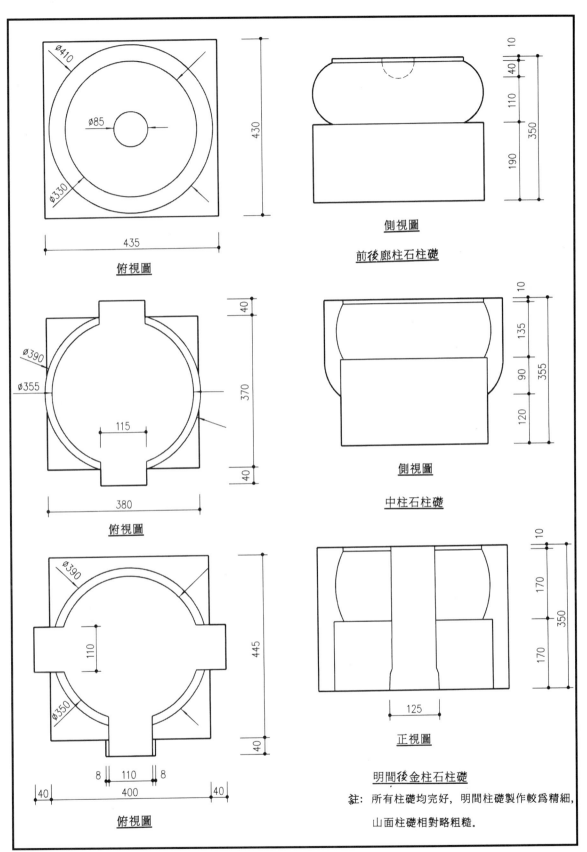

Ø410

Ø85

Ø330

430

435

俯視圖

10

40

110

350

190

側視圖

前後廊柱石柱礎

Ø390

Ø355

115

40

370

40

380

俯視圖

10

135

90

120

355

側視圖

中柱石柱礎

Ø390

Ø350

110

445

40

8 110 8

40 400 40

俯視圖

10

170

170

350

125

正視圖

明間後金柱石柱礎

註：所有柱礎均完好，明間柱礎製作較為精細，
山面柱礎相對略粗糙。

六八　可繼堂各部位柱礎石做法圖

223

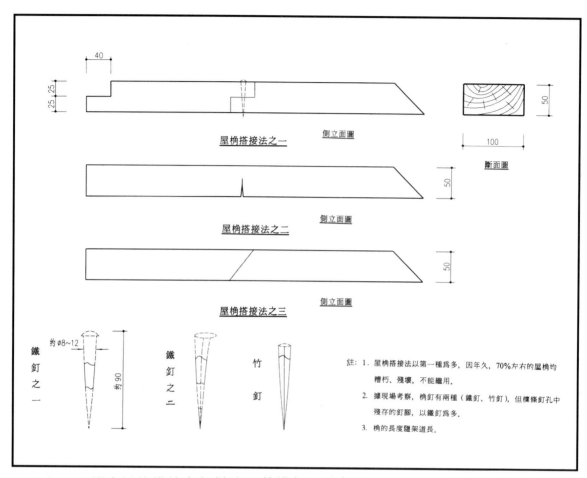

側立面圖

屋桷搭接法之一

斷面圖

側立面圖

屋桷搭接法之二

側立面圖

屋桷搭接法之三

鐵釘之一

鐵釘之二

竹釘

註: 1. 屋桷搭接法以第一種爲多，因年久，70%左右的屋桷均糟朽、殘壞，不能繼用。

2. 據現場考察，桷釘有兩種（鐵釘、竹釘），但檁條釘孔中殘存的釘脚，以鐵釘爲多。

3. 桷的長度隨架道長。

六九　可繼堂屋桷搭接布釘做法及其鐵釘、竹釘圖

七〇　可繼堂屋頂明瓦布置及明瓦式樣圖

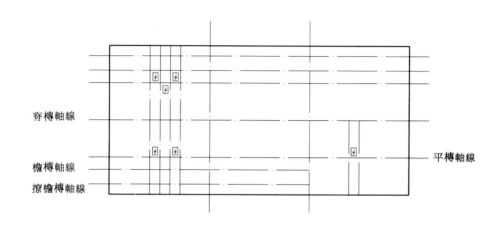

脊榑軸線

檐榑軸線

撩檐榑軸線

平榑軸線

可繼堂屋頂明瓦示意（修繕前）

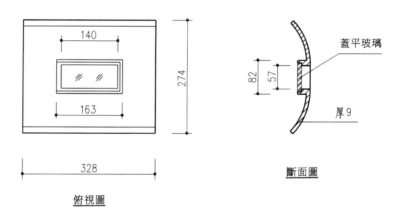

蓋平玻璃

俯視圖

斷面圖

明 瓦 之 一

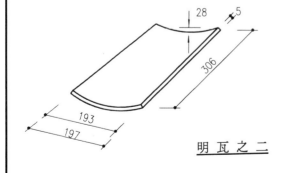

明 瓦 之 二

註: 1. 現存兩種樣式的明瓦共有六塊，規格不盡統一.

2. 明瓦通身用玻璃製成或在瓦的中央開玻璃天窗形成，可據以有效改善室內的抹光效果.

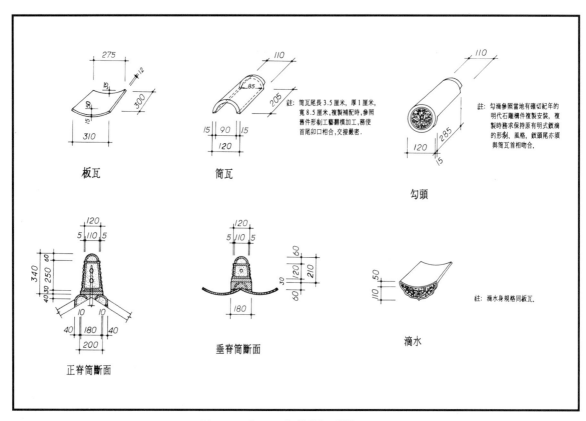

板瓦

简瓦

註: 简瓦尾長3.5厘米, 厚1厘米, 寬8.5厘米, 複製補配時, 參照舊件形制工藝翻模加工, 務使首尾卯口相合, 交接嚴密.

勾頭

註: 勾滴參照當地有確切紀年的明代石雕構件複製安裝, 複製時務求保持原有明式歃滴的形制、風格, 釵頭尾亦須與简瓦首相吻合.

正脊筒斷面

垂脊筒斷面

滴水

註: 滴水身規格同板瓦.

七一 可繼堂屋面瓦件大樣及正脊、垂脊斷面圖

七二 可繼堂屋脊脊筒、鴟尾、墀頭和懸魚圖

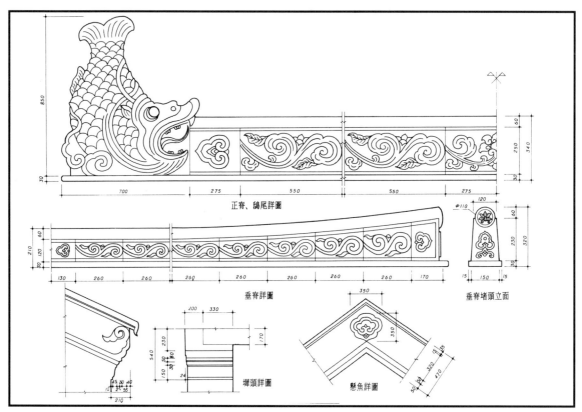

正脊、鴟尾詳圖

垂脊詳圖

垂脊堵頭立面

墀頭詳圖

懸魚詳圖

一　丘濬故居殘貌

二　修繕前的院門

三　修繕前的影壁

四　前堂正面殘狀

五　包砌在前堂前檐墙内的柱頭斗栱

六　前堂明間梁架殘狀

七　前堂山面梁架殘狀

八　前堂中柱及柱頭短柱殘狀

235

九　前堂檐柱及柱頭短柱殘狀

一〇　前堂明間中柱柱根榫卯損壞改造狀況

一一　前堂背面殘狀

一二　可繼堂正面殘狀

一三　可繼堂右側廂房基址及院墙殘狀

239

一五　可繼堂前檐左側廊柱柱頭斗栱殘狀

一四　可繼堂前檐明間廊柱柱頭斗栱殘狀

一六　可繼堂後檐明間檐頭斗栱殘狀

一七　可繼堂明間梁架（明栿做法）殘狀

一八　可繼堂次間梁架（草栿做法）殘狀

一九　可繼堂左側山面梁架殘狀

二〇　可繼堂前檐左側廊步梁架（明栿做法）殘狀

二一　可繼堂後檐明間梁架殘狀

二二　可繼堂後檐右側梁架殘狀

二三　可繼堂左次間屋蓋坍塌狀況

二四　丘濬故居修繕工程開工儀式

二五　丘濬直系後裔上香祭祖

二六　修繕中的院門

二七　落架維修前編號釘牌

二八　編號釘牌、拆卸分解中的前堂梁架

二九　拆卸落地的前堂斗栱構件

三〇　修繕後的前堂屋基及檩、柱、枋、桷等構件

三一　前堂立柱、砌墙施工現場

三二　前堂奠基立木時的情景

三三　經過修補、試裝後的前堂梁架斗栱

三四　上架歸安後的前堂梁架斗栱

三五　前堂安裝屋桷施工現場

三六　苫裝前堂屋面

三七　拆卸可繼堂屋面瓦件

三八　可繼堂屋面檁條滾動變形狀況

三九　拆卸可繼堂屋檁及構架

四〇　拆卸可繼堂襻間斗栱及間縫壁板

四一　拆卸前的可繼堂明間梁架

四二　拆卸前的可繼堂明間梁架眉梁、襻間斗栱及脊槫下叉手狀壁板

四三　拆卸前的可繼堂前檐插廊梁架

四四　拆卸前的可繼堂後檐梁架、襻間斗栱及托脚狀壁板

四五　拆卸前的可繼堂明間中柱、柱礎、土襯石及木地栿

四六　拆卸可繼堂中柱腰枋及老簷柱的情景

四七　拆卸落地的可繼堂柱頭斗栱

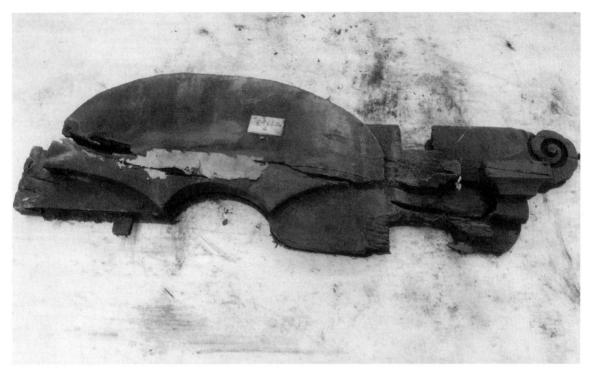

四八　拆卸落地的可繼堂前廊兩山二層月梁正面

四九　拆卸落地的可繼堂前廊兩山二層月梁背面

五〇　可繼堂柱根殘狀

五一　可繼堂檁條中的鳥巢等

五二　清除可繼堂木柱中的白蟻蟻巢

五三　可繼堂白蟻蟻巢

273

五四　可繼堂柱頭大斗蟻害及朽蝕狀況

五五　可繼堂月梁梁端殘狀

五六　挖掘清理可繼堂基礎溝槽

五七 立木歸安可繼堂中柱及構架

五八　可繼堂立木後的施工現場

五九　可繼堂柱根榫卯加固墩接細部

六〇　可斷堂前檐廊下柱礎布設狀況及修復榫卯依據

六一　修繕後的可繼堂前廊梁架（明栿做法）全景

六二　修繕、剔補後的可繼堂前廊柱頭斗栱及月梁細部

六三　修繕、剔補後的可繼堂梁架結構（明栿、草栿做法兼用）

六四　修繕、剔補後的可繼堂次間梁架（草栿做法）

六五　修繕後的可繼堂後檐梁架

六六　可繼堂梁架修繕組裝場景

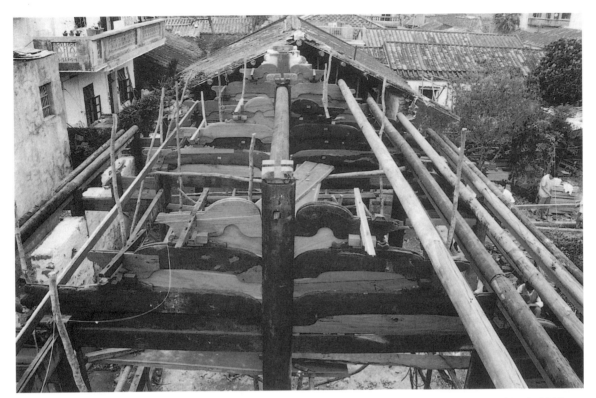

六七　修繕後的可繼堂梁架結構

六八　可繼堂上梁架檁時的燃爆竹儀式

六九　可繼堂宪瓦施工場景

彩色圖版

一六　可繼堂次間梁架節點斗栱

一七　可繼堂後檐内部梁架結構

附

录

一 丘氏清源公瓊派世系簡表

　　丘濬是明代著名的政治家、理學家、史學家和經濟學家。其先世乃福建泉州府晉江縣人。元朝末年，丘德玄（號清源）的次子均祿被元帥府派遣到瓊任職，妻兒同行。任滿後遭亂不能歸，遂落籍瓊山縣府城西廂下田村。此地後因丘濬"有人問我家居處，朱橘金花滿下田"的詩句而改稱金花村。金花村後來便成了丘氏瓊系的發祥地。丘濬的成名更使丘氏成爲瓊島的名門望族。從福建遷瓊至今，丘氏已繁衍生息了二十五代，實現了丘濬祖父丘普"嗟無一子堪供老，喜有雙孫可繼宗"的願望。現存資料反映，至少在十三代以前，丘氏大宗人口都居住在金花村，人丁很旺。人口增加後，必須有足够的房屋居住。丘氏族人在祖居的週圍不斷擴建，組成了丘氏群落，規模最大時有"丘氏十八屋"之説。此後，部分支系遷徙到縣內的譚文、三門坡、土橋等鄉村及臨高、萬寧等縣。金花村大宗人口逐漸減少，現僅存十餘户。

　　本世系簡表是由丘氏後裔丘仁義提供的刻印於民國初期的族譜輯録而成。現存本殘缺不全，上下連接較難。族譜屬於"秘而不宜"之書，找不到其他版本對照，加上年代較久，資料的準確程度也難以全部肯定。輯者祇能前後對應盡量理出基本的脈絡，確有不明之處做缺字處理。二十三至二十五世單列丘濬直系的後裔，其餘從略。現將此表列出，供讀者作爲瞭解丘氏世系參考之用。

世系	派序	名	簡　介
一世	素庵公派	德玄	字帷默，號清源，逸老志記，更名畊食。配王氏生男五：均爵、均祿、均祥、均佑、均慶。誕元皇慶元年七月二十八日，忌明洪武九年十月二十日。
二世	清源公次派	均祿	字朝章，號碩庵，元帥府奏差之廣東瓊山始家焉。以曾孫濬貴贈光祿大夫柱國少保太子太保禮部尚書文淵閣大學士。配李氏累贈正一品夫人，生男一普。誕元泰定甲子年(?)七月初四日，忌年(缺)。

三世	碩庵公派	普	字得寅,號思貽。以醫授臨高醫學訓科,以孫濬貴累贈光禄大夫柱國少保太子太保禮部尚書文淵閣大學士。配柯氏累贈正一品夫人,生男一傳。誕明洪武乙卯年十二月十八日,忌正統丙辰年三月初五日。
四世	思貽公派	傳	字子芳,號官保。以子濬貴累贈光禄大夫柱國少保太子太保禮部尚書文淵閣大學士。配李氏累贈正一品夫人,生男二源、濬。誕洪武乙亥年四月初三日,忌宣德丁未年九月廿一日。
五世	官保公長派	源	字伯清,臨高醫學訓科。配沙氏,續配王氏,生男二陶、融。誕永樂戊戌年十一月十四日,忌成化丙申年五月十六日。
五世	官保公次派	濬	字仲深,號瓊臺。廷試二甲一名,翰林院庶吉士。初任編修,二任侍講,三任侍講學士,四任本院大學士,五任國子監祭酒,六任禮部右侍郎仍掌國子監事,七任禮部尚書掌詹事府,八任太子太保禮部尚書兼文淵閣大學士,九任少保兼太子太保户部尚書武英殿大學士。原配金氏乃崖州千户金桂公之女,贈正一品夫人;續配吳氏封正一品夫人;側室唐氏二品夫人。生男四:續配生敦、昆、侖,側室生京。女二:長適美帖村馮灝,次適岑英。誕永樂辛丑年十一月初十日,忌弘治乙卯年二月初四日。塋:公官署正寢特贈太傅加特進左柱國諡文莊。欽賜祭葬於瓊山五龍池之源,莊名水頭,坐丙兼午。金氏婆葬金盤坐戌有碑,吳氏婆與公合葬,唐氏婆葬失記。
六世	訓科公長派	陶	字再成。□□歲貢太學生。配王氏,生男二:界、畬。誕天順辛巳年,忌正德丙子年。
六世	訓科公次派	融	字鋭成。昌化歲貢入太學。配張氏,生男二:羿、疇。誕成化己亥年,忌正德己巳年。
六世	文莊公長派	敦	字一成,號必齋。太學生,崇祀鄉賢志載名賢有傳。配韓氏乃文邑劍山孝廉韓繼芳之女,續配徐氏合人徐恭之女,二氏崇祀節孝祠,生男二:瞥、甸。誕日《族譜》缺,《丘濬年譜》記爲天順庚辰年,忌日《族譜》、《年譜》同爲弘治庚戌年。
六世	文莊公次派	昆	殤亡。
六世	文莊公三派	侖	殤亡。
六世	文莊公四派	京	字峻成,號崇庵。以父蔭中書舍人。配馮氏贈□□□□氏,封宜人,生男五:疆、冀、畛、戴、畫。誕、忌日缺。《丘濬年譜》載:誕於弘治戊申年。

七世	再成公長派	界	字正甫,楚府典膳。配潘氏,以次房次男鄭承祀。誕弘治己未年,忌嘉靖戊子年。
	再成公次派	畲	字新甫,號雙泉,太學生。配胡氏,生男三:鬱、鄭、鄑,鄭承長房祀。誕弘治甲子年,忌嘉靖丙寅年。
	銳成公長派	羃	字進甫,號橘田,授福建建寧德縣主簿。配吳氏,□□□,續配王氏無生,側室婁氏生邵。誕、忌年缺。
	銳成公次派	疇	字易甫,號西湖,以本邑歲貢知廣西慶達府恩田縣知縣。配李氏生男三:鄲、郢、邴,女一。誕正德戊辰年,忌萬歷壬午年。
	必齋公長派	畲	字孝甫,號熙齋,以祖蔭尚寶司丞未任卒。配張氏封太安人,生男二:郊、祁,女一。誕成化丙午年,忌正德癸酉年。
	必齋公次派	甸	字弼甫,邑庠生。配唐氏,生男一邾,女一。誕、忌年缺。
	崇庵公長派	疆	字壽甫,號兩衢,郡庠生。配唐氏,生女一,以四弟次男鄴承祀。誕正德乙亥年,忌嘉靖丁酉年。
	崇庵公次派	冀	字制甫,號兩河,郡庠生。配吳氏,生女一,以弟三男郜承祀。誕、忌年缺。
	崇庵公三派	畛	字道甫,號兩田,邑庠生。配馮氏,生男二:郲、鄰,女四。誕嘉靖丙戌年,忌年缺。
	崇庵公四派	戴	字□甫,號兩岐,□□□。配吳氏,續配蔡氏,生男三:郜、鄴、鄱。次男鄴承伯兄祀。誕嘉靖辛卯年,忌萬曆甲戌年。
	崇庵公五派	畫	字策甫,號兩藩。配馮氏,生男二:郜、鄖。誕嘉靖甲午年,忌隆慶辛未年。
八世	雙泉公長派	鬱	字憲周。配吳氏,生男二:掄、撰。誕嘉靖乙未年,忌萬曆癸酉年。
	雙泉公次派	鄭	字汝才,號莘陽,承長房祀,邑庠生。配張氏,生男三:折、搏、掎,女二。誕嘉靖庚子年,忌萬曆丁亥年。
	雙泉公三派	鄑	子汝聚,號莘陽,邑庠生。配馮氏,生男一掀,女三。誕嘉靖丁未年,忌萬曆乙未年。
	橘田公派	邵	字汝德,號同野,邑庠生。配馮氏,續配崔氏、王氏,王氏生男一禎。誕嘉靖己亥年,忌萬曆甲午年。
	西湖公長派	鄲	字汝□,號靜山,郡庠生。配張氏無子,□……,續配□氏,生男一拭。誕、忌年缺。
	西湖公次派	郢	字汝紹,號丹陽,郡庠生。配海氏,生男二:持、授。誕嘉靖壬辰年,忌萬曆癸酉年。
	西湖公三派	邴	字汝繼,號竹如,郡庠生。配蒙氏,以仲兄次男授承祀。誕嘉靖戊申年,忌年缺。
	熙齋公長派	郊	字汝賢,號西野,以曾祖蔭尚寶司丞授承德郎,配唐氏封安人乃番丹户部侍郎唐冑公女,續配蔡氏,生男六:振、擴、拯、捷、提、攜,女三。誕正德丁卯年,忌嘉靖丙辰年。
	熙齋公次派	祁	字汝□,號次野,配鍾氏,生男一拚,女一。誕、忌年缺。

八世	弼甫公派	邾	字汝正，號少野，邑庠生。配王氏，生男一揚，女一。誕正德丙子年，忌嘉靖戊午年。
	兩田公長派	郎	字汝秀，蚤卒。
	兩田公次派	郤	字汝□，號隆南。配高氏，生男一郊先。
	兩岐公長派	郜	字汝集，號鳳池，邑庠生。配林氏，無祀。曾親往晉江會修族譜。
	兩岐公次派	鄴	字汝敬，號鳳崗，承長房祀。配張氏，生男一嗣先。誕嘉靖丁巳年，忌年失記。
	兩岐公三派	鄯	字汝靜，承次房祀。配□氏，無子。
	兩藩公長派	鄗	蚤卒。誕嘉靖甲寅年。
	兩藩公次派	鄾	字汝良。配吳氏，無祀。誕隆慶丁卯年。
九世	憲周公長派	掄	字子俊。配楊氏，續配林氏，無嗣。
	憲周公次派	撰	更名士亨，字子異，號惺宇，昌化縣學歲貢生，授惠州府和平縣學訓導。配吳氏，無子，側室出女二。無祀。
	莘陽公長派	折	更名繼先，字子志，號仰宇，感恩歲貢，任高州府訓導。配岑氏，以胞弟男承祚承祀。誕隆慶丙寅年，忌年缺。
	莘陽公次派	摶	字子□，號繩宇，配□氏，生男一承祚。誕隆慶戊辰年，忌萬曆丁卯年。
	莘陽公三派	掎	字子□，蚤卒。
	萃陽公派	掀	更名紹先，字子能，號振宇，邑庠生。配李氏，生男一瞻升，女三。
	同野公派	禎	號複宇，郡庠生。配莫氏，生男三：瑞麟、承璜、大成。誕萬曆甲戌年，忌崇禎壬申年。
	靜山公派	拭	更名建中，邑庠生，蚤卒。
	丹陽公長派	持	字子芳。配李氏，無嗣。
	丹陽公次派	授	更名茂禾，字子法，邑庠生，兼承三房祀。配王氏，生男一承胤。
	西野公長派	振	字子進，號中峰，例貢補太學生。配陳氏乃南橋知府陳天然之女，續配邢氏，生男三：承祺、承襲、承緒，俱續配生。緒承三弟祀，女五。誕、忌年缺。
	西野公次派	擴	字子克，號繼峰，邑庠生。配方氏，生男承鼎，女一。誕嘉靖己亥年，忌年失記。
	西野公三派	拯	字子仁，號石峰。配蔡氏，無子，以長兄三男緒承祀，女二。誕、忌年失記。
	西野公四派	捷	字子敏，號靜峰，邑庠生。配雲氏，無嗣。
	西野公五派	提	字子學，號在西，邑庠生。配林氏，生男一承彬。

九世	西野公六派	攜	字某，無嗣。
	次野公派	扵	字子節，號見峰，邑庠生。配陳氏，生男一承祐。
	少野公派	揚	字子貞，號蓋峰，邑庠生。配陳氏，乃番丹知府張學顏之女，生男二：承乾、承烈，誕、忌年缺。
	鳳崗公派	嗣先	以從弟長男承瑚承祀。誕萬曆戊午年，忌崇禎丁丑年。
	隆南公派	效先	字明複，奉祀生，配王氏，續配謝氏，生男二：承瑚、承璉，俱續配生，誕、忌年失記。
十世	繩宇公派	承祚	字還真，號德純。太學生。配王氏乃定安尚書王忠銘之女，生男二：鳴雷、鳴霆。誕萬曆癸巳年，忌天啓丁卯年。
	振宇公派	瞻升	無嗣。誕天啓丙寅年，忌崇禎癸未年。
	複宇公長派	瑞麟	字以宣，改字玉山，邑庠生，崇禎庚午科副榜。配王氏，生男一穎。誕萬曆己亥年，忌年失記。
	複宇公次派	承璜	字以介，郡庠生。配柯氏，無嗣。
	複宇公三派	大成	字以礪，郡庠生。配吳氏，無嗣。誕萬曆丁未年。
	子法公派	承胤	字永錫。配馬氏，無嗣。
	中峰公長派	承箕	字廷和，號梅山，郡廩生。志記曰：學行兼優，儒林有傳。以長男爾穀封文林郎，以三男爾懿贈儒林郎。配陳氏，生男三：爾穀、爾轂、爾懿，女一。誕嘉靖甲寅年，忌萬曆癸巳年。
	中峰公次派	承襲	字廷元，號友梅，邑庠生。配黃氏，生男一爾祿。
	中峰公三派	承緒	字廷述，號銘梅，出承三房祀。配冼氏，生男四：爾華、爾仁、爾裔、爾玉。
	繼峰公派	承鼎	字廷實。配吳氏，無嗣。
	在西公派	承彬	蚤卒。
	見峰公派	承祐	蚤卒。
	蓋峰公長派	承乾	字廷直，號際泰，邑庠生。嫡配王氏，側室□氏，生男二：嫡生爾惠，側室生起龍（爾戀）出承胞弟祀。
	蓋峰公次派	承烈	字廷覲，號□□。配馬氏，以胞兄次男起龍承祀，女一。
	明複公長派	承瑚	郡庠生。配王氏，以胞弟長男爾元承祀。
	明複公次派	承璉	配張氏，生男二：爾元、爾亨，元出承長房祀。
十一世至二十二世			因族譜不完整，從略。
二十三世	金錫公四派	泉勝	配梁氏，生男仁義（毅）。誕民國六年。
二十四世	泉勝公派	仁義	配吳氏，生男聰。誕公元 1943 年。
二十五世	仁義公派	聰	輩序義。誕於公元 1982 年 12 月 13 日，農曆癸亥年十一月初十日，與先祖文莊公同生日。

　　註：丘濬《可繼堂記》云："宣德丁未，先考學士公卒於家。時先祖年五十九，伯兄源甫九歲，濬七歲。"按此推算，三世丘普誕年應是明洪武二年己酉，家譜記明洪武八年乙卯生有誤。

二　丘濬年譜

丘濬（註一），字仲深、瓊山，號深庵，學者尊稱瓊臺先生。瓊山西廂下田村（今瓊山市府城鎮金花村）人。

高祖丘畊食，元代廉訪照磨。

曾祖父丘均禄，字朝章，號碩庵，原籍福建泉州府晋江縣。元末被元帥府派入瓊任奏差官，世亂不歸，留居瓊山下田村，爲丘氏入瓊始祖。

祖父丘普，號思貽，明洪武二年己酉（公元 1369 年）生，曾爲臨高醫學訓科，性仁愛，以善行著稱。正統元年丙辰（公元 1436 年）卒，享年六十八歲。娶妻柯氏。

父丘傳，字子芳，洪武二十八年乙亥（公元 1395 年）生，宣德二年丁未（公元 1427 年）卒，一生無功名，享年三十三歲。娶妻李氏，即丘濬母李太夫人，澄邁縣貢生李奕周之女，生於建文二年庚辰（公元 1400 年）。二十八歲夫亡後矢志無二，撫育幼子，母兼父道。成化五年己丑（公元 1469 年）謝世，後封太孺人，贈宜人奉旌節婦。丘傳生子二，長丘源，次丘濬。丘源，字伯清，永樂十六年戊戌（公元 1418 年）生，承祖業任臨高醫官，成化十二年丙申（公

元 1476 年）卒，享年五十九歲，妣沙氏，續弦王氏。

永樂十九年辛丑（公元 1421 年）

十一月初十日丘濬生，由祖父命名曰濬。

永樂二十年壬寅（公元 1422 年）兩歲

祖父教禮認字。

永樂二十一年癸卯（公元 1423 年）三歲

永樂二十二年甲辰（公元 1424 年）四歲

洪熙元年乙巳（公元 1425 年）五歲

祖父以臨邑醫官，滿考赴銓曹，留京師。

宣德元年丙午（公元 1426 年）六歲

自幼穎異聰明，矢口成章。是歲作《五指參天》詩："五峰如指翠相連，撑起炎黃半壁天。夜盥銀河摘星斗，朝探碧落弄雲煙。雨餘玉笋空中現，月出明珠掌上懸。豈是巨靈伸一臂，遥從海外數中原。"詩意氣概宏偉，抱負遠大。

宣德二年丁未（公元 1427 年）七歲

始入小學。九月二十一日父去世，家中藏書不少被人取去。

宣德三年戊申（公元 1428 年）八歲

寫詩如流。如《鴝鵒詩》其中一聯云："應與鳳凰爲近侍，敢同鸚鵡鬥聰

明。”寓意自負不凡，令人讚歎不已。

宣德四年己酉（公元 1429 年）九歲

　　入社學讀書。

宣德五年庚戌（公元 1430 年）十歲

宣德六年辛亥（公元 1431 年）十一歲

宣德七年壬子（公元 1432 年）十二歲

　　作《偶成唐律》一首：“絕島窮荒面面墻，偶從窗隙得餘光。浮雲盡斂天還碧，斗柄初昏夜未央。燕語鶯啼春在在，鳶飛魚躍景洋洋。收來一擔都擔著，肯厭人間歲月長。”證其天資絕人甚遠，往往暗與道合。

宣德八年癸丑（公元 1433 年）十三歲

　　刻苦攻讀經史，是年卒業“五經”。

宣德九年甲寅（公元 1434 年）十四歲

　　郡垣大饑，餓殍遍野。祖父丘普捨地爲義塚，仁愛濟人。每遇清明節，公孫倆首備酒飯，以祭奠幽靈。這對丘濬影響甚大。

宣德十年乙卯（公元 1435 年）十五歲

正統元年丙辰（公元 1436 年）十六歲

　　祖父丘普逝世，享年六十八歲。祖父曾訓導他與兄共同開拓祖業，以濟家鄉、濟天下。

正統二年丁巳（公元 1437 年）十七歲

　　遵照祖訓力攻舉子業，落筆爲文，數千言立就，拔萃於同輩。

正統三年戊午（公元 1438 年）十八歲

正統四年己未（公元 1439 年）十九歲

　　補郡庠弟子員。按察副使讚其文章冠瓊州。

正統五年庚申（公元 1440 年）二十歲

正統六年辛酉（公元 1441 年）二十一歲

正統七年壬戌（公元 1442 年）二十二歲

　　肄業府學宮。作《雁集瓊庠記》、《許文正公論》。

正統八年癸亥（公元 1443 年）二十三歲

正統九年甲子（公元 1444 年）二十四歲

　　舉鄉試第一。

正統十年乙丑（公元 1445 年）二十五歲

正統十一年丙寅（公元 1446 年）二十六歲

　　娶崖州金百户桂公之女爲妻。編寫《投筆記》傳奇。

正統十二年丁卯（公元 1447 年）二十七歲

　　偕同鄉邢宥上京赴春官。過梅關作《初過梅關》詩、《題張丞相廟》詩。過都陽遥望鞋山作《丁卯舟中望鞋山因憶解學士吊李白詩戲作》、《歲丁卯過採石吊李白》詩。

正統十三年戊辰（公元 1448 年）二十八歲

　　試禮部不第，名在乙榜，得校官，不就。留京從祭酒蕭鎡肄業太學，深得器重。

正統十四年己巳（公元 1449 年）二十九歲

　　留讀太學。與後爲門人蔣冕的父親蔣希玉同窗。作《搗衣曲》、《擬古》四首和《莆田柯氏重修祠堂記》。參與于謙發起的京師保衛戰。

景泰元年庚午（公元 1450 年）三十歲

　　至金陵，作《夜宿江館》、《金陵即事》、《庚午歲客中重九》詩。

景泰二年辛未（公元 1451 年）三十一歲

　　再試禮部不第，告歸省親，相厚者贈詩文送別。途中作《一笑辛未歲下第作》三首、《辛未歲過揚州懷古》、《新河雜詠》二首、《辛未下第還至金陵寄友》、《和李太白韻寄題金陵》。還作《貪泉對》及《書貪泉對後》。這年金夫人去世，作《悼亡詩》五古十首、五律三首和《祭妻弟金鼎文》。探望好友陳文徽作《桐墩記》。訪瓊州府同知林弁作《林弁宗敬字說》。

景泰三年壬申（公元 1452 年）三十二歲

在家鄉。

景泰四年癸酉（公元 1453 年）三十三歲

第三次赴試禮部。途作《歲癸酉赴京至羊城有感》、《舟中遇重九示同行友曾啓光》二詩。

景泰五年甲戌（公元 1454 年）三十四歲

復試禮部。主試總裁商輅譽其爲奇才。因廷試策中微觸時諱，置進士二甲一名，首選爲翰林院庶吉士。在京城東置地一畝多建屋一間，名曰“槐蔭書屋”，歷官四十餘年，一直居住不易。作《槐蔭書屋記》、《述懷》、《初入翰林》、《初讀書中秘預修天下志書柬陳宣之》四首。

景泰六年乙亥（公元 1455 年）三十五歲

修《寰宇通志》。作《延祥寺浮圖記》、《明故贈翰林院編修費公孺人朱氏墓誌銘》。

景泰七年丙子（公元 1456 年）三十六歲

五月《寰宇通志》寫成，上之。授翰林院編修。作《送邢侍御克寬歸省詩後序》、《贈鄉友林廷賓南臺御使序》。續弦同里吳氏女。創建奇甸書院於郡城西北。

天順元年丁丑（公元 1457 年）三十七歲

作《友菊詩卷序》、《雨中有懷》、《說舟贈林宗敬》、《考隸贈張正夫》、《送陳緝熙修撰使高麗》，還寫成《舉鼎記》傳奇。

天順二年戊寅（公元 1458 年）三十八歲

八月詔修《大明一統志》。作《送陳廷玉教桂平序》、《送瓊郡葉知府序》、

《大司寇劉公哀辭》。

天順三年己卯（公元 1459 年）三十九歲

作《松軒記》、《筠莊記》、《送雲南傅參議序》。

天順四年庚辰（公元 1460 年）四十歲

三月爲會試考官。作《李布政顯旌異卷》詩、《偏凉汀亭記》、《送鄭鈞州序》、《送梁景熙如蕭山縣序》、《送張城中書使朝鮮國》。是歲吳夫人生長子丘敦。

天順五年辛巳（公元 1461 年）四十一歲

四月十六日《大明一統志》修成，共九十卷。作《擬進大明一統志表》、《送陳推官序》、《送鄉友馮元吉教諭序》、《夢亡妻》詩。

天順六年壬午（公元 1462 年）四十二歲

作《贈廣西江按察使詩序》、《贈新興賀知州序》、《題藍關圖後跋》、《別知己賦》、《送錢學士使交南》、《送王給事中使交南》。

天順七年癸未（公元 1463 年）四十三歲

上疏奏請罷免海南衛官遠調，得以採納。時兩廣用兵經年不斷，上書大學士李賢條列利弊，李代轉奏英宗，帝命依其策略施行。作《兩廣用兵事宜》、《廣東備禦猺寇事宜》、《贈韓敬夫序》、《心師軒詩序》、《送廣東夏廉憲》、《聞人說海北事有感》、《題謝氏先人手書》、《贈呂郎中序》、《賀封禮部郎中俞公序》。撰成《朱子學的》二卷，并作《朱子學的後序》。

天順八年甲申（公元 1464 年）四十四歲

憲宗登極，八月首開經筵，充講官。作《經筵進講》、《秋興詩》七首、《送尚寶淩卿使交南》。

成化元年乙酉（公元 1465 年）四十五歲

升授侍講官，命修《英宗實錄》，主試應天府。作《留耕亭記》。

成化二年丙戌（公元 1466 年）四十六歲

官侍講。作《贈瓊郡林同知序》、《毛宗吉傳》、《學拙先生傳》、《獨樂處士王公墓誌銘》。

成化三年丁亥（公元 1467 年）四十七歲

八月二十四日《英宗實錄》編成，升爲侍講學士。作《史館進書》詩、《奉天侍宴》、《壽夏太常八十歲詩序》。是年母李太夫人奉旨建坊，大學士彭時作《旌表瓊山縣李節婦碑銘》。

成化四年戊子（公元 1468 年）四十八歲

官侍講學士。經筵當進講，聲音洪亮，吐字清晰，憲宗帝愛聽講讀。作《擬順天府鄉試錄序》、《贈廉州邢知府序》、《東莞縣儒學記》、《陳莊靖公哀辭》、《石鐘山賦》、《德馨堂銘》、《霸州廟學記》。

成化五年己丑（公元 1469 年）四十九歲

三月十五日充殿試讀卷官，得狀元張昇。於館閣群書中得張文獻《曲江集》和余靖《武溪集》，親自抄錄成書。作《謹身讀卷》、《贈曲靖蔡知府序》、《送徐庶子歸省序》、《壽古藤兩傅先生序》、《都憲張公挽詩序》、《南海亭崗黃氏祠堂記》。是年母李太夫人去世，聞喪南歸守孝。

成化六年庚寅（公元 1470 年）五十歲

在家守制。作《後幽懷賦》。

成化七年辛卯（公元 1471 年）五十一歲

在家守制。作《瓊山縣學記》。二月，憲宗遣瓊州府知府吳琛諭祭李太夫人。八月，按察副使涂棐築表賢亭於府城西，以丘濬、尚書薛遠（瓊山人）、總憲邢宥（文昌人）、侍御林傑（瓊山人）爲四賢，提學胡榮爲記。

成化八年壬辰（公元 1472 年）五十二歲

在家守制。興建學士莊。作《南海縣儒學記》。

成化九年癸巳（公元 1473 年）五十三歲

始免喪。作《野花亭記》、《送張方伯入覲序》、《水龍吟·癸巳初度》、《張文獻公曲江集序》、《武溪集序》、《崖州學記》、《瓊州府學祭器記》、《封川縣修城記》。七月，創建石屋落成，藏書其中，以培後學，作《藏書石屋記》。拜訪致仕在家的邢宥。

成化十年甲午（公元 1474 年）五十四歲

書成《家禮儀節》二卷及《家禮儀節序》，以補朱子家禮之不足。還作《五倫全備記》。爲抱元圖村民治水、立碑。後入京供原職。北上途中作《甲午歲舟中偶書》四首、《甲午歲重過新河有感》、《甲午除夕》詩五首、《題古康三洲巖》、《梧州府縣廟學記》。

成化十一年乙未（公元 1475 年）五十五歲

三月充會試副總裁，作《會試錄序》。不拘一格選賢，得狀元謝遷。又作《左右箴銘序》。

成化十二年丙申（公元 1476 年）五十六歲

五月十六日，兄丘源去世。作《先兄臨高縣醫學訓科公壙志》、《閑中有懷伯兄》詩、《歲丙申六月伏中雨中侍朝偶成》、《茅山復古堂記》、《都察院左僉都御史恭惠楊公神道碑銘》。

成化十三年丁酉（公元 1477 年）五十七歲

續修《宋元綱目》，升翰林院學士，不久又升國子監祭酒。作《丁酉春偶書》

詩、《大學私試策問》三首、《口占都城東北枯樹廟》、《會通河土橋石㶁記》、《文公九代孫五經博士朱公墓誌銘》。

成化十四年戊戌(公元 1478 年)五十八歲

官國子監祭酒,蔣冕來當學生(按:蔣冕,字敬之,廣西臨桂人,丘濬門人,官至大學士,輯丘濬《瓊臺詩話》一書)。幼子昆殤亡,年僅十歲。作《哭子昆》詩四首、《牧庵記》、《除夕》、《故都御史姑蘇韓公挽詩序》、《送劉端本知興化府序》。開始編撰《大學衍義補》,歷時十年。

成化十五年己亥(公元 1479 年)五十九歲

五月十日祭祀大典,奉旨當分獻官。作《鷓鴣天·己亥初度》詞、《偶成雜感》詩四首、《勅封翰林院編修文林郎丁公孺人蔡氏墓表》、《明故樂遊處士陸公墓表》、《元旦試筆》。

成化十六年庚子(公元 1480 年)六十歲

加封禮部右侍郎,仍掌國子監事。長子敦來京省親。作《文昌邢氏族譜序》、《壽封尚書劉公九十詩序》、《天妃宮碑》、《瀛州橋記》。

成化十七年辛丑(公元 1481 年)六十一歲

《世史正綱》書成,作《世史正綱序》。門人蔣冕輯《瓊臺詩話》二卷,并有《上瓊臺先生書》三次於丘濬。作《辛丑初度》、《歲暮書懷》詩、《送林黃門使滿剌加國序》、《送瓊州府知府彭公赴任序》、《送陳秉和南歸詩序》、《余姚縣學進士題名記》、《明故中順大夫都察院左僉都御史邢公墓誌銘》及《哭邢克寬都憲》詩。

成化十八年壬寅(公元 1482 年)六十二歲

正月初十日蔣冕上公書。作《歲暮偶書》、《太廟齋居》三首、《首尾吟》詩、《送國子監司業費先生歸榮序》。

成化十九年癸卯(公元 1483 年)六十三歲

推恩贈丘濬先祖爲通儀大夫禮部侍郎。作《可繼堂記》、《書潘克寬十八學士圖》、《壽嚴陵先生七十歲詩序》、《金侍郎傳》、《鄭德崇墓表》、《義泉阡韓氏先塋表》。

成化二十年甲辰(公元 1484 年)六十四歲

作《甲辰初度》詩、《明堂經絡前圖序》、《明堂經絡後圖序》。

成化二十一年乙巳(公元 1485 年)六十五歲

作《乙巳初度》詩、《都察院右副都御史魯公神道碑銘》。侄子再成上京探親。

成化二十二年丙午(公元 1486 年)六十六歲

作《定興忠烈王平定交南錄》、《蕭閣老先生像贊》。

成化二十三年丁未(公元 1487 年)六十七歲

十一月《大學衍義補》一百六十卷告成,并作《大學衍義補序》、《進〈大學衍義補〉表》。書成之時,孝宗登基,濬將其獻上,孝宗甚喜(據《明史》載:濬以真德秀《大學衍義》於治國平天下條目未具,仍博採群書補之。孝宗嗣位,表上其書,帝稱善,賚金幣,命所司刊行。特進禮部尚書,掌詹事府事)。還作《梁父吟》、《丁未秋偶書》,後詩有年老思歸之感。

弘治元年戊申(公元 1488 年)六十八歲

命修《憲宗實錄》,任副總裁。作《擬賀耕籍田表》、《戊申歲次韻》二首、《送董尚矩庶子頒詔朝鮮》、《明故進階榮禄大夫兵部尚書致仕王公神道碑銘》、《馮氏族譜序》。季子京生,爲側室唐夫人所出。

弘治二年己酉(公元 1489 年)六十九歲

子敦及門人蔣冕編輯丘濬著作《瓊臺類稿》五十二卷、《吟稿》十二卷(按蔣冕序云：瓊臺先生丘公以豪傑之士，生於國家明盛之時，歷官翰林，掌教國學，爲天下文章道德之宗師，其經綸康濟之具，雖未盡見施行，而著之言語、文字者，一時之人不問識與不識，莫不知而信之，固是以重示後世無疑矣)。作《己酉秋思》、《余肅敏傳》、《尚約先生集序》、《送瓊州葉知府序》、《壽致仕廉憲張公年七十詩序》、《孔侍郎傳》、《海航處士趙君墓表》。

弘治三年庚戌(公元 1490 年)七十歲

三月，孝宗親出制策試禮部。廷試時，濬充讀卷官。作《賜進士題名記》、《閑中偶書》、《送太子少保禮部尚書涪陵劉公致仕序》、《鳳陽府重修儒學記》。是歲長子敦卒於京邸(按：丘敦，字一成，號必齋，性簡默，勤讀書。著有《醫史》、《發塚論》等行世。享年三十一歲)。

弘治四年辛亥(公元 1491 年)七十一歲

八月二十四日《憲宗實錄》修成，加太子太保職；十月二十四日晋陞文淵閣大學士，入內閣司制誥典機務。尚書入閣者自濬始。三次上疏陳情辭職，均被孝宗以"學行老成，特加任用，所辭不允"而加以拒絕。作《進呈憲宗純皇帝實錄表》、《入閣辭任第一奏》、《入閣辭任第二奏》、《入閣辭任第三奏》、《欲擇大學衍義補中要務上獻奏》、《入閣謝恩表》、《初入閣》、《辛亥除夕》、《辛亥思歸偶書》詩、《唐丞相張文獻公開鑿大

庾嶺碑陰記》。

弘治五年壬子(公元 1492 年)七十二歲

以年老身病心憂爲由，上《壬子再乞休致奏》，盼望如歐陽修、薛瑄一樣放歸故里。但孝宗不允，聖旨"朕擢卿重任，勉圖盡職，豈可以目疾求退。今後凡大風雨雪，俱免早朝，該部知道。"後上《論厘革時政奏》、《請訪求遺書奏》、《乞嚴禁自宮人犯奏》和《請建儲表一》、《請建儲表二》、《請建儲表三》。作《壬子歲慶成宴偶成》、《內閣晚歸口號》、《壬子二月偶成》、《壬子四月有感》、《壬子九月偶書》、《壬子十月望雪》、《閑中書懷壬子冬作》、《頒曆日有感》、《壬子除夕偶書》等詩，抒發"又是一冬歸不去，宦情鄉思苦淒淒"的心境。

弘治六年癸丑(公元 1493 年)七十三歲

右眼失明，孝宗命免朝參。大計群吏，提出任用人才，宜加信任的主張。"濬請未及三載者復任，非貪暴有顯跡者勿斥"。雖眼力昏耗，仍筆耕不已，作《癸丑首夏偶書》、《癸丑科傳臚侍班口占》、《癸丑內閣晚回口號》、《內閣晚歸》、《道南書院記》、《景婁處士錢君墓表》。

弘治七年甲寅(公元 1494 年)七十四歲

病重，復三上疏，乞求退仕還鄉，仍不得批准。八月，加少保兼太子太保戶部尚書武英殿大學士。再以目疾辭職，孝宗還是溫旨慰留。作《甲寅初度》、《甲寅進軼偶書》、《感懷》、《受一品封》四首詩。

弘治八年乙卯(公元 1495 年)七十五歲

正月作《京師元夕月圓》詩。二月初四日卒於任上(逝於北京東郊私宅)。

孝宗聞訃嗟悼不已，綴視朝一日。遣禮部尚書倪岳諭祭，賻寶鈔一萬貫，贈特進左柱國太傅，諡文莊。二月二十四日，命行人宋愷護喪南歸，行裝除了欽賜白金綺幣，惟圖書數萬卷而已。賜御葬於郡城西八里水頭村五龍池之原（今屬海口市秀英區管轄），賜建專祠祀於鄉。

註　釋

一　丘濬的姓名有多種寫法：丘濬、邱濬和邱浚。據《辭海》載：丘通用於坵、邱，也用於姓。丘姓在清雍正三年爲避孔丘而改作“邱”，故應還其本姓“丘”。據《辭海》載：濬爲浚的異體字，有疏通、深邃、掘取之解釋。“範例”舉證，爲不引起誤解，地名、人名、書篇名以及古籍文句可保留原來的繁體或異體，故其名應書寫爲“丘濬”。

二　本文參考文獻史料有丘濬《瓊臺詩文會稿》，王國棟《丘文莊公年譜》（清光緒二十四年版），周偉民、唐玲玲《丘濬年譜》（《海南大學學報》〔人文社會科學版〕2000 年第 1—3 期），明誼修、張岳崧纂《瓊州府志》（清道光版），朱爲潮主修、王國憲纂《瓊山縣志》（清宣統三年版），李養國主編《丘濬海瑞學術研討會論文選集》（1998 年版），《瓊山文史資料》（第三期）（1986 年版）。

後　　記

　　丘濬故居修繕保護工程堪稱海南現代文物保護史上最重要的文物保護工程之一。在國家文物局、海南省文體廳、瓊山市人民政府的共同支持下，此工程的前期調查研究工作始於公元 1992 年 10 月，公元 1994 年 8 月工程設計付諸實施，至公元 1995 年 8 月這項工程圓滿竣工，前後歷時近三年時間。

　　丘濬故居堪稱瓊崖古代木結構民居建築的瑰寶，已被公布爲全國重點文物保護單位。我們有幸主持了這項修繕保護工程，内心倍感光榮與自豪。記得早在工程開始之際，我們就下定決心：一要以科學嚴謹的學風和認真負責的態度開展各項調研保護工作；二要在修繕過程中按照國家文物保護法規的要求，認真蒐集整理好各類科技檔案資料，并根據實踐經驗整理編撰出一部體系完整、内容豐富、記錄全面的文物保護專門著作。此後，我們分頭開始了各項前期準備工作。

　　新世紀伊始，我們三人約定各自利用業餘時間，組織撰文製圖，争取盡快成書，完成宿願。承蒙國家文物局和文物出版社的大力支持，此書列入該社“中國古代建築修繕工程報告”系列叢書，正式出版發行。

　　本書分爲序篇、研究篇、修繕篇、附録等部分。除了文物保護技術和文物保護理念等專題，我們還對丘濬生平事跡、文物價值評估、保護管理目標、建築設計方法、營造尺度模數、工程出土遺物等問題作了初步研究分析，力求寫出新意。值此《中華人民共和國文物保護法》修訂頒布之際，經過共同努力，《海南丘濬故居修繕工程報告》終於結稿，即將付梓。掩卷而思，倍感欣慰。倘若此書能對祖國的文物建築保護事業和建築歷史研究工作有所裨益，我們將不勝榮幸。

　　在此項工程調研實施和本書編撰過程中，我們曾得到國家文物局、海南省文體廳、瓊山市人民政府、瓊山市文體局、瓊山市博物館、山西省文物局、山西省古建築保護研究所、海南省林業局、廣東省昆蟲研究所等許多部門和單位的關懷與支持。時任海南省文體廳文化處處長陳高衛及瓊山市委常委、宣傳部長郭仁忠從工程立項到工程告竣曾經傾注了許多心血。丘濬後裔丘仁義明大義，識大體，主動將丘濬故居捐獻給國家，并提供了有關的丘族口碑傳説和文字資料，爲此項工程的實施創造了良好的環境和條件。國家文物局副局長張柏、國家文物局古建築專家組組長羅哲文、山西省古建築保護研究所原所長柴澤俊分別爲本書盛情惠贈序跋。海南省文體廳潘先若、瓊山市府城鎮文化站陳黃階協助承擔了本書彩色圖版的補拍工作。山西省平遙縣文物局的趙鵬圖、山西省古建築保護研究所的孫書鵬、李小青、任毅敏，海南省教育廳的何文生、海南省丘濬海瑞研究會的朱逸輝、瓊山市建設服務中心的黃丹、太原市建築設計研究院的董兵等參加了本書編撰或製圖工作。山西省總工會工運理論編輯部的郭素梅協助整理資料。文物出版社編審周成精心策劃，指導編撰，并審改了全書文稿。在本書出版之際，謹向所有付出過辛勤勞動的人們致以最崇高的敬意和深深的謝意！

　　由於我們水平有限，舛誤之處在所難免，懇請方家批評指正。

編　者

2003 年 3 月 16 日

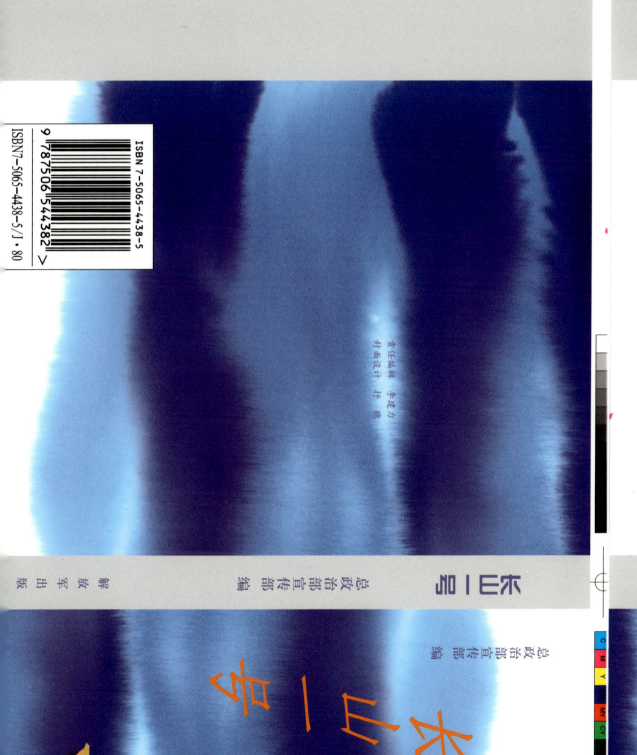

ISBN 7-5065-4438-5

ISBN7-5065-4438-5/J·80

9 787506 544382 >

责任编辑 李建力
封面设计 朴　聪

长号

总政治部宣传部编

解放军出版

全军业余